René Kornas
Grundlos frei

AF239342

Bibliografische Information der Deutschen Nationalbibliothek: Die Deutsche Nationalbibliothek verzeichnet diese Publikation in der Deutschen Nationalbibliografie; detaillierte bibliografische Daten sind im Internet über dnb.dnb.de abrufbar.

© René Kornas, Gelsenkirchen 2024
Buchsatz: Herrn Meyers Buchmacherei, Köln
Coverabbildung: istockphoto/manopjk

ISBN: 978-3-7693-2100-5

Verlag: BoD · Books on Demand GmbH, In de Tarpen 42, 22848 Norderstedt
Druck: Libri Plureos GmbH, Friedensallee 273, 22763 Hamburg

René Kornas

Philosophische
Gedanken & Aphorismen

Grundlos frei

Das All-Eine – der Mensch unter sich

Eigentlich – das Dasein

Splitter – Schmalz, Pathos – Gedichte!

Philosophie / Die zweite Natur

Der Mensch und seine Wechselwirkung

Von meinem Weg – Das Nutzen der eigenen Möglichkeit

Rausch, Wahn und Wirklichkeit – Ein Zustand spricht

Religion und Wissenschaft – was bislang wahr war

Mein Eigenwille und mein Ehrgeiz
Bevor ich an etwas glaube, will ich vorher zumindest und
leidenschaftlich versucht haben, es zu widerlegen.

Halte ich etwas für offensichtlich falsch, versuche ich ihm
noch etwas Gutes abzugewinnen.

Vorsicht mit jedem meiner Worte !

Viel Platz
Das Absolute, als das prinzipiell Unzugängliche, macht den Geist mit einem mal wieder geräumig.

Gib Ruh!
Dem Zweifel eine prinzipielle Grenze zu setzen ist irgendwann eine Sache der Gesundheit.

Problemschutz
Dein Vokabular verdient eine besondere Pflege – nur allzu viele Probleme benennt man sich in die Existenz hinein.

Wann ist ein X ein X?
Warum sind Ideen unwandelbar? Na, weil sie eben die *festgelegten* Definitionen unserer Vorstellungen sind. Wo alle Dinge sich wandeln, altern, vergehen, gießen wir sie dennoch immer in die gleiche Wortblase unserer gesetzten Vorstellungen. Eine Idee – das ist nichts metaphysisches. Genau genommen ist es... ein Name?

Kleiner Grundkurs
Nomen: Vorstellungen von Dingen.
Verben: Veränderung von Dingen.
Adjektive: Bezug zwischen Beobachter und Ding / den Dingen untereinander.

Ungerufene Geister
Ist das nicht ärgerlich, wenn sich Gedanken, und seien sie noch so tief, ehrlich, rein, ständig gegen Eigenschaften wehren müssen, die man sich dumm wie zufällig in der Vergangenheit einmal angeeignet hat?

Werdensdruck
Neuroplastizität – dieses gar nicht mal allzu schöne Wort bedeutet zur gleichen Zeit Hoffnung und Gefahr: Denn keine Tat bleibt jemals ohne Wirkung. Wir können uns ein Leben lang verändern, was wohl leider meistens heißt: verschlechtern.

Das Maß der Welt

Wahrlich, die Welt lässt dir viel Spiel zur Interpretation. Man kann eine Last zur Aufgabe umdeuten, Verlust zur Abhärtung, das Ende zu einem neuen Anfang. Und gäbe es nicht den Aufschrei des Körpers, den Schmerz, das Leid – also die *vorbewussten Interpretationen* – wer wüsste noch von Tatsachen zu reden?

So oder so

Will man menschliches Verhalten, unser Ticken, Tun und Streben erklären, geht man für gewöhnlich – zulässig wie einfallslos – daher und zieht die Vergangenheit, den Affen und den Höhlenmenschen, heran. Diese seien es, welche nun folgerichtig in uns fortwirkten, man erklärt unser Bewusstsein *aus den Dingen vor uns*. Doch was hindert mich denn daran ganz umgekehrt zu denken und das Bewusstsein zur Grundlage und Erstbedingung zu erklären, welche eine spezifische Vergangenheit von vielen als die ihrige verlangt? Kann man die Erklärung nicht einfach umdrehen, die Dinge mit gleichem Recht als *vom Bewusstsein ausgehend* erklären?

To blame one's self

Man muss schon Herr *über sich selbst* sein, um sich ruhigen Gewissens die Schuld geben zu können.

Bessere Welten

Alternativen sind auch immer eine Kritik am Bestehenden – und führen selten zu Erfolg, aber meistens zu Verdruss.

Alles herrlich oder scheiße

Jeder Zustand neigt zur Pauschalisierung und verlangt also nach Relativierung. Sonst mündet jedes Glück in die Enttäuschung, alles Leiden in Schwarzmalerei und Depression.

Zum Aus-Der-Haut-Fahren

Es gibt prinzipielle Grenzen der Erkenntnis; zum Beispiel dieser seltsame Fall, wenn jemand oder etwas sich selbst zu ergründen versucht.

Unschön

Das Unansehnlichste an uns ist doch unsere Ehrlichkeit – seien wir doch mal ehrlich!

Geistlos klug

Es braucht schon ein sehr naiv-naheliegendes Verständnis von Materie, um im strengeren Sinne ein Materialist sein zu können. Etwas pointierter gesprochen, sind nur die Geistlosen nicht in der Lage, den Geist in der Welt zu sehen.

Im Rahmen denken

Ganz recht: Die Vernunft setzt sich ihre vernünftigen Grenzen selber – dann weiß sie ja auch, wann sie nicht mehr dazwischen zu quatschen hat!

Auf der Stelle treten

Wenn ich, einer neuen Technik zum Dank, statt einen Fisch drei Fische fange, so darf man wohl von Verbesserung, von Fortschritt sprechen. Fange ich jedoch schließlich und täglich tausende Fische, wird mein Ertrag durch die Überfischung unweigerlich auf Null zurückfallen – zu einem Zeitpunkt, zu dem der Fischfang bereits ein Monstrum an Industrie geworden ist, von welcher das Einkommen und Überleben ganzer Städte abhängt. Es ist genau diese Kurzsichtigkeit, welche ein System im Fortschritt stagnieren lässt, bis es endlich kollabiert.

Ja nichts verpassen

Auf etwas zu warten ist den meisten eine ganz unerträgliche Tätigkeit. Umso erstaunlicher, dass man stattdessen nicht einfach etwas anderes tut, bis das Erwartete von selbst eintritt.

Hühner und Eier
Sollte das Bewusstsein denn wirklich eine Rolle beim Kollaps einer Wahrscheinlichkeit zur konkreten Materie spielen, kann es nicht aus der Materie (der noch völlig unbestimmten Materie) entstanden sein.

Do-Be-Do
Unbedacht handeln, das heißt so handeln, wie man es aus der Vergangenheit gewohnt ist. Das Ego will jede Situation schnell abgehandelt wissen; nur das Bewusstsein zieht auch die längerfristige Zukunft in Betracht. Überlegen und Tun schließen sich zu einem Zeitpunkt aus, also ist das selbst das überlegte Tun von der Vergangenheit motiviert. Doch erst im Innehalten, im Sein, können wir die Möglichkeiten sehen, welche wir einmal gerne unsere Vergangenheit nennen würden.

Denn sie wissen bereits, was sie tun
Er weiß doch schon alles gut, warum sollte er es je besser wissen?

Schmeckt nicht schlecht
Der Geschmacklose kann wirklich alles konsumieren – und läuft ständig Gefahr, sich zu vergiften.

Masse und Trägheit
Einem Trieb ohne Bedingungen nachzugeben, sich treiben zu lassen, ist der Weg des geringsten Widerstandes – und damit der häufige, schlicht zu erwartende Zustand der Meisten. Jede Entwicklung, die sich einer natürlichen Neigung entgegenstellt, wird daher immer eine Tat von Einzelnen bleiben, bis sich die Vielen irgendwann, macht der Gewohnheit und Indoktrination, überzeugen lassen, die Unnatur also ganz natürlich wurde.

Kinkerlitz
Bleibt man bei seiner Betrachtung an der Oberfläche und schaut sich eines der schöneren Exemplare Mensch an, den

Schmuck, die Aufmachung, das ganze Getue und Gebärden, kann es einen fast vergessen machen, was für ein stumpfer Drang sich hier mit allerlei Zierrat behängt.

Doppelt denken
Selbst dem oberflächlichen Blick muss doch eine gewisse Verbundenheit aller Dinge einigermaßen offenbar sein, nur schwerlich kann man die Wechselwirkungen, Bedingtheiten, Kausalitäten und Relationen verkennen. Von diesem Gedanken ausgehend ist es doch nur ein kleiner Schritt zu der Ansicht, dass wir hier den späten Ausdruck einer tiefer liegenden, eigentlichen Einheit beobachten.

Das ist halt irgendwie so
Um einmal zu prüfen, ob man etwas denn wirklich verstanden hat, versuche man doch einfach mal, es sich selbst zu erklären, vorzugsweise unter Vermeidung von Worten wie »irgendwie«, »halt« und »so«.

Zwischenräume
Ein Atom besteht, wie alle Körper, die sich aus Atomen zusammensetzen, zum allergrößten Teil aus Zwischenraum, aus Nichts. Ja, wir sind mit 99,9% vor allem eine verfluchte Menge Nichts. Umso erstaunlicher, wie hauptsächlich Nichts das herausgefunden hat.

Vertiefen
Über etwas nachdenken – klingt das nicht gut? Und doch heißt dies in den meisten Fällen bloß: Gründe sammeln, bei seinem Standpunkt zu bleiben.

Überall hier
Woher hat das »Jetzt« eigentlich seinen eigentümlich-allgemeingültigen Platz in unserem Denken erhalten? Man wird mir wohl sofort zustimmen, wenn ich sage, dass es mit dem »Hier« eine reichlich relative, bedingte Sache ist, stets abhängig von der Posi-

tion eines Wesens oder Dinges. Ein »absolutes Hier« wäre doch ein wirklich allzu seltsamer Gedanke, nicht wahr? Nun, ich sage, dass ein »absolutes Jetzt«, an dem wir alle gerade ganz offiziell teilnehmen, ein im gleichen Maße unsinniger Gedanke ist!

Wann ist wer schon wo?

Wenn ich in meine Nachbarstadt gehe, wäre es doch eine sehr vermessene Behauptung zu sagen, meine Heimatstadt würde nicht mehr existieren, bloß weil ich sie nicht mehr sehen kann. Ihr »Fehlen« resultiert ja ganz offensichtlich aus meiner eigenen Positionierung, daraus, dass mein Körper, mein Hirn, eben meine Betrachtung sich an einem neuen Ort, einem neuen »Hier« befindet. Was jedoch die Zeit anbelangt, urteilen wir stets mit genau dieser Vermessenheit: Nur weil ich, von der Vergangenheit in die Gegenwart, einem neuen »Jetzt« gehend, die Vergangenheit nicht mehr sehen kann, bin ich der festen Meinung, sie sei auch aus der Welt verschwunden.

Woran kann ein »Hier« festgemacht werden? Einfach: An meiner Anwesenheit. Ich bin nicht mehr in Gelsenkirchen, da ich in Essen bin. Dabei war meine Reise durch den Raum jedoch ebenso eine Reise durch die Zeit: Früher war ich in Gelsenkirchen, später in Essen. Woher weiß ich, dass ich nicht nur »Hier«, sondern auch »Jetzt« in Essen bin? Doch wohl wieder nur durch die Anwesenheit, der meines Körpers, meines Gehirns, meiner Beobachtung? Aber wie unterscheidet sich mein Jetzt-Sein von heute morgen in Gelsenkirchen von meinem Jetzt-Sein in Essen? Welches ist das wirkliche, gegenwärtige – wo sich doch beide einander *mit gleichem Rechte* ausschließen? Welche Situation von beiden im »echten, absoluten Jetzt« ist, ist eine genau so unzulässige Frage, wie die nach einem »absoluten Hier«. Man kann nur sagen, dass sich beide Momente gegenseitig ausschließen – aber doch, genau wie zwei Orte, gleichzeitig sein können.

Saiten der Geschichte

So lang und verschlungen sind die Fäden des Schicksals, dass, wer jetzt an einem Faden zupft, die Ewigkeit zum schwingen bringt.

Wahnsinnig sicher

An der Realität zu zweifeln ist noch lange kein Wahnsinn. Zweifel ist sogar unser bestes Heilmittel: Der Wahnsinn ist sich seiner Sache *stets viel zu sicher*.

Die Frage nach dem Sein

Für einen Menschen von ausgeprägter geistiger Dimension ist die Welt ein unbefriedigendes Ding. Man kann sich ein gutes Leben lang mit ihrer Funktionsweise befassen und damit auch lang und produktiv beschäftigt sein, doch irgendwann steht man vor seinem vielen Wissen und muss sich immer noch fragen: Was ist es eigentlich, das ich hier und dort so gut verstehe? Mit diesem Gedanken zerreißt die Welt plötzlich, teilt sich in Vorstellung und Wahrheit, Immanenz und Transzendenz, ins Scheinbare und Wirkliche.

Nun kann es natürlich sein, dass gerade »die Wahrheit«, die metaphysische Grundlage aller Erscheinung, das größte Nichts von allen ist, ein bloßer Gedanke, der keine reale Entsprechung hat; doch ist es genau dieses Nichts, dieser unendliche Raum an Möglichkeit, welches unsere Welt aufs neue reich, groß und geheimnisvoll macht: Es gibt *mehr als die Welt* für uns zu entdecken!

Zweiter Blick

Philosophieren heißt unter anderem sich so dumm wie nur denkbar zu stellen, bis einem noch das Selbstverständliche fragwürdig wird. Der nächste Schritt ist dann, es auch als fragwürdig *zu empfinden*.

Denkgewohnheiten
Nicht in Gewohnheiten denken, sondern das Denken zur Gewohnheit machen.

Sehen die Ungläubigen nicht...?
In einem letzten, gefährlichen Aufschrei des gekränkten Egos, sind es nicht zufällig die Ausgeschlossenen, welche sich mehr und mehr als die Auserwählten fühlen müssen.

Leicht erhaben
Es wäre so leicht, über den Dingen zu stehen, würden einem die Gefühle nicht ständig etwas anderes sagen.

Kleinquatschen
Zwerge schauen nicht gerne nach oben, zu schnell schmerzt ihnen das Genick. Wer jeden Riesen gleich fällen will, der muss solch ein Zwerg sein.

Viel nicht gelernt
Was einmal getan wurde, tut sich mit jedem Nocheinmal leichter. Und so sieht man überall sich erhärtende, bestärkende und in ihrer Drehung beschleunigende Verhaltensspiralen. Auch das Nichtlernen wurde einmal gelernt.

Aggressives Nichtstun
Verzicht ist schon ein sehr aktives Nichtstun, manchmal sogar die Aufgabe eines Tages, eine größere Leistung als jede Tat.

Wie oft ist eine Aktivität bloß ein verschleiertes *Nachgeben*?

Menschenfresser
In Sachen zwischenmenschlicher Beziehung gibt es so manchen Nimmersatt, der, wann immer er gerade nicht frisst, auf der Stelle Hunger leidet.

Wille wollen

Was heißt denn gerade willensstark? Diejenigen, die ihren Willen durchsetzen können, sind oft die Schwächsten darin, ihren Willen einmal zu zügeln.

Nichts wichtiges

Nichts kann zur gleichen Zeit so stolz und so winzig sein, wie das menschliche Ego, welches, außerhalb seiner selbst, schlicht überhaupt keinen Wert hat. Das spürt es wohl auch, und gibt sich gleich noch einmal lauter Mühe, als ganz wichtig zu gelten: Denn wer etwas gilt, verträgt sich besser mit der Scham, nichts zu sein.

Zwei Enden

Damit der Verstand überhaupt etwas umfassen kann, muss er es zu einem guten Stück zeitlos machen, den unendlichen Strahl des Werdens nach hinten wie nach vorne kappen und die verbleibende Strecke für das Ganze erklären. Täte er dies nicht, so fände er keine Grenze, an der ein Ding noch »zu fassen« wäre.

Wald und Bäume

Ein Mensch ist – und muss! – begrenzt sein und kann auch nur begrenzt verstehen. Naturgemäß scheidet er den Anfang vom Ende, trennt Ding von Ding, benennt, gewichtet, wertet das Ganze – und übersieht im Detail die Ewigkeit.

Nicht jedermanns Sache

»Fang an zu denken!« ist eine der gefährlicheren Aufforderungen, der wir ganze Bibliotheken von bestens begründetem Unsinn verdanken.

Nichts außer mir

Was ist euer Egotrip schon anderes als ein Mangel an Vorstellungskraft, als die Unfähigkeit, sich mehr als sich selbst auszudenken?

Selbstbestätigung
Der Kosmos schweigt und erhebt auch keinen Einwand. Was immer man zu hören meint, ist das Hallen des eigenen Geschwätzes.

Wen das Universum anschweigt, der schweigt vermutlich auch in es hinein?

Unverrückt
Um in einer Sache Position zu beziehen, mag es recht hilfreich sein, nicht mehr als eine Position zu kennen.

Selbstläufer
Wie schlau hat es die Natur doch eingerichtet, dass wir unser Leben in der Rhythmik aus Tag und Nach zubringen! Wir brauchen nur auf den nächsten Tag, den nächsten Schritt zu achten, können so laufen und laufen, ohne je ein Ziel zu haben!

Chaos regiert
Alles ist eins – das sagt sich so leicht, als handle es sich um eine frohe Botschaft. Doch alles ist eben auch getrennt, was immer wächst, verschlingt sein Nächstes; Dasein – das hieße nun Selbstverzehr.

Zu klug für die Welt
»Binsenweisheit!« rief er aus – und hielt sich drum nicht dran: Viel zu klug ist er für eine derart dumme Wahrheit.

Keine Herausforderung
Als ich es beherrschte, wurde es mir zur Last.

Schlagt doch alles in Stücke!
Alles was du je dachtest und fühltest ist falsch! Dein Stolz, deine Sicherheit und deine Hoffnung hängen an nichts als einem Irrtum! – sich dieser schlimmsten aller Möglichkeiten nicht schildkrötenhaft zu verschließen, sich ihr hinzugeben und

den Schmerz auszuhalten, bis das meiste zerstört, vieles verwandelt vor einem liegt – nur so entstand bislang die größte Weisheit.

Und verschließt die Tür!
Buddha hätte, als er zum ersten mal das Leid in den Straßen sah, auch schnell wieder zurück in den Palast gehen können.

Stolze Selbstaufgabe
Verwandeln und sich verwandeln lassen, alles zweimal erleben, sich aufgeben können, um mehr zu werden.

Geliebte Fehler
Ist nicht anzunehmen, dass so mancher alte Irrtum nur deshalb nicht sterben darf, da »Stolz und Hoffnung« zu vieler Menschen an ihm hängen? Einen solchen Irrtum aufzugeben hieße eben ein ganz unerhörtes Maß Selbstaufgabe.

Zu sich stehen
Jede Beziehung zu anderen Menschen, mit ihrem Gelingen und Scheitern, ist ein lauteres Echo der allererstern, wichtigsten Beziehung: Der zu sich selbst.

Willst du das?
Der Wille, der endlich »Ich!« sagen kann, ist sicherlich die lauteste Stimme in einem wahren Gewirr von Stimmen, aber nicht unbedingt die klügste.

Erholung und Schlaf
Ein Mensch von Tiefe, der in so manchen Abgrund geblickt hat, mag sich aus Klugheit wieder an die Oberfläche retten und sich am sicheren Schein erfreuen. Der Dumme tut dies ohnehin ständig als Folge einer ganz anderen Klugheit: Oberflächlich ist er aus Instinkt.

Verwandlungskunst

»Was macht es mit mir?« – dies sei stets die erste Frage. Nicht ob es gut sei, richtig, schön oder das jeweilige Gegenteil. Glaube ich es, handle ich danach, wird es einmal Fleisch und Blut – zu was hat es mich dann gemacht?

Empfindungsstörung

Auf einmal wurde mir die Welt zum Gespenst, in dem sich die Vergangenheit stur in die Zukunft ergießt, wo alle gelenkt werden – und niemand sitzt am Steuer.

Wer sein

Erfolg und Misserfolg stehen in direktem Zusammenhang mit einem Selbstbild, dem Gefühl von Wert und Kraft, das wir uns selbst gegenüber empfinden. Was wundert es also, dass man alles, was dieses Gefühl in Frage stellen könnte auf teils raffinierte, teils ignorante Weise meidet, man sich nur in Gefilden bewegt, welche dich in deinem kleinen Können bestätigen?

Darf man auch mal sagen

Ach, welches Glück ist es doch, ausgerechnet ich zu sein!

Nichts Interessantes

Zu den Eingeweihten zu gehören, in einer Sache größere Einsicht zu haben als der Rest der schlafenden Massen – das ist ein wahrlich rauschhaftes Gefühl. Wie wunderlich, wie geheimnisvoll die Welt plötzlich wieder scheint: Sieht man die Zeichen nicht überall? – So das Gegenmittel der »Wahrheitsliebenden« gegen die schlimmste aller Ahnungen: Die Profanität der Welt, das heißt: ihrer selbst.

Wusste ich es doch!

Ich sah die Überzeugung schon sehr Seltsames mit dem Denken anstellen – manchmal schien sie es geradezu umzudrehen: Man wusste die Lösung ja bereits – sodann fanden sich die tausend Gründe. Seine Überzeugung findet man leicht – und dann auch überall! – bestätigt.

Nichts da

Nihilismus – das ist doch keine Erkenntnis, sondern ein Gefühl; genauer: ein Mangel an Gefühl. Wer sich noch an sich selbst zu berauschen weiß, findet den Wert in allem und überall.

Reinheitsgebot

Realität entsteht durch Abfrage und Einigung – ein freudiger Umstand für ein Wesen, das, *wie wir*, sich selbst befragen kann.

Noch unmenschlich

Für gewöhnlich umschreibt das Wort »menschlich« nicht den Menschen, sondern *den Menschen in Auswahl*, nämlich abzüglich all seiner furchtbar unsympathischen Eigenschaften. Damit gleicht dieses Wort weniger einer Zustandsbeschreibung als einem *Auftrag*: Die Menschwerdung ist noch lange nicht abgeschlossen.

Truther

Der Wille zur Wahrheit ist selbst noch eine Lüge, wann immer er nicht mehr sucht, sondern beweisen, bloß überzeugen will.

So lange wie nötig

Im Geistigen ist ein gesunder Irrtum durchaus erlaubt – er trägt dich, wie dich im Traum ein bloß geträumter Boden trägt. Und doch ist es irgendwann einmal nötig aufzuwachen und auch einer geliebten Überzeugung in Freundschaft Lebewohl sagen zu können.

Lebensformen

Dasein heißt in einer Art und Weise da zu sein, bedeutet auch immer ein In-Form-Sein.

Drittes Auge

Alles fällt auf dich zurück: Jede Handlung, jedes Wort wird in deine Vergangenheit, *in dich* hinein gebrannt. Darum handle nicht nur, sondern *sieh dich* auch handeln, achte auf dich und was da wirkt.

Trüb ist nicht tief!

Dies ist eine weitere unserer – eher: eurer – Eitelkeiten: Dass wir das, was uns berührt, auch für wichtig halten. Und so sprechen wir von Tiefe, wann immer uns jemand seine Problemchen und Verletzlichkeiten in schöner, rührender Form darreicht. Was uns rührt, das rührt auch wenigstens an das Herz der Welt!

Verschwundene Hausflure und stille Bäume

»Gibt es den Hausflur noch, wenn ich die Wohnungstür schließe?« ist eines dieser rührend-naiven Gedankenexperimente, die ein Geist in Aufbruchstimmung immer mal wieder durchführt. Leider häufig mit einer so unangebracht absurden Schlussfolgerung, dass jeder bodenständige Denker, der sein grobstoffliches Gesicht wahren möchte, nicht anders kann, als wissend mit den Augen zu rollen. Denn tatsächlich: Zu behaupten, ein Flur verschwände, bloß wegen meiner kleinen, bloß räumlichen, vorübergehenden Abwesenheit ist eine allzu tollkühne Vorstellung.

Doch ist das Problem der Abwesenheit damit ja noch lange nicht abgetan, gehört doch zunächst einmal zugestanden, dass tatsächlich etwas »verschwunden ist«: nämlich die optische Interpretation eines Flures. Diese ist nur ein Bild in unserem Kopf, hat wirklich nur dort Bestand – und verschwindet zusammen mit dem Moment der Interpretation. Freilich bleibt der Flur jederzeit interpretierbar, das Potential-zur-Interpretation, auch Flur genannt, ist beständig – doch müssen wir hier unserer Anwesenheit zumindest eine gewisse Rolle zuerkennen, soll der Flur auch in *voller Form und Farbe* zurückkehren.

Was nun aber, wenn dies gar nicht die Abwesenheit ist, auf die dieses Gedankenexperiment abzielt? Wenn die Abwesenheit weniger einem kurzen »Verreist-sein des Geistes« glich – als seinem Tode? Über diese absolute Abwesenheit des Geistes und ihre Auswirkungen auf die Hausflure dieser Welt sollte auch der mutigste Materialist noch eine Weile schweigen.

Wiederkäuen
Über manche Themen darf – und sollte! – man, in einigem zeitlichen Abstand, nochmals reden. Vielleicht wusste man hier oder dort schon zu früh Bescheid – und kommt im Lichte neuerer Erfahrungen zu einem ganz anderen Schluss.

Wieder erkennen!
Nein, erkannt hat er schon lange nichts mehr – man sieht es doch an seinem Blick, der sich über alles legt – und nie auch nur etwas hinein lässt. Er sieht eine Welt, die er kennt, aber nicht die, welche kommt und ist!

Wie oben so unten
Na hoffentlich unterscheidet sich das, was ein Mensch in seinem Innersten ist, höchst drastisch von seiner Oberfläche. Sind Grund und Oberfläche fast identisch, spricht man von flachen Gewässern oder Pfützen.

Selbstbetrug
Ihr denkt von der Wahrheit nicht hoch genug – daher findet ihr sie überall. Was ihr erfasst, passt nicht bloß zufällig in eure Hand, als wäre es für euch gemacht.

Das Treiben
Es ist schon richtig: Das Leben erlaubt – verlangt? – viele Stile und Spielweisen; doch immer umgibt dieser Spielraum den grundlegenden Imperativ: wachse! – so will es deine Natur, dies ist eben die Natur des Lebens.

Unsinn!
Manchmal trifft es einen wie ein Schlag: Die Welt hat keinen Wert! Was immer man dafür hielt, nie war es ein An-Sich eines Wertes, sondern eine alte, kräftige, zur Natur gewordene *Be*wertung. Und so bewertet man ein letztes, endgültiges mal: Es ist nichts mit allen Werten!

Ohnegleichen
Absolut zu sein – oder auch nur so zu gelten – ist natürlich eine ganz vorzügliche Position, ist man doch fortan nur noch durch sich selbst zu erklären, ist nur noch der, der man ist.

Kontraste
Bedeutung will, soll sie unser Leben in all seiner Alltäglichkeit wohltuend verschönern, gut bemessen sein. Ohne sie ist alles hinfällig, ihr Zuviel macht alles – lächerlich.

Alles so schön bunt hier
Vieles lässt sich finden, ohne dass man danach sucht. Bedeutung – gehört nicht dazu. Sie gehört unterstellt, damit sie sich offenbart. Und dann offenbart sie sich auch, wenn man sie ganz fälschlich unterstellte.

Dem Kranken Medizin
In den schwankenden Momenten suchen wir unseren Halt an einer Wahrheit – und tun gut daran. Denn genau das ist ja die Funktion jeder Wahrheit in ihrer pragmatischen Form: Sicherheit, Festigkeit, endliche Überzeugung.

Doch was den einen endlich standhaft werden lässt, lässt den anderen erstarren. Wer vom Individuum auch nur ein wenig hält, muss *mehr als eine* Wahrheit erlauben – oder zumindest ertragen.

Alles zum Kotzen

Im Dunkel unserer Unzufriedenheit strahlen Probleme noch am hellsten – und trösten uns: Nur sie sind schuld!

Lebhafte Erinnerung

Eine perfekte Erinnerung wäre schon etwas verführerisch Schönes: Ein Zwanzigjähriger könnte bis zu seinem vierzigsten Lebensjahr – die Muße und die Versorgung mal vorausgesetzt – noch einmal in seinen besten Zeiten leben – ohne die schlechteren je zu erfahren.

Musik

Ist das nicht die eigentliche Frechheit? Gefühle können die Welt bedeuten – und doch
unwichtig sein.

Absichtslos

Am liebsten ist mir diese unschuldige Erkenntnis, welche über das Erkannte stolpert und sich dabei vielleicht noch blaue Flecken holt. Wer stets findet, was er auch suchte, macht sich der Verwechslung verdächtig.

Kommerz

Und selbst wenn alle Nahrung vergiftet ist: Hunger hat jeder irgendwann.

Klimax

Der Applaus macht jede Debatte zu einem Trauerspiel. Nicht das kluge, leise Argument wird hier vom Publikum mit seinem kostbaren Lärm geadelt, nein, es will begeistert, das heißt irrational überzeugt werden.

Lauft um euer Leben!
Und wenn den Menschen niemand ein Ziel geben kann, dann gebe man ihnen zumindest einen großen Ekel. Mittlerweile ist es egal, ob wir uns auf etwas zu oder nur fort bewegen – Hauptsache wir bewegen uns!

Lebenswerte Lügen
Die Wahrheit ist die Welt jenseits unserer Interpretation, die Welt, bevor wir sie *menschlich machten*. Damit dürfte es mit ihr eine sehr unangenehme, eben unmenschliche Angelegenheit sein, welche von uns aus gutem Grund nicht gewusst wird.

Ich hat immer recht
Egal wie wirr das Spiel unserer Launen und Zustände, wie willkürlich wir unser Für und Wider über die Dinge legen – immer fühlen wir uns souverän, identifizieren uns als den Urheber, nennen den lautesten Teil an uns unseren Willen. Was will hier, schreit hier, wird hier beleidigt, bricht dort in Jubel aus? – all diese Fragen stellen sich nicht, denn unser Bestes und Niedrigstes spricht mit der gleichen Stimme – man gibt nach, man sagt: Ich!

Wo stehen wir?
Objektivität ist, man errät es ja längst, bestimmt keine Tatsache, eher eine manchmal angebrachte Bescheidenheit. Man bekennt sich nochmals voreinander zur Perspektive, ohne damit die Möglichkeit eines »objektiven Blickes« zu behaupten. So lässt sich reden, abwägen, die Perspektive erweitern. Über das Objektive an sich kann man nur schweigen.

Vorsätze
Sein Handeln, nicht aber sich selbst zu ändern, beschwört geradezu den Rückfall in alte Verhaltensmuster. Nicht seine Sehnsüchte durch Abstinenz zu schüren ist der Weg zum Erfolg, sondern seine Einstellung sich selbst gegenüber bis hin

zum Ekel zu verdrehen. Neue Handlungen brauchen auf Dauer einen neuen Menschen.

Man kann sich zwingen und überspannen – irgendwann schwingt man zurück. Sich so zu verändern, dass man sich nicht mehr zwingen muss, ist zwar noch schwieriger – aber die Lösung.

Nichtlokalität des Unglücks

So mancher Enttäuschte mag seinen sehnsuchtsvollen Blick in die verheißungsvolle Zukunft richten, wo er den Ort seines ihm gebührenden Glückes, verborgen hinter vielen Eventualitäten, hinter »Wenn« und »Falls«, vermutet. Und vielleicht wird ihm ja tatsächlich einmal das Glück zuteil, sein Utopia zu erreichen – um festzustellen, dass ihn auch sein Unglück bereits ungeduldig erwartete.

Was du nicht sagst

Man kann durchaus so weit aneinander vorbei reden, bis man nur noch das eigene Echo hört – und wird sich dabei endlich einmal verstanden vorkommen.

Unmöglich sowas!

Hinfort mit unseren althergebrachten Bewertungskriterien von »richtig« und »falsch« – schon zu lange machten sie unsere Bewegung mit ihrer lähmenden Nörgelei langsam und verdächtig-schwer! Was getan wurde, kann niemals falsch sein – das Falsche ist *eine Unmöglichkeit*!

»Das Richtige« – das sei mein Wille. Mein Versuch, mein gutes Recht, meine Richtigkeit nicht *zu wissen* – aber *zu beweisen*!

Same old, same old

Das Ich: eine Lüge. Die Welt: sinnlos. Unser Handeln: streng determiniert. Sollten all diese Erkenntnisse einmal hinreichend bewiesen sein, kann endlich Niemand mit seinem sinnlosen Kopf streng determiniert zur Zustimmung nicken – und weiter machen wie bisher: Denn nichts hat sich geändert.

Das alte Lied

Es sollte jeden doch zumindest ein wenig schmerzen, schaut man sich an wie der Mensch, jene Spezies, die sich lange genug für die höchste und letzte Hervorbringung der Schöpfung hielt, seinen Alltag in der Ewigkeit zubringt, in entfremdeter Arbeit, dümmlichem Vergnügen, und mit von kleinlichen Sorgen zerfurchter Miene. Tag für Tag reiht sich eine Belanglosigkeit an die letzte, bis Alter oder Krankheit dieses traurige Treiben einmal beenden. Der Mensch scheint seine alberne Ordnung mehr als alles andere zu lieben: Er braucht seinen strukturierten Tag, sein gewohntes Umfeld, seine alten Meinungen – er wiederholt sich – und stirbt daran.

- Wer will es den Leuten denn auch verübeln? Sämtliche Sicherheit ist nur möglich, *wenn sich die Grundlagen dieser Sicherheit zuverlässig wiederholen.*
- Wiederholung als Angst vor der Veränderung? Vor unvorhersehbarer Ohnmacht?

Beziehungsweise

Was man sucht, das wird man finden: Unsere Erwartungshaltung bestimmt, was uns zufällt. Man kann einen großen Teil der Welt verändern, verändert man nur den eigenen Bezug zu ihr. In einem schmutzigen Spiegel erscheint eine schmutzige Welt.

Davor

Selbst eine gewissenhaft und mit bestem Sachverstande rekonstruierte Vergangenheit macht nur Sinn als die Vergangenheit eines gegenwärtigen Erlebnisses. Erst das momentane Erleben rechtfertigt die Vergangenheit als eben solche.

Nicht wahr?

In den meisten Gesprächen will man nichts Neues erfahren, sondern nur die *er*neute Bestätigung dessen, was längst keiner Rede mehr Wert ist. Keine Rede soll uns unsere Rechtfertigungen streitig machen – wir fürchten unsere Sprachlosigkeit.

Opfergaben

Es gibt in der Welt keinen reinen Gewinn, sondern bloß die Verwandlung – und man tut gut daran, auch in den hohen, geistigen Dingen von dieser Faustregel auszugehen: Jedes Wissen kostet Unschuld, jede Erkenntnis Naivität und Träumerei. Hierbei wäre es ein doch allzu frommer Gedanke, nähme man an, nur die unnützen Dinge würden einem geistigen Fortschritt geopfert.

Setting

Man kann seinem Gegenüber völlig neue, seinen üblichen Weltbildern ganz widersprechende Äußerungen entlocken, schafft man es nur einmal, zunächst die richtige Stimmung zu erzeugen. Doch man hüte sich vor der Ernüchterung – mit ihr folgt das schlechte Gewissen und also die Frage nach der Schuld.

Neue Gewichte

In dem feinmaschigen Geflecht der Geschehnisse ist es unmöglich einen Überblick über die Auswirkungen noch unserer kleinsten, sublimsten Handlungen zu behalten – keiner weiß, in welche Winkel und Hintergassen sich unsere Wirkungen verirren oder in was sie sich verwandelt haben, sollten wir ihnen über so manchem Umweg noch einmal begegnen. Überdenkt man die unglaubliche Menge sichtbarer wie unsichtbarer Einflüsse, welche jeder Mensch mit jedem Atemzug – und vielleicht – vielleicht! – sogar mit jedem Gedanken – in die Welt sendet, erscheint noch der unwichtigste Wicht als fester und integraler Bestandteil des Weltenspieles.

Da wir nicht wissen, was aus unseren Wirkungen wird, und wir doch unentwegt wirken müssen, sei jeder zu einer besonderen Pflege und Bewusstheit seiner Art und Wirklichkeit aufgerufen: Handeln wir so, als hinge das Schicksal einer Welt an unseren Aktivitäten – denn genau so könnte es sein!

Inception

Ein Gedanke, egal wie unscheinbar, kann, wenn er nur lange genug in den tiefen des Unterbewusstseins reifte, plötzlich mit einiger Kraft hervorbrechen und Spross einer völlig undurchsichtigen Verästelung neuer Gedankenmuster sein. Wählen wir unsere Worte also mit Bedacht: Wir wissen nicht, was wir mit ihnen säen.

Geht so

Oh ja: Man könnte viele Menschen als das Produkt *erfolgreicher* Selbstverleugnung ansehen.

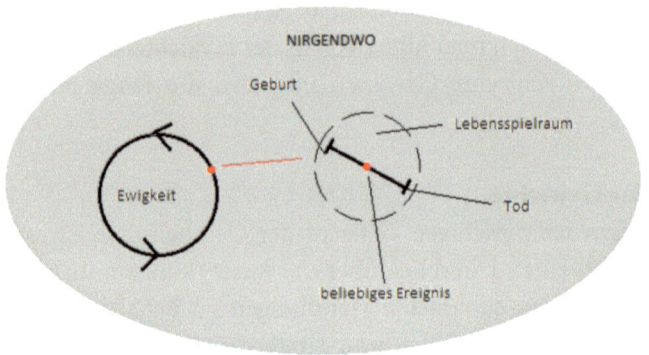

Eine Frage der Potenz

Bei der Hervorbringung eines philosophischen, esoterischen oder religiösen (…) Systems kann es nur bedingt um den tatsächlichen Wahrheitsgehalt gehen – viel mehr handelt es sich bei einer solchen um den durch und durch erlaubten Versuch des Schaffens von Plausibilität und Kohärenz. Steht es dann einmal da, plausibel, stimmig und unbewiesen, ist es gleichwertig mit jeder anderen Auffassung von Wirklichkeit und Realität.

Wie war das noch?

Selbst wenn man den Umstand, dass unser Erleben des Wirklichen stets zeitversetzt stattfindet einmal großzügig abrechnet, hat unsere Erfahrung immer noch weit mehr mit der Vergangenheit als mit der Gegenwart gemein. Unser Erleben: Das ist nur ein Bild, geworfen auf die Projektionsfläche unserer Vergangenheit.

Was man hat

»Er ist zuverlässig, unveränderlich und bleibt sich selber treu - das ist noch ein Mensch mit Charakter, der hat noch Persönlichkeit!« Ja, wir haben unseren Mitmenschen gern berechenbar – da weiß man doch, was man an ihm hat. Wir haben einen festen Namen und wollen ihn entsprechend mit etwa sieben ebenso festen, unveränderlichen Eigenschaften füllen.

Doch jeder ist mehr, als er scheint, kann anders sein, als er ist. Und so ist ein Zuviel an »Charakter« kein rein positiver Wert, sondern ein Ausschluss und stetes Ausschließen all dessen, was man *gerade nicht ist.*

Bewiesen

»Objektiv« - das heißt zunächst einmal nicht viel mehr als »wenig Spielraum zur Interpretation« - und was ist dadurch mehr bewiesen, als eine relative Gleichheit der interpretierenden Subjekte?

Auf den zweiten Blick

Die »vertraute Welt« ließe sich auf ein Sammelsurium vorgefertigter, schnell abrufbarer Begriffe und Interpretationen reduzieren: Wir sehen längst nicht mehr, welche Schönheit – und welcher Schrecken! - hinter unseren alten Bildern heranwuchsen – und immer noch wachsen!

Funktionabel

Nicht in der Welt, sondern in der eigenen Erwartungshaltung zu leben, erspart einem jedes mühselige Hinsehen und Überdenken – ermöglicht also endlich einen effektiven Umgang mit dem »Wesentlichen«.

Flüchtig Gesagtes

Müssten wir die Motivationen eines Menschen jedes mal bis

zum ersten Impuls seines Herzens zurückverfolgen, würde man – vielleicht mit Überraschung, vielleicht mit Ekel – feststellen, wie oft eine Befürchtung, wie oft eine Angst der eigentliche Motor einer Handlung ist. Man muss wohl dankbar sein, dass wir unsere Mitmenschen im Gesagten oft überhören.

Das Eine und das Andere

Wenn man sich mal wieder darüber mokiert, einen Betrunkenen zu sehen, der sich nicht »aufzuführen« weiß, sollte man kurz inne halten und im Geiste überschlagen, wie viele »nüchterne« Menschen sich heute bereits nicht aufzuführen wussten.

Gefühlte Fremde

Ich muss mich doch wirklich jedes mal aufs Neue wundern, wie sehr sich Verhaltensweisen – und selbst noch die unvorteilhaftesten Verhaltensweisen – unhinterfragt und weiträumig unter den Menschen verbreiten können. Man setze ein Individuum, und sei es das strahlendste, vielversprechendste Exemplar, nur einmal eine Zeit in eine beliebige Menschenmasse – und es wird nicht lange dauern, bis sein Strahlen nicht mehr von dem Matt seiner Umgebung zu unterscheiden ist.

Freilich, in einigen seltenen, glücklichen Fällen läuft es auch anders und es gelingt dem Einzelfall, sich selbst und seine Eigenheit inmitten seiner Umgebung zu *erhalten*. Vermutlich ist es eine Frage des Gefühls: Es braucht eine innere Diskrepanz, einen *Widerwillen*, der einen fühlen lässt: »All das – das bist du nicht! Lieber noch irgendwo sein, als hier zu verweilen!«

Ach, würde es doch nur mehr von ihnen geben, von diesen lebenden Dissonanzen.

Wiederkäuen

Man kann dem schönen Wort einige Rührung abgewinnen, vielleicht sogar einige Weisheit darin erkennen, doch nur selten kann man, seiner »Erkenntnis« folgend, sein Herz verwandeln und endlich »gut« und »richtig« leben. Wann hätte zuletzt eine einzelne Einsicht dein Leben für mehr als ein paar arme Minuten geändert? Es ist wohl einiges daran, an dieser buddhistischen Ansicht, dass nicht bloß die Einsicht und das Akzeptieren, sondern vor allem die Erfahrung, die Übung, die Wiederholung und noch einmal die Wiederholung die Welt verändert.

So oder so

»Die Welt ist möglich« - das mag einem mit einigem Recht als wirklich lausige Erklärung erscheinen. »Es gibt Gott« ist jedoch – gerade im Falle ihrer Richtigkeit – eine ebenso lausige, d.h. auf die gleiche Weise triviale, Erklärung.

Missverhältnis

Ist das nicht seltsam? Man sollte doch annehmen, wenn man seinen Blick nur weit genug öffnet, bis er endlich das große Ganze umschließt, dann müsste sich doch gerade in diesem Ganzen auch der Sinn finden lassen. Doch hat man es erst mit seiner Betrachtung zu solcher Großzügigkeit getrieben, sieht man das Ganze nur noch vom Nichts umschlossen.

Bloß Weil und Für

Man wird wohl erst dann zu einiger geistiger Ruhe und Zufriedenheit finden, wenn man *zumindest irgendeiner* Sache einen *Selbstwert* zugestehen kann.

Ich und Mir

Man kann an seinen Gedanken leiden oder sich an ihnen erfreuen – in beiden Fällen hat man ein Indiz dafür, dass man *mit seinen Gedanken nicht identisch ist*.

Hör dir doch mal zu!

Wer denkt schon jeden Satz bis zum Ende, bevor er ihn spricht? Wer kennt jedes Resultat des Werdegangs seiner Gedanken? Wer kann von sich behaupten, der vollständige Urheber seiner Inner- und Äußerungen zu sein? Nein, wir sind nicht mit uns selbst identisch – und wer weiß? Vielleicht haben wir uns sogar noch manches zu erzählen?

Ein Nichts von Wert
Ich möchte mich hiermit noch einmal zu einer gehörigen Portion Hellhörigkeit ermahnen, wann immer mir ein *substantiviertes Adjektiv* unterkommen mag: Höchst wahrscheinlich handelt es sich mal wieder um eine Verirrung der Sprache, welche einem ein *Verhältnis* als *Ding* verkaufen möchte.

Abermals zureichend
Aus jeder gegebenen Situation lassen sich alle für den Verstand zureichenden Gründe ableiten.

Traumwandler
Würden wir nur einmal zu Beginn eines Traumes das Bewusstsein aufbringen, uns sogleich um 180° umzudrehen, ergäbe sich daraus eine interessante Situation: Welchen Weg wir auch immer hinter uns sähen – gegangen sind wir ihn *in keinem Fall*. Was wir sähen, wäre der visuelle Versuch unseres Verstandes, unsere Situation im Traume zu erklären.

Nichts erklärt

Die Hervorbringung eines so komplexen, erkennenden Wesens, wie es der Mensch ist, als ganz unwahrscheinlichen Glücks- und Sonderfall zu betrachten, muss allemal ein Irrtum sein. Wir richten unseren verwunderten Blick in die Vergangenheit und versuchen mit viel Rechnerei dem so unfassbaren Zufall auf die Schliche zu kommen. Doch man denke sich unser Universum einmal so kalt und störrisch, dass es niemals uns oder etwas uns-ähnliches zustande gebracht hätte: Welchen Sinn hätte an einem solchen Ort eine solche »Vergangenheit« überhaupt? Was würde sie noch erklären? Welchen Sinn macht *niemandes Vergangenheit*? Erst ein erkennendes Subjekt stellt doch das Problem einer Vergangenheit zur Debatte.

Aufgeschlossen

Indem wir uns mittels der Logik den Wahrheiten dieser Welt annähern wollen, mögen wir auf diese Weise so einiges »beweisen«, vor allen Dingen aber dieses: dass *wir selbst* zunächst einmal logisch und Logiker sind, welche sich selbst in der Welt finden und erschließen wollen.

- Jede Art der Erfahrung der Welt lässt mehr Schlüsse auf den Beobachter als auf die erfahrene Welt zu; dies gilt selbst für so grundlegende Verfahren wie die logische Erschließung der Welt.

Da – aber nicht hier

Vielleicht wäre es irgendwann noch einmal recht nützlich, unterschiede man zwischen Dasein und Hiersein.

Alternativen

Die auszeichnendste Leistung des vernünftigen Tieres Mensch ist, dass er sich zusätzlich zur unmittelbaren, direkt erfahrenen Welt des Erlebnisses eine ganze zweite, von der ersten bloß abstrahierte Welt der Begriffe und Sinnzusammenhänge ersann. Und mehr noch: Obwohl diese abstrakte Welt völlig substanzlos ist, mehr über den Dingen schwebt als sie tatsächlich zu berühren, richtet er sein Handeln gemäß seiner abstrakten Begründungen aus und lässt sie so *auf die wirkliche Welt einwirken*. Es ist schon ein ganz erstaunlicher Kunstgriff, die Welt der Kausalität dergestalt zu überlisten, indem man ihr abstrakte Gründe *als zureichende Gründe verkauft*. Etwas böswilliger gewertet könnte man auch bemerken, dass so der Lauf der Wahrheit gemäß einer Lüge geformt wird.

Mal nebenbei
Hat Hitler, der vermeintliche Mörder von Millionen, jemals selbst auch nur einen Menschen umgebracht? Oder hat er nur durch imposante Reden für die richtige Atmosphäre zum Töten gesorgt?

Überzeugt?
Heute erfuhr ich die ganz erstaunliche Definition des Wahnes, dass dieser im wesentlichen die Unfähigkeit zum Wechsel der eigenen Perspektive bedeute. Und so stimmig mir diese Festlegung auch scheint, wird durch sie jedoch *jede Form der Überzeugung* in ein kränkliches Licht der Pathologie gerückt.

Zirkel-Schluss
So wie die Form der vorgestellten Welt abhängig ist von der Form des vorstellenden Subjektes, hat eben auch die Form der vorgestellten Welt Einfluss auf die Art und Weise, in welcher sich das Subjekt das Objekt *vorstellen kann*.

Uneindeutig
Löst sich das Problem eines vollständig determinierten Willens nicht auf, unterlässt man es nur, ihm eine allzu-bestimmte Homogenität vorzuwerfen?

Relativ fatales Chaos
Tatsächlich muss es einem denkenden Menschen seltsam erscheinen, wenn mal wieder ein feuriger Verfechter der Wil-

lensfreiheit seine ungehobelte Ansicht kundtut, der Wille eines Menschen könne, eben weil er frei ist, nach Belieben zwischen den Möglichkeiten, und seien sie auch noch so weit voneinander entfernt, hin und her springen. Selbstverständlich verhält es sich nicht so und der Wille bleibt eingebettet in das kausale Gefüge seines Herganges. Alles andere wäre durchaus ein Kuriosum, bedeutete doch ein »beliebig springender Wille« die Fähigkeit, jederzeit wollen zu können, was man eigentlich überhaupt nicht will! Und dennoch wehre ich mich gegen die Vorstellung, ein Wille sei letztlich von Geburt an und ein Leben lang für den ganzen Weg bis hinein ins Grab determiniert und berechenbar. Als sei ein so diffuser Begriff wie »Wille« derart fassbar und festzumachen! Wendet man nur ein wenig mehr Augenmerk auf diesen vermeintlich so sicheren Vorgang, erkennt man, dass mit ihm durchaus nichts homogenes und eindeutiges bezeichnet ist, sondern ein chaotisches Spiel unterschiedlicher sich hier verstärkender, dort widersprechender Kräfte, welche ihren Ursprung an Orten und Zeiten finden, welche uns absolut unzugänglich sind. Dieses Wechselspiel nun für einen Zeitraum von Jahren für berechenbar zu halten ist ein allemal hoffnungsloses Meinen, es wird, schon der reinen Komplexität wegen, *immer* einen Raum für das *prinzipiell* Unvorhersehbare geben. Und nichts anderes als unvorhersehbar heißt doch »Zufall«, nichts anderes heißt doch »undeterminiert«!

Das will ich doch!

Den Willen für absolut frei zu halten ist die Folge unserer *direkten Identifikation* mit unserem Willen.

Augen zu und durch

Als sich der Mensch einen Begriff von Vergangenheit und Zukunft machte, wurde ihm das Vergangene zur Schuld, das Künftige zur Sorge. Als er nach links und rechts blickte, verzweifelte er an der Last der Wahl – und selbst die ungenutzten Möglichkeiten plagten noch sein Gewissen. Wen wundert es nun noch, dass ein Menschenleben, eingebettet in eine zweite Welt aus Begriffen und Gedanken, von denen jeder einzelne fähig ist, ein Leben fragwürdig und qualvoll zu machen, zum guten Teil aus Verdrängung und Wegsehen besteht?

Umgeben von potentiell gefährlichen Bewusstseinsinhalten ist jedes genaue Hinsehen ein Wagnis.

Reibungsflächen

Man kann die Sprache gut, leicht, gerne und mit Recht als Geschwätz abtun. So würde man auch bald einsehen, dass sich der menschliche Umgang auf ein wenig Anfassen – und ansonsten viel Geschwätz beschränkt.

Selbst dann!

Selbst wenn man einmal recht vorschnell unterstellt, der Mensch habe keinen freien Willen, macht es immer noch einen echten, einen *wirklichen* Unterschied, ob sich dieses unfreie Wesen für frei erklärt – oder eben nicht!

Des Kindes Name

Will man sich neu erfinden, gebe man sich zuerst einmal, und sei es auch nur heimlich und im eigenen Geiste, einen neuen Namen. Erst ein benannter Zustand lässt sich auch mit Sicherheit einmal erreichen – und überwinden.

Einige trockene Fakten – kein bisschen schlauer

- Nimmt man denn wirklich das Universum einmal als alles was es gibt, so verrennt man sich nach einiger verwegener Denkarbeit zwangsläufig in so manche Paradoxie, da man unweigerlich das fatale »und was ist außerhalb?« oder »und was war davor?« fragen – und um jede Antwort verlegen bleiben wird.

- Man kann die Konzepte Raum und Zeit des uns erscheinenden Universums nicht vernünftig auf das übertragen, *was noch nicht Universum ist.* Will man sich jedoch – völlig zurecht – des Gedankens erwehren, ein Universum käme aus dem Nichts und bliebe auch darin gefangen, müssen wir demnach von einem umfassenderen Sein ausgehen, welches die Möglichkeiten der Entstehung und Erhaltung (mindestens) eines Universums liefert – ohne dabei von den Konzepten Raum und Zeit betroffen zu sein.

- So könnte man zu der Ansicht gelangen, ein Universum ist eben nichts anderes als jener Teil eines raum- und zeitlosen Seins, den wir durch die Prinzipien unseres Erlebens (Raum, Zeit, Kausalität) erfahren.
- Dieses »umfassende Sein« ist nun freilich ein ganz unbegreifliches Ding, über das sich kaum etwas aussagen lässt, hat es ja weder Form noch Ausdehnung, passiert nicht und befindet sich zu keiner Zeit irgendwo. Es lässt sich überhaupt nicht mehr sagen, als dass es *zumindest die Möglichkeit zu einem erfahrenen Universum* enthält. Man darf nicht mehr sagen als: Es gibt das Potential für mindestens ein erfahrenes Universum.

Platon: »Die Zeit ist das bewegte Bild der Ewigkeit.«

In Auswahl
Das Werk ist immer vollkommener als der Künstler, eben weil ein Großteil des Künstlers an ihm fehlt.

Das bin alles ich!
Hat man nur einmal das Glück, sich an seine Träume erinnern zu können und führt sie sich im wachen Bewusstsein noch einmal zu Gemüte, wird man sich sicher bald einer grundsätzlichen Andersartigkeit des Traumerlebens gegenüber dem Erleben des Tages gewahr. Man wird sehen, dass das Traumerleben, auch wenn es einem, noch im Traume begriffen, nicht auffällt, nichts mit unserer wohl geordneten, konsequenten Erlebensstruktur des Wachseins gemein hat. Orte können plötzlich wechseln, Personen ihr Aussehen verändern, plötzlich jemand anderes sein oder gleich ganz aus der Geschichte verschwinden. Auch vor uns selbst, vor der eigenen Perspektive, macht

dieses unbeständige Treiben keinen Halt: Ich erlebte den gleichen Traum bereits erst als Kind, dann als Erwachsener und schließlich als Beobachter, der am Traumgeschehen überhaupt keinen Anteil mehr hatte. Und doch: Im ganzen erleben wir den Traum als konsequentes Geschehen; erst die wache Reflexion entlarvt die wesentliche Inkongruenz. Allein die unnachgiebige Identifikation mit der jeweiligen Perspektive ist es wohl, welche uns das Traumgeschehen immer als schlüssig und das eigene empfinden lässt.

Wer? Wann? Wo?

Nein, ich glaube nicht an einen Takt der Welt, an irgendein objektives Maß, an dem das Universum sein »hier und jetzt« festmachen könnte. Tatsächlich glaube ich, dass die Worte »hier« und »jetzt« jenseits unserer Vorstellung jeden Sinn verlieren.

Das Jetzt ist der ganz persönliche Ausschluss von jedem Früher und Später.

Nähe der Raumzeit

Es braucht überhaupt nicht viel Denkarbeit und Vorstellungskraft, um uns den Raum und die Zeit, diese vermeintlich so vertrauten Begriffe, auf einmal sehr unfassbar und merkwürdig erscheinen zu lassen. Man kann leicht einsehen, dass ihre Vertrautheit nicht etwa von ihrer objektiven Gegebenheit herrührt, sondern von unserer fundamentalen Nähe zu ihnen: Sie sind nämlich selbst die Art und Weise unserer Erkenntnis – und hören.

Einmal für Immer

Wenn ich mit meiner Vermutung Recht habe – und darauf deutet bislang alles hin – , dass das Sein an sich von statischer Natur ist, dann kann ein Erlebnis, nur weil es *für mich* zur Vergangenheit wurde, nicht plötzlich aus diesem zeitlosen Sein, dem Begriffe wie »Anfang« und »Ende« gänzlich abgehen, verschwinden.

Wenn es qualmt und stinkt

Ein Gedanke ist zuletzt immer die Erfahrung eines materiellen Zustandes, ist *die eine Perspektive* desselben. Dieser Umstand macht jeden Denker also zum Chemiker seiner selbst: Ein besonderer Gedanke – das ist ein besonderer Zustand.

Bleib doch noch ein Weilchen

Von all den bloß teilweise vortrefflichen Eigenschaften des Menschen ist es – welch Wunder! – ausgerechnet die Trägheit, welche sich einfach nicht von ihrem Throne bequemen möchte, welche zuverlässig im Hintergrund verharrt, um uns, im Moment der Unachtsamkeit, mit ihren Krakenarmen zurück in die trüben Gewässer unserer Gewohnheiten zu ziehen. Fortschritt im Persönlichen ist vor allen Dingen ein Kampf mit diesem Ungeheuer, gilt es doch ihm sein liebstes Gut, *deine Lebenszeit*, zu entreißen.

Selbsterfüllende Prophezeiung

»Die Krone der Schöpfung – das sind wir!« – ist das nicht ein beruhigender, honigsüßer Gedanke? Derart göttlich gerechtfertigt kann sich der Mensch mit bestem (…)

Lärmende Überzeugungen

Glaubt mir, ihr könnt euch nicht auf ewig leugnen: Jede lauthals vorgetragene Überzeugung ist bloß der Versuch, den Rest an euch, all den Zweifel, die Angst, die Befürchtung ein für alle mal zu übertönen. Aber wer könnte schon für immer schreien?

Uneins

Der Mensch ist ein Wesen vielfacher Herkunft – und damit notwendig ein zerrissenes Wesen, ein Widerspruch, der sich niemals ganz gerecht werden kann. Welchen Schmerz uns unsere eigene Existenz zufügen muss, sieht man an den unzähligen Narkotika und Ritualen, welche sich die Menschheit im Laufe ihrer Geschichte ausdenken musste, die uns helfen, uns wenigstens für einige Zeit vergessen zu machen. Daher all das

Beschäftigen, Tratschen und Berauschen: Wir verwenden einen viel zu großen Teil unseres Tages darauf, uns selbst und unseren Widerspruch bloß nicht in aller Konsequenz zu spüren.

Jetzt ist das Vorhin von Später
Die einzige wirkliche Qualität eines Momentes ist, dass er alle anderen Momente ausschließt.

Sagen wir mal nichts
Warum macht es die Wissenschaft eigentlich nicht publik, dass man die Erde mittlerweile und durchaus fundiert mit ruhigem Gewissen wieder als den Mittelpunkt des Sonnensystems ansehen kann, ohne deshalb in erkenntnistheoretische Verlegenheit zu geraten? Wohl, weil es dem heroischen Anspruch, der Religion einst ihr falsches Weltbild unter einigem Kampfe zerschlagen zu haben, Abbruch tun könnte.

Warum ist das so?
Das ist doch alles ein wenig schlecht abgestimmt mit der menschlichen Entwicklung: Die besten Fragen stellen wir in einem Alter, in dem wir die Antworten noch nicht verstehen können. Und könnten wir sie endlich verstehen, sind wir längst mit »wichtigeren« Dingen beschäftigt.

Kopernikanisch gewendet
Es war wohl nur eine Frage der Zeit, bis sich der menschliche Geist, endlich gesättigt von seiner Ego- und Geozentrik, nach den Sternen umblickte – und nicht umhin kam, die Erde und sich selbst im kosmischen Zusammenhange plötzlich furchtbar klein, unbedeutend und beliebig zu finden. Die Erde wurde mit diesem Wechsel der Perspektive aus dem Zentrum der Betrachtung gerissen. Und dies sollte nun auch bis zum heutigen Tag die gängigste Art der Betrachtung bleiben: Die Erde ist nur ein unbedeutender Punkt von vielen, der sich, dem Gesetz der Schwerkraft folgend, bedeutungslos um eine der un-

zähligen Sonnen dreht. Es entbehrt dabei nicht einiger Ironie, dass man neueren wissenschaftlichen Ansichten zur Folge, die Erde durchaus wieder als den mathematischen Mittelpunkt ansetzen darf. Vielleicht wird es einst sogar so weit kommen, dass man das lang geschmähte Subjekt wieder neu entdeckt und einsehen muss, dass der Mittelpunkt von allem – oder zumindest des gesamten Universums – viel näher liegt als angenommen, dass wir uns selbst mit gutem Recht als den Mittelpunkt des Universums sehen dürfen.

Mozart-Effekt

Alles will zur rechten Zeit genossen sein – hat man sich bereits zu früh an eine Qualität der Sprache, des Rhythmus', des Gehalts der Gedanken gewöhnt, vergällt man sich nur unnötig den Geschmack und die Freude an einem ganzen Kosmos wohltuender Möglichkeiten.

Hall und Rauch

Die schöne Form bürgt weder für einen schönen noch für irgendeinen Inhalt – dies gilt nicht zuletzt für die Sprache. So manches grammatikalisch und rhetorisch imposante Gebäude besticht vor allem durch seinen eigentümlich hohlen Klang. Will man seine Mitmenschen wirklich kennen lernen, so geschieht das nicht durch das Gespräch, sondern *trotz* der vielen Worte.

Wovon die Rede ist

»Was« ist ein so unscheinbares wie gefährliches Wort; eine mit ihm eingeleitete Frage kann jede Gewissheit und alle Selbstverständlichkeit mit einem male zunichte machen.

Unentschieden

Zukunft ist das Noch-Geschiedene, ist vielleicht keine Viel-, doch zumindest eine *Mehr*heit der Möglichkeiten – und dies macht ihr ganzes notwendiges Wesen aus. Eine bereits ent-schiedene Zukunft wäre nicht mehr als eine ewige Vergangenheit.

Perfekt gelebt

Man soll mir doch bitte nie weiß machen wollen, man wisse bereits, wie das Leben »richtig« geführt würde. Ob es jemals, zu irgendeiner Zeit, in irgendeiner Kultur, solch einen Fall des richtigen Lebens gegeben hat, ist für jeden wenigstens noch fraglich. Es ist sogar noch fraglich, ob so ein klinisch reines Wesen in unserer Atmosphäre überhaupt lebensfähig wäre.

- Wie kann man ein Leben bewerten, wenn es den richtigen Weg überhaupt nicht gibt? Was ist bereits falsch – und was eine Frage des Lebensstils?

Ver-Stellung

Nach Veränderung rufen viele – und meinen damit nur einen anderen, nämlich *ihren* Stillstand.

Neue Spielregeln

Ist erst einmal eine kritische Menge tatsächlich individueller Menschen im Umlauf, werden sich in ihnen auch sehr unterschiedlich ausgeprägte – sich gerne auch mal widersprechende – Bedürfnisse herausbilden, woraufhin sich jede Patentlösung eines gelungenen Lebens endlich als Unsinn herausstellt.

Mh...

Erkenntnis als das Resultat eines andauernden Kampfes der Perspektiven? Das (sich) Behaupten einer Perspektive = Überzeugung? Parteinahme aus Affekt, nicht aus Überlegung?

Kurzsichtige Genies

Fragt man immer nach dem endgültigen Ziel, so fragt man oft genug ins Leere: Eine Möglichkeit zu sehen und sie als möglich beweisen zu wollen ist allemal ein zureichender Anlass zu handeln, welche Konsequenzen es auch nach sich ziehe.

Flinke Trägheit

Läuft man bereits seit einiger Zeit und mit zunehmender Geschwindigkeit in eine einstmals bestimmte Richtung, kostet es viel zu viel Kraft, sich noch einmal abzubremsen oder die Richtung zu wechseln.

Ja, man kann auch in der Bewegung erstarren.

Artig

Wer mag noch verurteilen, wenn alles – und im Speziellen: jeder – bloß Spiel und Wesensart der selben Möglichkeit Mensch ist?

Weniger macht mehr

Trennung ist der schmerzende Akt der Schöpfung. Wer sich einmal Gott nennen darf, kann nur noch erschaffen, indem er *von sich scheidet* – ohne dabei etwas zu verlieren.

Fragt mich später noch einmal

Wir sind immer schon Vergangenheit, stets überholt und somit noch – Jugend. Die reife eines Urteils bemisst sich an der Einsicht in die eigene Beschränkung. Nur die Kindsköpfe wissen alles bereits am besten.

Die Erfahrungswelt anderer Menschen muss uns unzugänglich bleiben und ist uns ein Leben lang bloß Theorie und Fantasie. »Dein Erleben – das ist die ganze mögliche Welt!« - man lasse sich diesen Satz einmal auf der Zunge zergehen. Und hat man ihn sich gehörig verinnerlicht, wird man bald einsehen: Man kann nicht haben, was andere haben, *ohne jemand anderes zu sein.*

Zusammenreimen

Auch wenn es zunächst ganz bezaubernd klingt, ist es doch immer unwahrscheinlich, dass eine Aussage wahr ist und zufällig auch ein Reimschema einhält.

Nur im Notfall denken

»Denken ist Problemlösung« mag die richtige Definition für Leute sein, die ein Problem mit dem Denken haben.

Schlechte Medien

Zuletzt wird doch jeder Glaube durch seine Gläubigen unglaubwürdig.

Hoffentlich nicht unrichtig

Sagen wir die Wahrheit: Wir können doch nur hoffen, dass es die Wahrheit überhaupt nicht gibt; denn sollte es sie geben, leben wir alle mit einiger großer Wahrscheinlichkeit an ihr vorbei – und sind durch und durch falsch.

Schlecht gewürfelt

Welch seltsame Konfiguration der Materie lässt, sagen wir mal, Ausländerfeindlichkeit und Arbeitslosigkeit entstehen?

Ist die Wirklichkeit rot oder grün?

Objektivität ist die soziale Einigung relativ ähnlicher Individuen. Ähnlichkeit von Aussagen bedeutet Ähnlichkeit der Aussagenden.

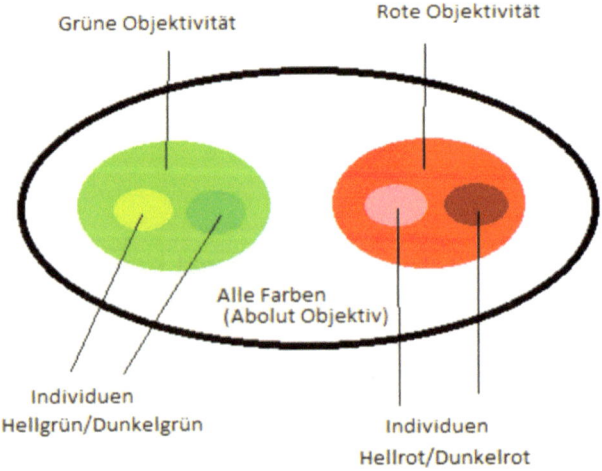

Luftikus

Ein Standpunkt ist eben genau dies: ein Punkt – und damit eine Facette von etwas größerem. Doch wird es immer Leute – und Gruppen von Leuten – geben, welche ihr Pünktchen zur Wahrheit aufblasen müssen.

Darum geschehen – die Moment-Zustand-Äquivalenz

Man kann in einem Moment nur einen Zustand haben – und streng genommen *ist* dieser eine Zustand eben der ganze Moment. Nun mag es so manches Leben geben, welches, so gesehen, bloß einen Moment lang dauert.

Münchhausen Physik

Man mag durch das Erkennen einer Ordnung so einiges erklären können, doch niemals die Entstehung dieser Ordnung selbst.

Fragment

Unfähig, dem ersten Impuls einer Sache nachzugeben, sie zu drehen und zu wenden, bis das Schöne endlich hässlich ist, das Richtige seine falschen Seiten offenbart.

Konservierte Überzeugungen

Der Nutzen eines ausformulierten Gedankens ist in der Hauptsache seine Beständigkeit. Hält man einmal inne und sagt ihn sich nochmal auf, kann man sich abermals an seine Überzeugung erinnern, den Satz oder das Bild noch einmal auf sich wirken lassen und so auf lange Zeit von seiner Wirkung zehren. Das eigentlich stärkere Argument, das direkte Gefühl, lässt diese Beständigkeit bisweilen vermissen – und büßt jede argumentative Kraft mit seinem Vergehen ein. Ein guter Gedanke sollte letztlich genau dies sein: Ein gebundenes Gefühl, welches *durch die Worte hindurch* fortwirkt.

Unmenschlich machen

Eigenschaften, welche gestern noch notwendig waren, können morgen unseren Tod bedeuten.

Materie? Tolle Idee!

Auch das reinlichste Bild, welches wir uns von der Materie machen, bleibt immer noch eine hochgeistige Vorstellung. Und so ist der Materialismus eine viel zu geistreiche Idee, um wahr sein zu können.

Eher unwahrscheinlich

Das gesamte Universum könnte, zusammen mit seiner ganzen Geschichte und unseren Erinnerungen, vor einer halben Stunde entstanden sein.

Wird schon werden

Nur selten kann man von einem Menschen hoffen, sein reges Fragen und seine Flexibilität werden ihn eines Tages schon zur Einsicht bewegen. Weitaus häufiger wird er unter der Last seiner Irrtümer immer schwerfälliger und unbeweglich, bis er endlich in falscher Überzeugung stillsteht.

Unter der Last der Irrtümer erstarren, *aber noch stehen*: das nennt man Standhaftigkeit; erst das Kollabieren heißt »Lernen«.

Bewusst arrogant

Egal wie begrenzt ein Horizont auch sei, seinem Insassen erscheint er als weltumspannende Ferne.

Trenne nie...

Auch wenn wir sprachlich das Subjekt vom Objekt scheiden, das Gefühl vom Denken, den Geist vom Körper, so sprechen wir dennoch immer von einem *Aspekt* ein und der selben Sache. Viel Verwirrung wäre uns in der Geistesgeschichte erspart geblieben, hätte man nicht die *grundsätzliche* Abhängigkeit beider Seiten unserer *rein methodischen*, künstlich geschaffenen Begriffsdualitäten vergessen.

→ Ja, ich halte Denken und Fühlen für eine genau so eigentlich-unzulässige Trennung wie Subjekt und Objekt: Man trifft das eine nicht ohne das andere an – sie wären ohneeinander sogar reichlich unsinnig. Dieser Gedanke wird spätestens dann interessant, wenn man über die Möglichkeit einer künstlichen Intelligenz spekuliert. Ich denke nämlich, dass sich so mancher vorschnelle Befürworter dieser Abhängigkeit von Denken und Gefühl nicht hinreichend bewusst ist.

Geistesgeschichte
Wann immer wir die Geschichte unseres Universums errechnen, errechnen wir eigentlich die Geschichte unseres Geistes, des *unserem Geist zugehörigen* Universums.

Gewohnter Glaube
Nur glauben was man sieht – tja, das ist doch schon mal ein guter Ansatz, der auch erklärt, warum so viel Unglaubliches vor unser aller Augen ablaufen kann, schließlich kann man es ja sehen.

Verbildet
Bildung – das ist doch kein Mehr-, Viel- oder Besserwissen, sondern die Zunahme der Souveränität, dem Nichtwissen ausgesetzt zu sein.

We want YOU (to suck like us)!
Alles was Augen hat ist zur Perspektive gezwungen. Will man den Leuten nun die Perspektive als das Ganze verkaufen, bringe man sie dazu, alle in die gleiche Richtung zu blicken – und bestrafe die, welche es wagen sich umzudrehen.

Schöner Schein
In uns hat das Sein nicht die Augen aufgeschlagen, um sich selbst zu betrachten – wir sind ihm das Mittel, sich *durch uns* von sich abzulenken.

Wasn los hier?

Man muss wohl attestieren, dass es sich beim Dasein, in seiner nackten, reinen Form um einen ganz unbehaglichen Zustand handelt, dem man mit Nachdruck und bei erster Gelegenheit zu fliehen versucht. Warum sonst strebt jeder hinaus aus der quälenden Langeweile seiner Mitte, hin zu den Anderen, hinein in jede Gesellschaft – und sei es auch die schlechteste? Woher sonst das unruhige Geflattere um jede Form von Ablenkung, Spiel und Rausch? Wer hielte es schon einen ganzen Tag im Abgrunde der Abwesenheit des schönen Scheins unserer Alltagslügen aus?

Glück – eine Seinsvergessenheit?

Den Glauben verlieren

Man wiederhole einen Gedanken nur oft genug und dann auch weiterhin. Erst beginnt man ihn zu erwägen, dann glaubt man daran – und irgendwann *darf* er nicht mehr falsch oder ein anderer richtig sein.

Glückliches Streben

Wäre das Dasein vor allen Dingen Glück, so gäbe es nur noch wenig Anlass, nicht bei sich und seinem Glücke zu verweilen – doch so verhält es sich allem Anschein nach – glücklicher Weise? – nicht: Alles strebt aus sich heraus und von sich fort, das zu finden, was man allein nicht hat: eben das Glück.

Vater Krieg

Sollte denn der uralte Gedanke an das Ur-Eine, an die eigentliche Einheit aller Dinge, mehr sein als eine Sehnsucht und eine fromme Idee, muss man sich doch fragen, warum diese schöne Einheit ausschließlich und seit allen Zeiten zersplittert in Erscheinung zu treten pflegt. Sollte diesem Gedanken auch nur ein wenig Wahrheit innewohnen, müssen wir uns alle als Splitter und Repräsentanten unserer Einheit verstehen – und müssen schlussfolgern, dass die Zerrissenheit, der Widerspruch, die Paradoxie, also der ganze Krieg der Erscheinungen, das *Selbstbekriegen*, ein fundamentales Attribut des Daseins ist, wir unser Leben also vor tragischem Hintergrund austragen.

Tätiges Unwissen
Vielleicht ist Unwissenheit überhaupt nichts unschuldiges, sondern das Resultat eines erfolgreichen – und äußerst aktiven – Selbstbetruges.

Natürlich Rückständig
Ob etwas als rückständig oder natürlich empfunden wird, darüber entscheidet nichts als unsere Willkür.

Die eigene Mitte
Im ständigen Vergleich mit anderen kommt man gar nicht umhin, sich ständig zu über – oder unterschätzen. Fangen wir doch endlich an, uns selbst als die Mitte anzusehen – und allen Rest als Abweichung.

Schuldlos versagt
Ängste, Depressionen, Versagen und Suizid sind niemals wünschenswert, aber durchaus erlaubt. Jeder hat ein Recht auf ein schlechtes Leben – und dessen Ende.

Prinzipiell unmenschlich
Was glaubt ihr wohl, warum die Wahrheit, in ihrer höchsten Form gemeint, so schwer zu erfassen ist? Doch wohl deshalb, weil sie die *unmenschliche* Tatsache schlechthin ist. Mit ihrer Ewigkeit, Allgegenwart, also in ihrer toten Statik, hat sie mit unserem wandelbaren und sich ständig verwandelndem Leben so wenig gemein als möglich, sie ließe sich sogar als der Teil des Seins beschreiben, der *eben nicht* durch die Augen eines lebenden Wesens angesehen wird.

Darum ist jeder Wahrheit, welche sich in geradezu marktschreierischer Manier mit ihren Versprechungen und Wohltätigkeiten an den Mann zu bringen versucht schon aus Gründen der intellektuellen Redlichkeit zu misstrauen – etwas, das so menschlich ist, muss das nicht Menschenwerk sein?

Funktionierende Vorstellung

Sollten Raum, Zeit und Kausalität tatsächlich bloß der Vorstellung angehören, gewinnt das Leben dadurch gewiss nicht an Sinn – aber doch an Funktion: Denn so spielt sich alles, was man Welt nennen könnte, im Bewusstsein des Lebens ab, es macht sich nicht nur eine *Vorstellung von* der Welt, sondern *erschafft sie als Vorstellung*.

Ganz wie mir ist

In der Rückschau lässt sich das eigene Handeln leicht auf das eigene Sein – ich meine: auf den eigenen Zustand – zurückführen. Das ist vor allem, wie billig, bei der Trunkenheit und anderen Formen des Rausches nur allzu offenbar. Doch – ist nicht jeder Zustand ein Rausch und selbst die vernünftige Handlung bloß die Folge eines »vernünftigen« Zustandes? Benutzen wir die Ausrede eines Zustandes (Ich war nicht bei Sinnen/wütend/betrunken/verzweifelt...) nicht nur nach eigenem Gutdünken, einfach weil uns die Folgen nicht passen und allzu schwer auf unserem Gewissen liegen?

Vielleicht kann man überhaupt nur handeln, wenn wir uns unseres Zustandes für einen Moment nicht mehr bewusst, also *mit dem Zustand identisch* sind.

Zeitliche Entfernung

Zustände können nur einander, doch nicht sich selbst interpretieren.

Mehr desselben

Heute hatte sich – mal wieder – eine Wespe in meine Wohnung verirrt, welche ein typisches Weilchen und mit zunehmender Aggressivität auf der Suche nach einem Ausweg gegen die Fensterscheibe flog. Das kleine Schauspiel wandelte sich bald in einen fast schon tragischen Überlebenskampf, nahm das sichtlich angeschlagene Tierchen nach einer kurzen Pause doch nur wieder alle Kraft zusammen, um die gleiche Dummheit mit noch mehr Aggression zu wiederholen, was seine Lage freilich bloß verschlimmerte. Besonderes Interesse gebührt hier den »Erholungspausen«, in denen das Insekt wild ins Leere stechend auf der Fensterbank lag. Hier wurde das eigene, wiederholte Unvermögen wohl als Angriff von außen gewertet. Ich komme nicht umhin, dieses Verhalten, freilich in komplizierterer Form, auch bei ihren höherentwickelten Leidensgenossen, zum Beispiel den Menschen, festzustellen.

Echtes Leiden
Ich hatte schon immer einen Faible für unsichere, leidende, entbehrende – man könnte sagen: kaputte – Menschen. Sie scheinen mir einfach ehrlicher, authentischer, an ihnen zeigt sich, befreit von allem Lügen, das grundsätzliche Problem unserer Existenz.

Recht im Unrecht
Ich stehe wohl in jeder Konversation auf ganz verlorenem Posten; denn wo andere Position beziehen, versuche ich ja gerade, meine zu finden.

Gemeinheiten
Weiß man miteinander nur wenig anzufangen, hält man sich am besten an die »Gemeinsamkeiten«, also an Tätigkeiten, die man entweder auch alleine, oder jedem dritten anderen Menschen tun könnte.

Bin ich glücklich?
Doch, es gibt sie, die oft geleugneten dummen Fragen; es sind nämlich vornehmlich jene, die man an sich selber richtet.

Hallo? Irgendjemand?
Ob es den Menschen, dieses denkende, freie, willenseigene Wesen überhaupt gibt ist zumindest eine Unterstellung – ver-

mutlich bloß eine schöne Verklärung und frommer Glaube. Viel zu berechenbar scheint er mir in seiner Selbstbestimmung, zuviel Kausalität behauptet hier, jemand zu sein.

Erlaubte Idiotie
Der Nihilismus ist eine Tatsache, die sich widerstandslos von den vielen Ignoranten und ihren verrückten Ideen einfärben lässt.

Omniversum
Man kann über die Entstehung des Universums reden, über sein mögliches Ende, das ganze Wachsen, Werden und Vergehen in Raum und Zeit – und dabei doch kein gültiges Wort über das Sein verlieren.

Schlechtes Timing
Die von mir so hoch geschätzte Naturwissenschaft scheint schlechterdings ein ganz furchtbares Gespür für den richtigen Zeitpunkt zu haben, zu dem sie einen Geist mit ihrer Klarheit erhellt, erreicht sie den Menschen doch entweder zu spät – oder nie… –, woraufhin er zur Leichtgläubigkeit und Phantasterei zu neigen pflegt, oder eben zu früh, wenn sie mit ihrer allzu-definierten Deutlichkeit und Überzeugungskraft zu einem viel zu eng gefassten, trockenen und oftmals sinnleeren Weltbild führt.

Veredelung
Die Träumerei, das Leben in anderen, von unserer ersten bloß abgeleiteten Zweit- und Drittwelten kann doch bloß dem Fantasielosen – und vermutlich Neidischen – als Weltflucht erscheinen: Für mich ist es gerade ein Ausnutzen sehr irdischer Möglichkeiten, *in dieser Welt* zu träumen. Diese ist von sich aus schon laut genug – und wird uns bei allzu langer Missachtung lautstark wecken.

Und machen wir uns nichts vor: Selbst der normalste aller Menschen kann gar nichts anderes, als seinen aschgrauen (Alp-) Traum zu leben.

Selbst die Freude an jeder realen Leistung ist zuletzt die Freude, die sie in mir, in meiner Vorstellung erzeugt. Freude kann überhaupt nicht den Dingen selbst anhaften

Ungewohnt
Der bloße Anblick des Unbekannten zwingt dich bereits zu einer Form von Kreativität, zur Erschließung seines »Was?« und »Wie?« - ich bewundere all die unfertigen, schwingenden, unfesten Charaktere, die, sich selbst stets verändernd, auch stets durch andere Welten wandeln müssen, die Dinge immer unverbraucht neu und anders deuten.

Folglich
Von der »Wirklichkeit« sprechen wir, wie von etwas absolut Eindeutigem – und müssen damit doch *mindestens zwei* Dinge meinen. Jede Wirkung ist eine Einigung wenigstens zweier Prinzipien.

Sei unschuldig!
Sie wäre ein großes Aufatmen des Gewissens, das Entfesseln des eigenen, doch noch gehemmten Potentials: Die endgültige Erkenntnis der eigenen Unschuld. Philosophen und Wissenschaftler der jüngeren Jahre fanden bereits tausend kluge, richtige, artig-abstrakte Argumente, uns für unsere eigene Kausalität, unser ganzes Lassen und Tun, unschuldig zu fühlen! – Wohlan! Machen wir uns doch nun endlich daran, diesen freudigen Umstand auch noch *emotional zu begreifen* – sonst leiden wir am Ende noch an einem längst widerlegten Problem: unserer *gefühlten Schuld*.

Ursache sein
Der Mensch ist unentwirrbar verflochten mit der ihn umgebenden Kausalität, ist von ihr durchzogen und durchtränkt, ist selbst nichts weiteres als eben die Folge der Folge einer verursachenden Nachfolge, ist – kurz – *selbst bloße Kausalität.* Um nun in dieser Welt des ewigen Nacheinanders etwas zu bewir-

ken, ohne uns gleich über ihre starren Gesetze zu erheben und sie somit - recht undankbar - zu verkennen, haben wir nur eine Möglichkeit: *Uns selbst* zu verändern und somit *neue Ursache* einer *gewollten Wirkung* zu werden. Arbeiten an sich selbst: Nur das heißt »die Welt verändern«!

Letzter Halt
Grundsätze, Prinzipien und Faustregeln – dieses grobkörnige Wissen rustikaler Geister – gibt es nicht umsonst: Eine flexible Seele, die sich von solcherart geronnenem Denken rein halten will, sieht sich schon bald den Wogen der eigenen Emotionen schutzlos ausgeliefert, lässt sich von den Launen des Umstandes, ohne in sich einen sicheren Halt zu finden, bald zu einem Ja, bald zu einem Nein zum Leben hinreißen. Darum will ich mir einen Grundsatz an dieser Stelle verzeihen: Ein Nein zum Leben mag verständlich sein, doch niemals – *niemals!* – richtig.

Offenes Ohr
Will jemand einfach nicht aus seinen Fehlern lernen,   lerne eben du aus seinen Fehlern: So litt er wenigstens nicht umsonst.

Tu was!
Den Blickwinkel nur einmal leicht verschoben, sieht man kaum noch eine menschliche Handlung, die sich nicht in eine Art von Kompensation, Verdrängung oder Ablenkung umdeuten ließe: Endlich sieht man sich den Menschen immer brav beschäftigen, damit er nur seine Untätigkeit nicht bemerke.

Wer ohne Arbeit untätig wird, war auch mit Arbeit untätig, aber zu beschäftigt, um es zu merken.

Armseligkeit
Jemand benutzt dich also, um – was genau zu tun? Jemand anderen zu verletzen? Und du fühlst dich der Aufmerksamkeit wegen auch noch – *geehrt?*

Nicht besessen – und dann verloren

Um seiner nicht ständig allein ausgesetzt zu sein, begeht mancher das Verbrechen an dem hohen Wert der Freundschaft, in *wirklich jedem* sofort den guten Freund zu finden, den man auch beständig suchte – nur um dann, nach der - äußerst absehbaren... - Enttäuschung zu jammern, als hätte man tatsächlich etwas verloren.

Leere Tränen

Deine Tränen gehören nur deiner Wahrheit – ich verachte den Weinerlichen, der seine Seele für seine kleinlichen Zwecke beraubt. Wenn man deinen Tränen erst einmal nicht mehr glauben kann, dann heißt deine Hölle: Einsamkeit.

Hiergeblieben!

Lasse dir keine Schuld zuweisen und beschuldige nie, an wem dir etwas liegt: Die Schuldfrage will niemals die Lösung des Problems, sondern immer seine ewige Ursache, sie verzeiht dir alles – nur nicht die Unschuld.

Schaden – mit Erfolg!

Ich kenne keine Eifersucht, aber ich verachte sie. Wer mit gutem Recht eifersüchtig ist, hat das Geliebte bereits verloren – und lebt lieber noch mit der Lüge, als bloß mit sich allein. Eine Handlung aus Eifersucht richtet im Erfolgsfall erfolgreich Schaden an.

Zu- und Abneigung

Sich jemandem öffnen oder verschließen – diese Metaphern darf man so wörtlich als möglich verstehen: Unsere innere Haltung äußert sich noch in den kleinsten Details, im Augenblick, dem Klang der Stimme, der Körperhaltung, macht eben unsere gesamte Ausstrahlung aus. Man wage nur einmal das Experiment, sich seine innere Haltung einer Person gegenüber bildlich vorzustellen, wie sich das Gefühl etwa in einiger Anspannung einschließt, oder sich gelassen im ganzen Raum verteilt. Man wird überrascht sein, wie sehr die Reaktionen anderer dem jeweiligen Bild entsprechen.

Erfolgreich blind
Man kann problemlos und über Jahre – sogar noch mit einigem Erfolg – ohne jeden Sinn leben – doch dann fällt es einem auf und das Leben wird folglich ganz unerträglich.

Besseres zu tun
Sinn: Das ist Bewegung - der Stillstand entblößt das leere Sein.

Verklemmt
Insgesamt weiß der Mensch doch überhaupt nicht, was er eigentlich sagen soll.

Untätige Weisheit
Etwas, das sich falsch anfühlt, tun wir nicht oder nur unter einigem Zwang und Widerwillen, selbst wenn es die Ratio selbst war, die uns diese kluge Handlungsweise ans Herz legte. So hat bei jeder Entscheidung das Gefühl das letzte Wort: Die Vernunft ist bloß zwischengeschaltet, kann ein Gefühl verstärken, vielleicht überreden, doch niemals der alleinige Veranlasser einer Handlung sein. Reine Vernunft – das wäre ein Gesetz, das von niemandem eingehalten wird.

Komplexe
Nun, da sich uns die ewige Dualität des »Richtig oder Falsch« hartnäckig in Geist und Seele gebrannt hat, kann es nur noch eine Frage der Zeit sein, bis wir endlich bei jeder noch so unwichtigen Handlung verkrampfen – in der quälenden Ungewissheit, sie richtig oder falsch zu tun.

Retrospektiv
Ein Fehler ist für sich genommen noch kein Vorwurf, wir taten ihn sicherlich in aller Unschuld unseres Unwissens seiner Folgen. Erst das Beharren auf einem Fehler, aus Stolz, Trotz

oder Uneinsichtigkeit ist eine waschechte Dummheit, die allemal zum Vorwurf taugt.

Passives Erwarten
Dies haben uns die Blinden wohl voraus: Wo sie die Realität nicht genau vor sich sahen, mussten sie anfangen, auf die Welt zu hören.

Noch einmal
Die Welt, wie sie uns von unseren Sinnen erzählt wird, ist bereits die bloße Interpretation unseres Verhältnisses zu den Dingen an sich – und dabei eine reichlich grobe, direkte, unreflektierte Interpretation. Was spräche dagegen, dieses allzugrelle Bild *noch einmal* zu interpretieren, mit vernünftigem Ausschließen, geschmackvoller Auswahl nach bestem Stand unseres bisherigen Wissens? Was spräche gegen eine derart *artistische* Herangehensweise an die Vorstellung der Welt?

Kein Ende sein
Eine Philosophie sollte sich hüten, sich selbst für die große Antwort auf die Frage nach dem Sein selbst zu halten, kann sie doch zuletzt immer durch ihren wahrscheinlich noch recht menschlich gebliebenen Urheber widerlegt werden, welcher in jedem Falle eine ganz unbefriedigende, eine *unwürdige* Antwort wäre. Es schiene mir eine ungleich respektvollere Methode des Philosophierens, selbst ein Teil der Bewegung, selbst noch Teil der Frage zu sein, statt die ganze Welt gemäß seinen kleinen Antworten zu formen.

Zu nah
Unsere Nähe zu unserem Geist lässt uns ihm gegenüber leicht blind werden – und so übersehen wir seinen Beitrag an allen Dingen.

Physikalisch gleichberechtigt
Man könnte vermutlich jedem Bewusstsein seine ganz per-

sönliche, individuelle, physikalisch-korrekte Vergangenheit andichten.

Noch gemocht
Man kann alles kaputtrationalisieren – wer heute noch etwas gut findet, hat noch nicht genug darüber nachgedacht.

Große Klappe
Du darfst dich erst dann über etwas beschweren, wenn du es auch töten kannst.

Gleich und Gleich
Wer immer nur das Gleiche sucht, wird sicherlich bald mehr – doch niemals vollständig.

Gesucht und gefunden
Sieh es nicht als Schande an, nicht genau zu wissen, wer du bist: Vielleicht bist du einst einer der Wenigen, die sich genau deshalb kennen lernten.

Platon?
Wenn ich etwas noch nicht weiß, es mir jedoch mit einigem Nachdenken und Schlussfolgern jederzeit bewusst machen könnte, so war dieses Wissen bereits *als Potential vorhanden* – und jedes Erkennen gliche tatsächlich einer Erinnerung dessen, was ich eigentlich bereits wusste.

Pfauenfedern
Mit einer Krankheit leben können, sie auf gesunde Weise in den Lebensprozess einzuflechten, an dem Besonderen seiner Situation nicht zu leiden, sondern es im Rahmen der Möglichkeiten zu *nutzen* – ein Verdienst, der mir Bewunderung abverlangt.

Was Eigenes
Das, was an einem Menschen Wert und wertvoll ist, kann doch nicht seine Einsicht und Logik sein, sondern das, was an

ihm gerade unerklärlich, unergründlich und eigenartig ist, eben *sein Irrationales*.

Genauer
Man kann etwas so lange betrachten, anhören, schmecken, bis es nichts mehr mit dem gemein hat, was du betrachten, anhören, schmecken wolltest.

Angemessen farblos
Warum muss sich jede höhere geistige Tätigkeit des Menschen in das aschgraue Gewand der Ernsthaftigkeit hüllen, sodass höchstens noch die Farbenblinden ihren Gefallen an ihr finden? Wem liegt so viel an den grauen Wahrheiten dieser Welt? Hoffentlich strecken einmal alle großen Geister dem Ernst die Zunge heraus.

Zu früh gefreut
Auch wenn es sich zunächst so anfühlt: Sich über etwas lustig machen zu können, bedeutet noch lange nicht, es verstanden zu haben.

Zweimal aufwachen!
Im Traum lassen wir uns – in Ermangelung eines kritisch nachhakenden »Weilbewusstseins« - noch den letzten Mist als die Wirklichkeit verkaufen – und auch im wachen Bewusstsein könnte es sich nur wenig anders verhalten.

Menschlicher
Die Freiheit des Menschen, welche uns noch heute zur Rechtfertigung unseres Sonderstatus' gegenüber den anderen, determinierten Tieren gereicht, entblößt sich bei näherer Betrachtung mehr und mehr als dreistes Vorurteil: Findet man sie nicht zumindest in jedem Menschen zu völlig unterschiedlichem Grade ausgeprägt? Darf man sie so manchem Individuum nicht gänzlich absprechen? Wenn nun aber diese ungleiche Freiheit das Argument unseres Menschseins bleibt –

darf man dann die Menschen nicht – dem Ausmaß ihrer Freiheit entsprechend – in menschlicher und tierhafter unterteilen? Sie näher an das eine oder das andere Ende des Maßstabes setzen? - ein zumindest kontroverser Gedanke.

Dasein als Verb
Wem »dasein« schon eine Tätigkeit ist, dem ist Langeweile ein Fremdwort.

Tod
Ich habe mit mir gekämpft – und gesiegt.

Großer Stil
Aus jedem großen Stilisten spricht, denkt und schreibt eine ganze Vielheit der Blickwinkel, Motivationen und Triebe, welche kraft einer unerbittlichen Identität als Einheit auftreten.

Viele-als-Einer
Jede Form des Selbstzweifels sollte unmittelbar in folgende Frage übergehen: Wer zweifelt hier eigentlich mit welchem Recht an wem?

Unbeugsame Schwäche
Den Fall Jesus Christus einmal sehr mutig und durchdringend analysiert, erkennt man seine Methode als das, was sie ist: Eine der sublimsten – und wirkungsmächtigsten – Erscheinungsformen des guten, alten Willens zur Macht.

Das Heiligste
Der Materialist hat alles Recht seiner grobstofflichen Welt, den »höheren Zielen« des Idealisten jeden metaphysischen Mehrwert abzusprechen: Tatsächlich ist der Himmel der Welt noch unbeschriftet und wertlos. Und doch ist dies noch kein Einwand gegen den Idealismus, denn dieser liest seine Werte nicht aus dem Himmel heraus, er schreibt sie *in ihn hinein*.

Zurückgeworfen

Bisweilen kann es die hohe Kunst der Genealogie mit ihrer Dekonstruktion etwas zu weit treiben und hinter jedem Wert, jedem Ideal und der Wahrheit nichts weiteres aufspüren, als irgendeine niedere, allzumenschliche und kompensatorisch missbrauchte Motivation; nicht viel mehr als ein weiteres psychologisches Problem der Geistesgeschichte. Derart umgeben von längst widerlegten, gekonnt demontierten Illusionen muss jeder Griff nach Halt, Maß und Sicherheit ein Griff ins Leere sein.

Einmal so sehr auf sich selbst zurückgeworfen, gibt es nur noch eine untrügliche Sicherheit: sich selbst.

Wahrheit ist nun nichts mehr, was man erkennt, sieht, begreift – sie wird etwas, was man *fühlt*. Man kann sich nur noch fragen, was *empfinde ich* als schön, wert, interessant oder zumindest nachvollziehbar?

Erlaubter Glaube

An nichts glauben, außer an die Möglichkeit der Sache: Quell größter geistiger Flexibilität und Toleranz.

Auf einem Grabstein

Ich bin, doch ihr seid tot!

Neben der Spur

Selbst wenn man mit aller Kraft und Mühe gegen den Strom schwimmt, macht man es sich damit immer noch zu leicht. Freilich wollen wir nicht dahin, wo alle hin wollen, doch wo sie herkamen – interessiert uns genau so wenig! Ist es nicht endlich an der Zeit – an Land zu gehen?

Offenbar ziellos

Manchmal muss man erst nicht mehr wissen wohin, um zu erkennen, wie verloren man die ganze Zeit war.

Weiterer Befehl
Ich sollte mich hin und wieder fragen: Wie würde ich klingen, würde ich es vorlesen?

Selbsttherapie
Das ist es doch, was wir dem Kranken gerade verübeln: Die Erinnerung an die eigene Schwäche.

Gegenüber
Wir bekräftigen uns, sprechen zu uns selbst – notfalls eben über den Umweg eines anderen.

Bühne der Wahrheit
Auch wenn die Wahrheit unseren Blicken stets ausweicht, sind wir doch von ihrer Tatsache stets umgeben und durchtränkt; wir können sie zwar nicht *finden*, doch *uns selbst* für das Erkennen ihrer Anwesenheit *sensibilisieren*. Man findet sie nicht, wie man etwa Steine findet - sie erscheint wie von allein, wenn wir ihrer einmal würdig sind.

Maßlos
Genau genommen ist jedes Genie, das sich bereits durch eine großartige Leistung bewiesen hat, jenseits von jeder Kritik: Niemand hat darüber zu urteilen, wieviel Un- und Irrsinn zu solcherart Leistungen gerade nötig sein darf, niemand kann ermessen, wieviel Wahn gerade *nötig ist.*

Nichts gesagt
Gut, ich bin wahnsinnig: Das ist die Tatsache. Jetzt bleibt nur noch die Frage: Was seid ihr?

Schwärmerei
Verklärung ist die Sprache des Gefühls, der Versuch, sein ganzes Dasein von der Erzählung zu überzeugen.

Und sonst?

Ein Mensch, wie ich es bin, der einmal das Chaos nach seinem Geist greifen spürte, es seitdem überall und in jedem sieht, versteckt, gebunden, doch allemal vorhanden – kommt garnicht ohne seine kleinen Rituale und Routinen durch seinen kleinen Tag, würde ohne sie in Unbestimmbarkeit versinken.

Nicht so vorschnell!

Vielleicht ist der Idealismus die letzte Stütze und Rechtfertigung der Werte eines atheistischen Denkers – man sollte ihn nicht vorschnell als Unsinn abtun, will man nicht plötzlich ziemlich unsinnig da stehen.

Weniger ist mehr

Es ist schon allein strategisch unklug, seinem Gott zu viele Attribute zuzuschreiben, anhand derer ihn ein findiger Zweifler zuletzt widerlegt.

Deeper Meaning

Dies ist es, was alle Unvergessenen Menschen auszeichnet: Sie sind nicht mit sich selbst identisch, ihre Geschichte ist nicht gleichzusetzen mit ihrer Bedeutung.

Das Wesentliche

Keine große Geschichte verträgt die »Zusammenfassung«, die bloße Reduzierung auf »das Wesentliche« - wenn man all die Momente, alle Augenblicke, Bewegungen und Gefühle aus der Erzählung verbannt – wie viel »Geschichte« bleibt dann noch übrig?

Sprachverhältnis

* »Schnell« bezeichnet kein reales Verhältnis
* »Schneller« - dagegen schon.

Kerzenschein

Das Licht unseres Bewusstseins gleicht einer Kerze, getragen durch die Nacht der Ewigkeit. Was immer wir in ihrem schwachen Schein erblicken: bald schon verblasst es hinter uns und wird erneut zur Dunkelheit. Es gibt nichts was entsteht, nichts was verschwindet; es gibt nur ein wenig Licht – und die Ewigkeit.

Im Dunkeln
Vieles beweist seine Existenz noch durch sein Fehlen: Angstfreiheit ist ein Zeugnis von gründlicher Verdrängungs- und Vermeidungsarbeit.

Der einfache Weg
Die Wechselhaftigkeit ist den meisten ein überaus unsympathischer Charakterzug: Das Unberechenbare verängstigt sie. Man macht diesen Erwartungsvollen die größte Freude, wenn man sich ihren dreisten Vorurteilen einfach beugt, ihnen stets das Gefühl gibt, sie wüssten bereits alles gut und besser.

Wo der Kreis die Linie trifft
- das *zyklische Denken*, das sich an den Perioden und Kreisläufen der Natur orientiert, ist das ursprüngliche – naheliegend für einen Geist, der innerhalb der Natur zum ersten mal die Augen auftut.
- Wer sich in einer noch jungen Gesellschaftsform selbst weniger als Individuum, sondern als Teil eines Stammes definiert, findet sich auch hier in seinem zyklischen Denken bestätigt: An die Stelle des Vaters tritt bald der Sohn; jede Rolle innerhalb der Gemeinschaft setzt sich über die Generationen fort.
- Das lineare Denken zwischen Anfang und Ende, Anbeginn und Ziel, ist dahingehend eine neuerzeitliche Folge der zunehmenden Zivilisation; Fortschrittsdenken, sozialer Aufstieg, Schichtendenken sind die Zeugen dieses neuen, auf das Individuum bezogenen Denkens.
- Wer sich nun als Individuum begreift, ist zusammen mit sich auf die eigene Vergänglichkeit reduziert, findet also in seiner Lebensspanne, angesiedelt zwischen Leben und Tod, sein lineares Denken ebenfalls bestätigt.

Einfallslose Universen

Lässt sich die Kreativität noch in kosmischen Maßstäben denken? Kann ein Universum als ganzes kreativ sein? Wie soll es etwas zustande bringen, das noch nicht – zumindest potentiell – in ihm vorhanden war? Wie soll es *das Unmögliche* vollbringen?

Obsession

So seltsam und eigenbrötlerisch sie bisweilen daherkommen – man kann diese Besessenen nur bewundern, wie sie ihren Blick zugunsten ihrer Leidenschaften auf eben diese verengen und sie so mit an Idiotie grenzender Effektivität ausleben. Viele großartige Dinge konnten wohl nur aus solch einer Besessenheit erwachsen, aus einem grundlosen Antrieb, welcher mit unglaublicher Effizienz verdummt.

Zumindest wahrscheinlich

Nur eines ist sicher: Es könnte Spuren von Nüssen enthalten.

Nasenlöcher

Vom Schönen wird sich der Voreingenommene nur selten überzeugen lassen – man muss, damit es sich zeigt, bereits offen und zugänglich sein. Wer sich hier verschließt, bloß das Hässliche an allen Dingen *sehen will*, wird keinerlei Schwierigkeiten haben, es auch an allem zu finden.

Ohne dich

In seinem dreist-blinden Egoismus ist der Mensch unfähig, sich die Welt ohne seine Anwesenheit vorzustellen – und denkt sie diese leere Welt *nach wie vor als Menschenwelt*. Es ist zum Beispiel eine ganz erstaunliche Naivität, sich die Dauer des Universums als etwas Allgemeingültiges zu denken, welches auch ohne unsere Anwesenheit in gleicher Art und gleichem Takt vonstatten ginge, ganz ohne ein Wesen, welches diese Dauer als solche empfindet.

Aufgepasst

Das beste Schreiben ist immer noch dieses: Dass dir dein Unterbewusstsein selbst etwas mitteilen wollte.

Nicht mehr als nötig

Die Grundvoraussetzung des Lebens ist nicht viel mehr als Stabilität; das, was uns umgibt, ist die Voraussetzung der eigenen, gesicherten Existenz.

- Die Stabilität der Planetenbahnen ist beispielsweise nur in einem dreidimensionalen Raum gewährleistet – also ist unser dreidimensionales Erleben die Folge eines Strebens nach größtmöglicher Stabilität.

Lieber etwas als nichts

Es gibt genug Situationen, in denen nichts als ein Schweigen angebracht wäre – und doch bietet man genau damit reichlich Angriffsfläche zur freien – und dann meist böswilligen – Interpretation.

Wer sonst?

Du kannst deine Idee vielleicht niemals durchsetzen, doch mit jedem Atemzug dafür sorgen, dass sie nicht stirbt.

Die coincidentia oppositorum

»Unbeweglich ist das Eine und doch schneller als der Gedanke, auch die Götter holen es nicht ein, wenn es vorauseilt. Stillstehend überholt es den schnellsten Läufer, der Windhauch wirkt in ihm das Werk.«

Harte Klänge

Blicken wir einmal tief, aber nicht zu tief in die Materie, so verlieren wir uns doch bereits auf der Ebene der Atome in eine uns unvertraute, völlig andersartige Welt. Man stelle sich nur einmal die für diese Größendimension riesigen Abstände zwischen den einzelnen Teilchen vor, welche durch unsichtbare

Kräfte in Formation schweben, das unruhige, schemenhafte Herumspringen der Elektronen, energetisches Vibrieren überall: Selbst wenn dies bereits die kleinstmögliche Beschreibung aller Dinge wäre – unsere tägliche Erfahrung verrät sich schon jetzt als eine ungeheure Interpretationsleistung inmitten einer eigentlich völlig anderen Welt.

Völlig anders zwar, aber doch materiell. Zuletzt beruhigt es ja immerhin zu wissen, dass jedes Ding aus noch mehr Dingen, wenn auch sehr kleinen und sehr seltsamen Dingen besteht. Diese Welt ist noch beruhigend-objektiv, ein harter Fakt – wo unsere Sinne falsch interpretieren, kann man immer noch richtig messen.

Doch haben ja zumindest die theoretischeren Zweige der Physik diese Ebene längst hinter sich gelassen. Als kleinste Einheiten vermutet man in der Stringtheorie bereits durch bis zu elf Dimensionen schwingende Saiten, welche uns die Materie, im Bilde gesprochen, durch ihre Tonhöhe, mit den uns erscheinenden Eigenschaften vorspielen. Wie flüchtig wirkt da plötzlich die Materie, die Mutter all unserer Vorstellungen von Beständigkeit und »harter Fakten«, kann man sie, mehr oder weniger erfolgreich, in eine Bewegung übersetzen. Gibt es sie überhaupt noch, auch wenn die Schwingung bald einmal ungehört im Raum verklingt? Wir sind vielleicht jetzt schon bloß *Schwingungen interpretierende Schwingung* – um ein wie vieles unwirklicher könnte eine »wahre Welt« noch sein?

Aus den Upanishaden

Sei nicht zu hart mit dir
Eigentlich braucht man es gar nicht mehr erwähnen, doch im Leben will so manches – bei vielen mag es sogar das meiste sein – nicht gelingen. Nun ist unsere natürlichste Reaktion auf diesen Missstand schlechterdings auch die schlechteste: Wir richten unseren verfinsterten Blick auf all unsere Fehler und Unzulänglichkeiten – obwohl es doch nur unsere Fähigkeiten und Qualitäten sind, die unser Leben einmal gelingen lassen.

Das Knistern
- Die Gravitation lässt sich als der Versuch eines Ausgleiches der Materie und der Raumzeit deuten.
- Aus der bislang kleinsten erkennbaren Ebene gleicht die Welt nur noch einem Spannungsverhältnis zweier Unterschiede; unsere Welt ist die Deutung eines Potentialunterschiedes.

Von Sinnen
Trübe Augen, taube Ohren und eine stets verstopfte Nase – so lauten die Grundvoraussetzungen der bedingungslosen Nächstenliebe.

Endlich ohne Worte
Seine wahre Existenz erreicht alles erst in seiner Wirklichkeit – dies einmal zur Prämisse genommen, erreicht ein jeder Gedanke erst durch das Hervorrufen einer *körperlichen Reaktion* seine höchste Ausformung. Erst wenn aus einem Gegenargument ein spürbarer Ekel geworden ist, zeigt ein Gedanke seine wahrhaft formende Kraft.

- Entspringt nicht eigentlich der Gedanke dem Gefühl? Ist diese Umkehrung zulässig/möglich?

Ständig

Nüchtern betrachtet ist doch alles »sowieso nur«, »bloß" und »nichts anderes als«.

Notwendig blind

»Erkenne dich selbst!« - eine überaus unvorsichtige Aufforderung. Woher die Gewissheit, man würde in jedem Falle *etwas Gutes vorfinden*? Bereits jedes Gesicht hat seine ungünstigen Winkel – mit der Seele sieht es nicht anders aus!

Selbstvertrauen

Wenn der Verstand die Emotionen einmal gewähren ließe, ohne dass diese dabei unverschämt würden – nicht viel mehr heißt doch »mit sich selbst befreundet sein«.

Gemeinsam

Es gibt in der Welt nichts intimeres, als einen geteilten Wahnsinn.

Feuerwehrmänner und Astronauten

Unser »Wesen« ist allemal eine dunkle Angelegenheit, von der nur Kindsköpfe sicher behaupten können, sie wüssten sie bereits zu definieren. Am sichersten scheint man sich dem eigenen Dunkel noch durch eine Art Ausschlussverfahren zu nähern, indem man vieles probiert, durchläuft und wieder verwirft. So zeichnet sich bald eine Linie ab, an der man einmal ablesen kann, wer ich bin und was mir schmeckt.

Böse Normalität

Der Wahnsinn besitzt, so lange er nur das Individuum, den einzelnen Menschen befällt, im seltenen Fall die Stärke, sich aller Normalität zum Trotze zu erhalten und auszuweiten, es braucht viel mehr der ständigen wechselseitigen Bestätigung vieler Teilnehmer eines Wahnsystems, damit er sich über die Zeit hinweg behaupten kann. Und genau in dieser Form findet man den wirklichen, den gefährlichen Wahnsinn: als die Geschichte der Menschheit.

- Hitler hat ganz gewiss einen bösen Wahn erfunden und verbreitet, doch hat er sich bei der Verbreitung bloß bereits vorhandener Mittel bedient. Etwas, das sich durchsetzt, ist demnach noch lange nicht in seinem Wert gerechtfertigt, bloß weil es sich durchsetzte – und so stehen alle Staatssysteme, philosophischen Strömungen, Religionen […] noch immer und für immer auf dem Prüfstand.

Besser spät als nie
In jedem guten Streit ist jede Partei in der Lage, ihre Position mit Argumenten zu untermauern, um im gehörig rationalen Schein zu strahlen, die eigene Ansicht als die »richtigere« zu beweisen. Und doch sage ich: In dem Moment, in welchem wir uns festlegten, blieb der Großteil dieser Argumente von uns völlig unberücksichtigt; wir ergriffen unsere Partei aufgrund von Anschein und Laune, entschlossen uns im Grunde aus unüberlegter Irrationalität. Argumente dienen nun nur noch, unseren irrationalen Schluss – vor anderen wie vor uns selbst – zu rechtfertigen.

Dissonanz
Musik ist der Inbegriff der Verständigung – wer die Musik nicht mehr hören kann --- ja, was kann der eigentlich noch?

Neu bewertet
Große Leistungen verlangen nach einem gewissen Grad an Idiotie – gilt es doch so viele wichtige Dinge zu *übersehen*.

Zweitrangig
Man braucht sich hierüber nicht belügen: Der Mensch handelt den größten Teil seines Tages unbewusst, wird, genau genommen, für diesen Großteil seines Tages *nicht einmal benötigt*. Was sind wir also anderes, als gelegentliche Teilnehmer eines höheren Spieles, das uns, die unwissenden Stellvertreter, benutzt, missbraucht, belügt?

Aussage
Was der Geist braucht sind keine »Wahrheiten« - er braucht starke Aussagen!

Tritt nach unten
Nicht wenige Schwätzer suchen ihre Erhabenheit in der Abgrenzung zur Hässlichkeit des Gewöhnlichen – als wäre das Sehen des Hässlichen bereits ein Verdienst! Wer eine Sache nur mit dem nötigen bösen Willen betrachtet, findet sie schon bald klein, unbedeutend, lachhaft bis unansehnlich. Diese Findigen sollen nur einmal den Versuch wagen, sich selbst zu ungünstiger Uhrzeit und aus schlecht gewähltem Winkel zu betrachten – und sie fänden die Hässlichkeit bereits im eigenen Gesicht.

Systemzwang
Ständig in ganzen Sätzen denken – eine, auf weite Strecken betrachtet, sicher ungesunde Verfahrensweise. Und doch: Hielte man es mit dieser Praxis nur einmal ein paar Tage aus – wie viele Widersprüche der eigenen Person träten plötzlich aus dem Protokoll der Gedanken zutage!

Das Echte
Das wirklich Gute haben wir vielleicht selbst nicht verstanden, doch wussten wir es noch unseren Töchtern und Söhnen beizubringen.

Hinreißend
Ohne Wenn und Aber, nichts Relatives, kein widerlicher Kompromiss --- eine Melodie, der man noch *glauben kann.*

Inwiefern?
Das Vergangene ist unerreichbar – aber nicht verschwunden.

Auch das noch!
Das Dasein ist die Potenz von allem, welcher mit Begriffen wie »Anfang« und »Ende« überhaupt nicht beizukommen ist. Wo

alles wird, vergeht, ruht das Sein in sich selber – denn es ist ja selbst diese Bewegung, ist ja selbst noch »die Zeit«!

Mutige Anmaßung – Mutmaßung
Unsterblichkeit ist ein Zustand des Bewusstseins.
Unsterblichkeit in ein Zustand der Identifikation.

Beweisführung
Wonach fragt eigentlich das Wort »Existenz«? Was hat man dadurch bewiesen oder widerlegt?

Achtung des Vergangenen
Es hilft nichts: Selbst das lange und gelungene Leben bleibt mit einem Fragezeichen versehen, bleibt verdächtig und fragwürdig im Anbetracht seiner eigenen Vergänglichkeit. Wir blicken mit Unwohlsein auf das Vergangene herab, als hätte es eben durch sein Vergehen seinen Unwert bewiesen – und fürchten uns mit noch einem Grunde mehr vor dem eigenen Tod. Dies ist, mit Verlaub, ein ganz undankbares Verhältnis und ich sage es, unter uns, frei heraus: Ich sehe hierin eine fatale Fehleinschätzung des Wertes der Vergangenheit.

Man erwäge es doch nur einmal: Was, wenn die Vergangenheit zwar aus unserem momentanen Erleben, doch *nicht aus der Welt* verschwindet, wenn sie als Kettenglied, als Potential, auf ewig eingebrannt in die Möglichkeiten des Daseins bleibt. »Wohin« sollte sollte sie schon verschwinden! ----- Was wäre mit einer derartigen Neubewertung des Vergangenen alles erreicht! Wer hier mitfühlen kann, wird mit jedem seiner Momente unsterblich, akzeptiert sich selbst als Ewigkeit!

Hochmut und Fall
Die momentane Moderne bietet uns viele Möglichkeiten zum Sterben: Nicht nur gilt es uns als biologische Wesen zu erhalten, sondern auch als jene Wesen, zu denen wir uns *gemacht haben.*

Frühe Begriffe

Ich halte das gesamte Konzept der »Existenz«, angewandt auf einen Gott, für völlig unangebracht und fast beleidigend. Wir haben noch eine recht grobe, ungehobelte Vorstellung von dem, was es »gibt«.

Leben – und noch einmal Leben

Das Erste ist der Erhalt des Lebens, das Zweite die Steigerung seiner Intensität. Mehr müsse man unter keiner menschlichen Bemühung verstehen.

Arrangiertes Chaos

Individuum – dieses Wort wird mir immer mehr zur Blasphemie. Wir können nur Dankbarkeit für den Umstand empfinden, dass wir innerlich einen Zwiespalt bergen, ein ständiges Füreinander und Gegeneinander, dass wir letztlich in unserem Wesen *noch fragwürdig sind*. Nur auf dieser Grundlage des arrangierten Chaos' ist so etwas wie Identität und echte Lebendigkeit noch möglich – wer in sich zu festgestellt ist, handelt nur noch gemäß der Sturheit seiner eigenen Mechanik, rollt, wie Steine rollen, stets den Berg des Umstandes herab.

- Wobei selbst das Rollen und die Lage eines Steines noch eine Summe vieler Einzelbestrebungen darstellt.

Vertan!

Wenn man das Leben seines Gegensatzes, des Todes, beraubt, hat man genau das erreicht: *Keinen Unterschied mehr zwischen Leben und Tod.* Man erfährt keine Aufwertung des Lebens, sondern zieht es in die Belanglosigkeit.

Verunglückt

Wer sich das Glück zur Pflicht macht, wird in seinem Scheitern sein Unglück finden.

Sei's drum

Dass etwas »wahr« ist, soll uns noch nicht zur Rechtfertigung reichen. Sollte einmal ein kluger Kopf die Welt als sinnlos durchschauen, haben wir alles Recht der sinnlosen Welt, diese Wahrheit ruhigen Gewissens zu leugnen.

Notfalls nein

In Momenten der Einfallslosigkeit fällt mir das Schreiben eines kritischen Textes noch am leichtesten – und ich fühle mich durch seine Fertigstellung durchaus nicht geadelt.

Frösche und Ungeheuer

Jedes Gehabe verpufft in seiner Wirkung, richtet man sein Augenmerk eben nicht auf den Effekt, sondern auf die *Armseligkeit dahinter*: auf den *Versuch einer Wirkung*. Jeder Schauspieler, Poser, Angeber führt diesen Tanz auf der Klinge zwischen Überzeugungskraft und – Lächerlichkeit.

Zeitgenuss

Zumeist darf die Aktualität eines Themas als Gradmesser seiner Belanglosigkeit gelten.

Gewohnheit ist Macht

»Gewohnheit« ist eines dieser Worte, die meine Lippen nur mit einigem Widerwillen verlassen – zu sehr schmeckt es mir nach Alter, Stillstand und dümmlichem Behagen. Und doch weiß ich, dass ich diese älteste, schleichende Macht damit ganz ungerecht behandle: Treibt man es mit seiner Neugier einmal so weit und zerreißt den Schleier, den die Gewohnheit über unser Erleben legte, wird man sich bald wieder zurückwünschen, in die gewohnte, langweilige, *lebensnotwendige* Welt des Gewöhnlichen.

Prinzipiell lässt sich alles, was an uns Menschen fest, sicher und vertraulich ist als unsere Gewohnheiten deuten: Wir könnten keinen Schritt mehr tun, würden wir anfangen den Boden, auf dem wir ganz gewöhnlich gehen, zu hinterfragen.

Schuld der Perspektive

Wer sich einmal aus 20000 Augen betrachten kann, wird sich aus 18000 Augen nicht mögen.

Kleine Einsichten

Im Großen und Ganzen weise zu sein, bedeutet leider noch lange nicht, es auch im Kleinen zu sein: Man darf seinen kleineren, vordergründig-belanglosen Einsichten gegenüber niemals undankbar werden. Sie sind die besten Früchte deines Denkens und zeigen dir, welcher Gedanke bereits Leben wurde.

Nach oben offen

Es ist eine gewisse Eitelkeit an jedem Bewusstsein, welche uns, unabhängig von der tatsächlichen Größe und Fülle der Bewusstseinsinhalte, glauben macht, alles wichtige, wertvolle und relevante befände sich bereits im Kerzenschein unserer bewussten Wahrnehmung, als wären wir bereits im Besitz der höchsten Auffassung dessen, was Bewusstsein *überhaupt ist und sein kann*. Es bleibt natürlich fraglich, ob und inwiefern es klug ist, das Bewusstsein aufzublähen und auszuweiten, bis wir vielleicht sogar einst den wundersamen – den utopischen! - Zustand des reinen Bewusstseins erreicht haben. Vielleicht spricht hier auch nur die Naivität eines – nach kosmischen Maßstäben – frühkindlichen Bewusstseins. Vielleicht können wir dankbar sein, dass alle wesentlichen Funktionen unseres Körpers völlig unabhängig von unserem bewussten Zutun vonstatten gehen: Selbst etwas so nebensächliches wie das Verdauen und Verwerten unserer Nahrung wäre, müssten wir sie in voller Bewusstheit und Absicht erledigen, eine mindestens anspruchsvolle, wahrscheinlich sogar unmögliche Aufgabe.

Späte Gründe

Man verfällt einer Partei nur selten aus freier Entscheidung und feiner, kühl durchdachter Wahl – im weitaus häufigeren Fall wird es die Laune des Umstandes sein, welche uns in die Arme – in die Fänge? - der Sache trieb, wird es die Gewohnheit sein, welche uns an die Partei bis zur Überzeugung glauben lehrt. Und erst wenn nun, vielleicht Jahre später, als unsere Ansichten bereits fest und hart geworden sind, ein Zweifler und Ungläubiger daherkommt, *ersinnen wir* unsere tausend guten Gründe, warum gerade unsere Partei die richtige, vernünftige, bessere ist: Wir erlügen uns die Gründe unserer Willkür.

Fürs Gewissen
Hier haben wir einen der Vorzüge experimenteller Naturen: Erfolg und Misserfolg bedeuten ihnen gleichermaßen – Antwort.

Mal unter uns
Mit dem Menschen ist es doch, insgesamt und besonders im Einzelfall betrachtet, eine reichlich ungleichmäßige Entwicklung. Verschiedenste Triebe, Motive und Leidenschaften setzen sich durch die Generationen fort, bald erstarkend, bald absterbend, und führen ihren ewigen Krieg der Entwicklung – wie sonst erklärte man dieses unförmige Zwitterwesen aus Genie und Affe, welches auf den Namen Mensch hört?

Sensationen, Abstraktionen
Das vollständige Chaos umfasst auch die perfekte Ordnung, wo letztere das erstere erfolgreich ausschließt.

Schnee von Gestern
Die Vergangenheit verschwindet nicht, bleibt stets Träger und Stütze des Gegenwärtigen, wirkt in jedem Moment und bis in die Zukunft hinein. Dies einmal in aller Tiefe und Tragweite gedacht, kann man gar nicht anders, als jeden Moment mit neuer Aufmerksamkeit zu durchleben, wissend, dass jede Kürze eine Ewigkeit birgt.

Esoterisches Geschwätz
Der verwendete Stift hat einen maßgeblichen Einfluss auf Klang und Qualität des Geschriebenen, unterstützt oder blockiert den Fluss der Gedanken. Man hört die Mechanik der

Tastatur noch aus dem fertigen Satz sprechen, schmeckt das Konstruierte und Korrigierte an jeder Aussage.

Auf Sparflamme
Wer nach einem seiner ausgiebigeren Abende mal wieder so richtig am Ende war, weiß vielleicht, mit welchem Minimum an Zustand und kognitiver Kompetenz sich noch ein zumindest ausreichender, allemal vorzeigbarer Tagesablauf bewerkstelligen lässt; vielen wird man gar um einiges verträglicher daher kommen.

Der dritte Weg
Bewundernswert sind jene künstlerischen Seelen, welche noch aus ihrem Leiden die Kraft und Inspiration zu ihren Kunstwerken schöpfen: Auch sie zähle ich zu den großen Überwindern der Endlichkeit.

Kompensation oder Integration?
Gerne lassen wir uns verzaubern, ergehen uns in erhabenen Gefühlen, etwa beim Schauen eines Filmes, beim Hören von Musik oder Lesen eines mitreißenden Buches – und finden daran unser Stündchen Entrückung und tiefe Einsicht. Doch anschließend, wenn der Vorhang gefallen, die Musik verstummt, das Buch zugeschlagen – fallen wir wieder zurück ins altgewohnte Muster, verflachen im Gefühl und spielen wieder unser tägliches Spiel des dümmlichen Behagens. Es ist, als wolle man sich überhaupt nicht auf Dauer an die eigenen Tiefen erinnern lassen, sie wieder ins Leben integrieren; viel eher scheint es, als haben wir sie ehemals mit voller Absicht in das Reich der Fiktionen und des Theaters verbannt, damit sie zwar bei Bedarf abrufbar bleiben, uns aber bei unseren täglichen Geschäften nicht stören.

Sein eigener Feind
Man muss sich nicht immer nach dem Munde reden. Auch mal gegen sich sein, gegen sich Stellung beziehen und gleich-

sam jedes Gegenargument *vorweg nehmen* und vertreten –
eine sehr wirksame Art, sich selbst zu erproben.

Unser Weg
Das Leben und unser Lebensweg geben uns immer wieder
Gelegenheit zum Wundern, wie es zu unserer speziellen Situation kommen konnte, welche absurde Menge an Unwahrscheinlichkeit genau zur rechten Zeit am rechten Ort zusam-
mentraf, nur um einst unser seltsam-spezielles Heute zu
erzeugen: Wenn wir schließlich überdenken, wie viel aktiven
Anteil wir an diesem, unseren Werdegang hatten, wird es uns
vorkommen, als wäre eine dunkle Macht und ein bösartiger
Zufall der wirkliche Lenker unseres Geschickes gewesen. Nun,
sei es drum: Möglich sind wir allemal! - und jede Möglichkeit
will gelebt sein. Tragen wir unser spezifisches Los mit Stolz!

Einladung zum Stillstand
Das Problem mit jeder längerfristig angelegten Beziehung ist,
dass alle Beteiligten dazu angehalten sind, sich in gleicher Art
und Geschwindigkeit weiter zu entwickeln – oder eben stehen
zu bleiben –, damit man sich nicht aus den Augen verliert.

In Resonanz
Nichts eint und trennt so sehr, wie die Rhythmik deines Wesens – das ganze Phänomen Sympathie ließe sich auf diese
einfache Formel bringen. Der Inhalt wird zweitrangig, wenn
uns Takt und Melodie zur Bezauberung einladen, wenn das
Sprechen und Bewegen unsere Seele berührt und wir nicht anders können als mitzuschwingen – nur in der Resonanz erreichen wir die bloß-geahnten Amplituden unserer Gefühle.

Weine und Essig
Dieser Gedanke war einmal voller Kraft und Grund genug für
das Glück eines Tages; doch nun, da du dich an ihn zurück-
erinnerst, um ihm ein sprachliches Kleid zu geben, wird dein
Reden darüber bald verwirrt, finster – und klingt dir nun

selbst eher nach einem Einwand als einem Argument. Man redet und schreibt am besten im Rausch der Empfängnis: Etwas zu spät und man wird nur feststellen, dass auch Gedanken verderben.

Wie gewonnen

Und gerade als er sich sicher war, es endlich zu besitzen, merkte er nicht mehr, wie es ihm entglitt.

Der Zeitpunkt, an dem wir etwas besitzen, markiert genau den Moment, an dem wir anfangen, es zu verlieren.

Zweifache Frechheit

Zunächst führe man sich zu Gemüte, dass auch eine Seele der Form und Auswirkung bedarf, dass eine Seele, für sich selbst genommen, als *niemandes Seele*, überhaupt keinen Sinn macht. Man erwäge anschließend, dass »die Seele« dennoch nicht mit dem Menschen identisch ist; sie bleibt Metapher für sein Höheres, für das, was sich *durch ihn* in dieser Welt auswirkt, jenes Prinzip, dem er seine kleine Erdenexistenz verdankt. Wie sonst könne man die Seele jetzt noch begreifen, als eben all jene Zustände und Möglichkeiten zusammen genommen, in denen man sich den Menschen *überhaupt denken kann*? All seine Formen, all seine Möglichkeit, durch alle Optionen und Zeiten gerechnet, eben sein eigenes – wenn man denn so will: göttliches – Potential. Nur so will ich den Begriff »Seele« verstanden wissen!

Einfach richtig

Intuition: Das ist die Fähigkeit, auf der Basis von vielen Unbekannten die richtige Entscheidung zu treffen. Erwägt man nur kurz, wie schnell und mühelos sich mit einigem Hinsehen ein paar dutzend-tausend Unbekannte in jeder Situation finden ließen, begreift man schnell, warum man sie einst das Verstehen der Engel hieß.

Reinlichkeit

Das Bewusstsein ist uns stets unser Standpunkt in der Welt und definiert unsere Identität nicht nur durch seine Inhalte, sondern auch durch das, was sich *gerade nicht* darin befindet, indem es all dieses nicht-Ich mit aller Intensität überstrahlt – selbst der Seeigel nimmt sich hier mit seinem lächerlichen Grade an Bewusstheit sicherlich als der Tummelplatz des Weltenspieles selbst aus. Und es liegt genau an diesem grellen Licht unserer be-wussten Welt, dass uns Auge und Gespür für all die kleinen, schwächlichen – und doch stets andauernden! - Einflüsse unserer Umgebung fehlen. Wir schwimmen geradezu blind durch ein Meer der tosenden Informationen. Man denke an all die gefilterten Eindrücke, an die Farb-, Geruchs- und Tastinformationen, die subtilen Geräusche, Kraft- und Störfelder, Strahlungen und Schwingungen aller bekannten und unbekannten Art, denen wir immerzu – und immerzu unbemerkt – ausgesetzt sind. Es könnte einem fast schwindelig werden, bedenkt man die ungeheure Summe an Einflüssen, der wir uns jeden Tag völlig unbeabsichtigt – und also völlig wahllos! - aussetzen: Denn jeder Einfluss wird auf die Dauer der Jahre gerechnet auch *be*einflussen! Nun, so haben wir noch einen Grund mehr, bei der Wahl unserer Orte und unserer Gesellschaft eine äußerste Sorgfalt walten zu lassen!

Wandel der Dinge

Es wird uns in unserer Entwicklungsgeschichte einmal sehr zum Vorteil gewesen sein, an allem, das uns umgibt, sogleich *das Ding* zu erkennen, es zu benennen und das Ähnliche das Gleiche zu heißen – so wurde uns die Welt bald vertraut und benennbar, ihre Erscheinungen konnten unseren Bedürfnissen entsprechend nutzbar gemacht werden. Doch nun, da wir in unserem Alltag ein gewisses Maß relativer Sicherheit gefunden haben, hätten wir die Zeit und die Aufgabe, mit dieser altüberlieferten Form der Betrachtung zu brechen und mit ihr zu experimentieren: Vielleicht ließe sich ja mittlerweile aus einem anders gearteten Weltbild ein neuer Profit schlagen. Vielleicht wäre es unklug, die Funktionalität gleich zur Wahrheit zu erheben: Schon zu lange sieht sich der Mensch als Ding unter Dingen, versteht sich als fest und beständig, obwohl wir – das ist nicht zu leugnen – nur eines sind: Kontinuum. Überlassen wir doch vorerst das Fertigsein den Kindern und Alten und akzeptieren den Wandel als unser Wesen, den Stillstand als unseren Tod.

Nun nicke man bloß nicht vorschnell mit dem Kopf, sondern begreife die ungeheure Aufgabe, welche mit der Einsicht in unser stetes Wandeln einhergeht: Wir verändern uns immer, selbst in diesem Moment. Hier verkümmert eine Fähigkeit, dort mehrt sich ein Vermögen, wir verlernen, gewöhnen uns, sind im Ganzen eine stete Erzählung von Entwicklung und Degeneration. Es gibt kein Ausruhen: Denn nichts ist beständig. Wir müssen uns fordern und überfordern, wollen wir mit uns selbst auf Augenhöhe bleiben.

Träume: Irrtümer ersten Ranges

Träume sind keine verschlüsselten Wahrheiten, sondern die *reinste Form unserer Lügen*, das unverblümte Schwätzen der Seele, frei von aller moralisch-rationalen Verklärung. Man kann sich des Tages allerhand einreden, sich klug, reif und wissend nennen, bis man endlich mit dem Gefühl der Überzeugung an diese Unwahrheiten glaubt: Des Nachts werden sie sich melden, all die verdeckten Befürchtungen und alten Ansichten – und wir sind wieder das unwissende Kind, das wir so lange erfolgreich leugneten. Hierbei handelt es sich keinesfalls um das Verhältnis von unwahr und wahr, sondern um einen Kampf zweier zum *ungleichen Grade einverleibter Irrtümer*.

Fragment

Intensität und Dauer: So lauten die beiden Kriterien, anhand derer die Wirklichkeit jedes Einflusses bemessen werden kann. Dabei sind es gerade die Einflüsse der letzteren Kategorie, diese schleichenden, dunklen, unsichtbaren und doch immerwährenden, welche einer besonderen Aufmerksamkeit bedürfen.

Der große Weise

Jeder Denker ist auf eine gewisse Überempfindlichkeit der Physis angewiesen. Tatsächlich könnte jede tiefere Einsicht die Folge eines derartigen körperlichen Impulses sein, irgendeines Ekels etwa, eines Widerwillens oder unguten Gefühles. Was wären wir denn ohne die Fingerzeige unseres Körpers? Woher wüssten wir denn, wo sich noch einiges Nachdenken lohnt und unvermeidbar angebracht ist? Könnte es gar mit dem ganzen Problem der »Wahrheit« zuletzt eine ganz und gar körperliche Angelegenheit sein? Schließlich ist es doch unsere Physik, welche, völlig unabhängig von der uns erscheinenden geistigen Interpretation, voll und ganz in die Tatsache der Wirklichkeit verstrickt ist.

Nutzlose Persönlichkeiten

Gebildete Menschen sind ein ganz unbequeme Gattung, denn sie sehen stets die ganzen Möglichkeiten an jeder Situation, wo aus ausgebildete Mensch nur das sieht, was es auch zu tun gilt.

Neue Dimensionen

Jede Veränderung der äußeren, gesellschaftlichen Zustände ist nur auf Grundlage einer vorherigen Veränderung des Bewusstseins der Menschen möglich. Hat man erst einen zweiten Standpunkt herausbilden können, schafft man hierdurch ein neues Denken in Relationen: *Erst zwischen zwei* Punkten kann man eine Linie ziehen – und auf der finden sich dann plötzlich... viele Punkte!

Auf den zweiten Blick

Die Schönheit könnte uns des Tages schon einmal – und noch tausend weitere male – begegnet sein, und wir, blind, beschäftigt und ohnehin anderer Dinge – gingen an ihr vorbei.

Jede Situation steckt voller potentieller Schönheit, doch wir befinden uns nur selten in dem Zustand, sie auch zu empfangen. Es fällt uns leicht schnell zu urteilen: »Dies gefällt mir« und »Dies gefällt mir nicht« - doch sollten wir uns auch noch fragen: Sah ich es vielleicht mit den völlig falschen Augen?

Pass auf, wer du wirst
Mancher mag von sich selbst ein hohes und durchaus edles Ideal in seinem Kopfe tragen – doch am Ende zählt, was du, meist ganz gegensätzlich, jeden Tag tust; am Ende macht die Wiederholung die Identität.

Kein einziges Wort
Unsere tiefsten Belange und Geheimnisse sprechen wir nicht wie jede andere beliebige Meinung aus: Wir können nicht anders, als unsere Stimme zu senken, zweideutig zu werden, uns in Hinweisen und Fingerzeigen zu verlieren – zu kostbar sind sie uns, unsere höchsten Ideale, als dass wir riskieren könnten, ein falsches Interesse (das Interesse des Falschen) geweckt zu haben.

Wenn du etwas formulieren kannst, geht es dich schon viel zu wenig an.

Sternlose Nacht
Ehrfurcht im Anbetracht der Leistungen anderer ist etwas, was den Leuten mehr und mehr abgeht – bedeutet sie doch ein kleines Zugeständnis einer wesentlichen Ungleichheit von Art und Befähigung. Große Leistungen werden als Kritik an der eigenen Person empfunden, welche es rasch als klein zu erklären gilt: Sicherlich war hier eine besondere Situation der Lebensumstände die Ursache, ein sehr günstiger oder ungünstiger Werdegang, eine Verschrobenheit oder Fachidiotie - irgendeine pathologische Qualität wird sich da schon finden lassen. Und, käme man nur einmal dazu, hätte man eine entsprechende Ausbildung genossen und ähnliches Interesse am Thema gehabt: Sicherlich wäre man zu solcherart - und besse-

ren! - Leistungen imstande gewesen! - So keift das gekränkte Ego des Mittelmaßes. Doch was passiert, wenn wir die Sterne unter uns Menschen so undankbar zurück auf den Boden unserer kleinen Tatsachen ziehen? Blicken wir nicht bald in einen leeren Himmel? Verlieren wir nicht bald die Fähigkeit, uns in der Welt zu orientieren?

Keine Blöße geben

Der Arme hegt für gewöhnlich den naheliegenden Wunsch, mehr Geld zu besitzen – und spielt sich eben damit ein Stück weiter dem Machthaber, dem Reichen in die Arme. Nicht »mehr Geld«, *sondern die Abschaffung des Geldes überhaupt*, sollte zumindest der *Herzenswunsch* der Armen werden.

Notfalls umgekehrt

Sollte man es denn wirklich einmal nötig haben, wird es einem mit Sicherheit ein Leichtes sein, jede Fähigkeit eines Menschen sofort in seine Schwäche zu übersetzen, zu sehen, welcher stark wuchernde Trieb hier eines anderen um jeden Preis Herr werden wollte. Der Kräftige kämpft gegen seine Furcht vor der Schwäche, der Reiche gegen seine innere Armut und der Schöne fürchtet und kennt jeden seiner überschminkten Makel.

Erkläre dich!

Der Schrei nach Argumenten ist allemal ein Verräter der pöbelhaften Seele – als sei die logische Untermauerung der tatsächliche Gradmesser der Würdigkeit – der *Glaubwürdigkeit!* – eines Gedankens. Sollte ich die Position eines anderen tatsächlich interessant finden, sie in Erwägung ziehen, sollte meine Haltung nur folgendes ausdrücken: »Erzähl mir davon!«. Die Aufforderung zum Argument sagt hingegen nur: »Ich will dir nicht glauben. Ich will nicht einmal, dass du selbst dir glaubst!«.

Kein Einwand gegen Erkenntnis

Die Erkenntnis, als jener Trieb, der sich über die für Millionen von Jahren gewordene Mechanik des Lebens erhebt, sie zersetzt und analysiert, wird sich immer wieder als schwächender, krankmachender Trieb herausstellen, der sich in seinem Streben nach Selbstdurchsichtigkeit auch selbst zersetzen muss.

Linkszwodreivier

Die Musik für politische Zwecke zu missbrauchen ist eine mindestens bedenkliche Angelegenheit, weiß doch der Konsument und Mitläufer bald nicht mehr zwischen seiner wirklichen Überzeugung und seiner kurzfristigen Begeisterung zu unterscheiden: Im Takt eines Trommelwirbels laufen noch die trägsten Beine am besten in den Krieg. Es stimmt also sehr bedenklich, wenn sich die Leute auf der Straße, wann immer sie die Zeit dazu finden, mit »ihrer Musik« beschallen, einer Musik, welche im häufigen Fall auch Träger eines im Kerne politischen Weltbildes ist, dem gemäß sich der Zuhörer mitsamt seines Geschmackes programmieren lässt.

Was fest-steht

Ließe sich die Physis nicht mit einigem aufgeschlossenen Willen als die Erfahrung ganzer Jahrtausende deuten, welche an uns schließlich fest, hart und Leib wurde? Könnten wir unsere physikalische Welt der Tatsachen als eine große Erinnerung deuten?

Das, was bleibt

Es könnte durchaus so sein, dass, dem Anschein ganz gegensätzlich, das Bewusstsein des Tages weitestgehend keine positive Eigenschaft im Sinne eines Mehr an Fähigkeit ist, sondern gerade das Ergebnis der Unterdrückung aller anderen Inhalte und Träumereien unseres Geistes. Das Bewusstsein könnte das sein, was übrig bleibt, nachdem wir allen Rest ausgeschlossen haben.

Blöße geben

Der Mensch gelangt nur im seltensten Fall im Ganzen zu großer Einsicht und Weisheit – ich sah schon manche großartige Person, war sie nur einer ungünstigen, ihr fremden Situation ausgeliefert, sehr hilflos und unwürdig daher stammeln. Es wird sich meist sogar so verhalten, dass jeder ausgeprägten Fähigkeit *andere Fähigkeiten zum Opfer gebracht* werden müssen, dass also jede brillante Verstiegenheit nicht kostenfrei zu haben ist. Will man eine derartige Person nun, aus Gründen der Angst, des Neides oder warum auch immer, widerlegen, frage man sich nur eben dies: Was sind die notwendigen Schwächen, die seine Fähigkeit bedingen? - und setze sie schamlos ihrer Wesensfremdheit aus. »Wer nicht einmal dies kann, wie könnte der jemals jenes!« - so lautet die Beweisführung aller Unbegabten.

Dilemma

Mancher wird von einem Glauben oder einer Philosophie derart erfüllt, dass aus jedem seiner Worte und seinem Gebärden tiefste Ruhe, Wahrhaftigkeit und Überzeugung sprechen, sodass tatsächlich – drückt man denn zumindest ein Auge zu – der Eindruck entsteht, man habe es mit einem Erleuchteten zu tun. Dieser Zustand, welcher den Menschen ganz offensichtlich so beseelt, stärkt und seinen Anblick um das Tausendfache verschönert, ist es vermutlich, welcher den Zuschauer an eine tatsächliche Wahrheit, an welcher der Erleuchtete teilzuhaben scheint, glauben macht. Und doch ist hier eben nicht die Wahrheit bewiesen, sondern nur der gute, wahrhaftige Glaube der erleuchteten Person.

Nicht auszudenken

»Ich halte dich für sehr, sehr klug und sehr sehr unsympathisch.« - ist eine Aussage, welche nur den wenigsten über die Lippen kommen dürfte.

Niemanden neben sich

Auf den Meister hören, ohne ihm nachzufolgen – so erweist man ihm die größte Ehre. Kein Meister wünscht *sich selbst noch einmal*.

Und nu?

Bei dem Versuch, die Welt zu verstehen, kann genau diese Welt, die du doch so genau kennen wolltest, verschwinden – in der Erkenntnis, dass deine Welt des Unverständnisses bedurfte, dass deine Welt *ein Unverständnis war*.

Zirkus der Werte

Jeden Tag bewegen wir uns durch einen wahren Zirkus der Eindrücke, auf dessen Bühne die unterschiedlichsten Bestrebungen, Motive, Verführungen und Aussagen die Vorstellung unseres Tages aufführen – ein wirres Spiel, in dem man die Prima Causa, den homogenen Grund, vergebens suchen muss. Und wir, Zuschauer und Mittäter, müssen dieser Vorstellung unseren Beifall und unsere Abneigung zollen, bewerten dieses Spiel, ob bewusst oder unbewusst, - und machen es uns damit mehr und mehr zu eigen. Derart beladen mit Eindrücken, Meinungen und Ansichten unterschiedlichsten Ursprunges liegt es nun an uns, uns selbst zu bestimmen und unseren Platz in diesem Spiel zu finden, als ein weiteres zerrissenes Individuum, als ein menschlicher Kriegsschauplatz der Werte.

Durchgemacht

Die Müdigkeit vertreibt man – vom Schlafen einmal, wie billig, abgesehen – durch das Lernen von etwas Neuem. Ein Schelm, wer hier seine Analogien spinnt.

Zu gut für sich allein»

Wertvoll« kann etwas auch für sich ganz allein genommen sein, während die »Wichtigkeit« vor mindestens einer weiteren Instanz gelten muss. Nun ist es kein Wunder, dass sich viele für zu wichtig halten, um allein sein zu können.

Flucht

Philosophie ist, in ihren niedrigeren Erscheinungsformen, oft nicht viel mehr als eine Form von Eitelkeit: Man will sich ein wenig erhaben und als Erwachender unter Träumern vorkommen. Ganz mitleidig blickt so ein philosophisch geschultes Auge auf die armen Befangenen des naiven Realismus'.

Mit dem Kopf durch die Wand

Die Materie ist ein hartes Faktum und stets das beste Argument: Man kann mit einer Mauer eine ganze Weile diskutieren, ohne dass sie den Weg dadurch frei machte; viel realer als bei der undurchdringlichen Materie wird es in der Welt wohl nicht mehr zugehen. Und doch muss die Materie deshalb noch lange nicht der Wahrheit entsprechen: Sie könnte immer noch nicht viel mehr sein als die bloße Information ihrer Undurchdringlichkeit, könnte nicht mehr sein als eine mit jeder Schicht der Seele geglaubte Illusion. Würde man einen Menschen mit einem Zauber belegen, der in bis in die tiefste Schicht seiner Psyche glauben macht, er sitze in einem eisernen Käfig, dann könnte er mit Sicherheit nach den Gitterstäben greifen, ihre Kälte spüren und sie als ganz und gar unüberwindbar empfinden. Er könnte sogar mit einiger Arbeit der Vernunft allmählich herausarbeiten, dass sein Gefängnis eine Illusion sein muss – und bliebe dennoch Gefangener der unnachgiebigen Fehlinterpretation seines Gehirns.

Warum eigentlich?

Verwirrung bedeutet, von allen Dingen gleich weit entfernt zu sein.

Kulturelle Erben

Eine vollkommen immanente Deutung und Bewertung kultureller Wert- und Moralvorstellungen lässt diese schnell als ein rein evolutionäres Geschehen von Memplexen erscheinen, welche zunächst einmal *völlig gleichberechtigt* auf der Bühne der Welt stehen. Man kann einen Memplex nur von der Warte eines anderen Memplexes aus bewerten, nie steht man im Moment seiner Wertung auf neutralem Boden.

- Erst ein gründlicheres Kriterium als das der Kultur, zum Beispiel das der Menschlichkeit, ließe eine überkulturelle Bewertung eines Memplexes zu, indem man fragt: »Was trägt er zum Lust- und Leidempfinden der Menschheit bei?«
- Habe ich mich nicht schon mehr als einmal gegen eine »Vergröberung« der Individuen zu einer Menschheit ausgesprochen?

Frisch ans Werk
Sollte es einmal der Beweis gelingen, dass jeder Zeitpunkt bereits jede Vergangenheit und jede Zukunft enthält, wäre damit die gesamte Vorstellung des »Zeitflusses« revolutioniert.

Zum Glück krank
Es wird vielen wohl eine Erleichterung sein, wenn man ihnen für ihr auffallendes Versagen den Namen einer Krankheit hinwirft: Endlich haben sie einen Teufel, den sie an ihrer statt beschuldigen können.

Gewusst wann
Nicht bloß wissen, sondern auch noch wissen, *wann* man wissen sollte – erste Regel der Weisheit und Schlag in das eitle Gesicht alles Gewussten.

Der, den man vor sich hat
Den eigenen Wert verkennend, suchten – und fanden! – die Menschen bislang immer nur *die Wichtigkeit* der eigenen Person.

Selbstgenug
Es gibt eine Gehobenheit der Seele, eine Glückseligkeit des Augenblickes, die jeden Moment sich selbst genügen lässt – der Blick greift nicht mehr unruhig tastend nach Vergangen-

heit und Zukunft, sondern lässt jede Gegebenheit in der ewigen Schönheit des Jetzt ruhen. So vieles liegt plötzlich unter einem – und selbst das Fragen nach dem Sinn und Zweck des Lebens erscheint wie ein törichtes Kinderfragen, wie eine zwar ganz reizende, aber eben doch reichlich naive Dummheit.

Glasklar
»Das macht Sinn!« - dieses Sätzchen wird gerne – und gerne auch falsch – angewandt – wird hier doch reichlich unzureichend zwischen dem Sinn-Stiftenden und dem Sinn-Erfüllenden unterschieden.

Idee:
Die Religion als Folge einer (zu) stark ausgeprägten Fähigkeit zur Abstraktion; Kompensation der Zersplitterung, des Verlustes der natürlichen Einheit und *gefühlten Richtigkeit* des Seins.

Was guckst du?
Nichts erregt in mir am Blick eines Menschen mehr Ekel, als das Spähen, jenes fordernde Blicken des Auges, das nur darauf aus ist, eine Situation *zu provozieren*, in der man sich die eigenen Vorurteile mal wieder gehörig bestätigen lassen kann.

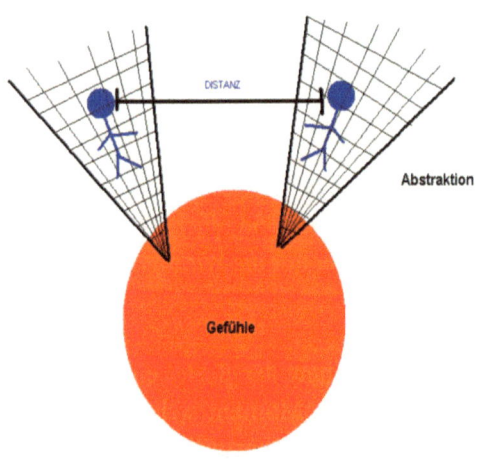

Zerdacht
Eine Zunahme des Abstrakten bedeutet auch das Distanzieren von der gemeinsamen Grundlage, resultiert in der Einsamkeit des Individuums. In den abstraktesten Höhen der Abstraktion ist niemand mehr in der Lage mit dir zu fühlen.

Der Mensch kam zu Bewusstsein, und fand sich also – allein!

Ganz einfach, mindestens zweifach
Widerspruchsfreiheit löst in mir jedes mal einen tief sitzenden Verdacht aus, als sei hier etwas vereinfacht und zusammengefasst worden, was weder einfach ist, noch zusammen gehört.

Pfusch am Bau
Noch im brillantesten Kopf streiten sich eine menge Torheiten um die besten Plätze – die grundlegendsten Überzeugungen erhärten sich in einer Zeit, in der Geist und Geschmack noch reichlich unbeholfen in der Wahl ihrer Tugenden vorgehen.

Dass wir uns hier erneut begegnen...
Das Gleiche wie das Verschiedene sind gleichermaßen eine ewige und notwendige Erblast des Abstrakten.

Umständliche Wortwahl
Das, was Menschen einem sagen wollen, ist nur selten das, was sie einem sagen.

Lange verborgen
Bisweilen fallen einem Selbstverständlichkeiten von solch urtypischer Kraft auf, dass ihre bloße Erwähnung allen einer erschütternden Neuheit gleicht.

Es kommt auf den Versuch an
Würde ein universales Gesetz daraus gestrickt werden, dass Kinder erst von ihren Eltern geboren werden dürfen, wenn letztere auch die dazugehörige Reife und Einsicht haben, würde die Menschheit schon bald aus dem Bild unserer Erdober-

fläche verschwunden sein – unsere momentane Erziehung ist eben über weite Strecken der Versuch, *im Nachhinein* das Beste aus einer gegebenen Situation zu machen.

Superlativ
Selbst das *größte* Gefühl, der *klügste* Gedanke, die *schönste* und *großartigste* Entdeckung des Auges, vermag nur in Splittern zu vermitteln, was du am *Tiefsten* und am *Eigentlichsten* bist.

Geburtshelfer
Die wirkliche, alle Zeiten überdauernde Kraft eines Künstlers, rührt weniger von dem, was er gesagt und dargestellt hat, als von dem, was er alles gesagt und dargestellt *haben könnte*, also von der gebotenen Möglichkeit zur *maßlosen Überinterpretationsfreude*.

Endlich (beiderseits)
Ist es denn nicht auch Lernen,
zurückgekehrt, letztlich zu wissen,
was Tatsachen sind,
wie es ist,
schwerelos dem Wind zu gleichen?

Zu schlau für sich
Ist es noch intellektuell, das Denken mittels des Intellektes auszuhebeln

Nichts in Summe
Wer sehr viel denkt und schreibt, mehrt sein brauchbares wie sein unbrauchbares Gedankengut, sammelt also gleichsam Argumente für und wider seine Person.

Gleich unrichtig
Erschreckend, wie die weisesten und törichtesten, die einsichtigen und ignoranten Weltendeutungen gleichermaßen unrichtig und *also gleichberechtigt* nebeneinander stehen können.

Latenter Fluchtgedanke

Die Müdigkeit leitet das baldige Ende einer Situation ein; und so ist der, der ständig müde ist, auch stets auf der Flucht aus der Situation, letztlich also aus dem Leben.

Im Augenschein

Man verwechselt die Formeln mit der Physik, die Noten mit der Musik, die Buchstaben mit der Geschichte. Man hat verlernt, Metaphern als solche zu erkennen.

Sein eigener Nachbar

Wer auf beiden Seiten des Zaunes lebt, ist mit seinem Rasen immer unzufrieden, obwohl dieser auch immer grüner ist.

Cthulhu-Prinzip

Man denkt sich den Bösewicht gerne mit einer entsprechend schrecklichen Fratze – tatsächlich aber hat das Böse niemals ein Gesicht (und wird entsprechend oft mit jemandem verwechselt).

Wo steht das?

Dumme wie schlaue Menschen stellen die Frage nach dem Dasein, doch nur der Dumme findet auch alsbald die Antwort.

Engelein und Teufeleien

Gut möglich, dass wir noch gar keinen Begriff davon haben, was Liebe ist, was Hass ist, sondern nur Gefühle kennen, deren schreiende Intensität uns schnell dazu hinreißt, sie als dieses oder jenes zu identifizieren.

Einmal wie immer

Ich weiß nicht, warum das »Leben nach dem Tod« eine so gänzlich unvorstellbare Angelegenheit sein soll. Für den Fall, dass ein solches Fakt und Wirklichkeit ist, wissen wir doch ganz genau, wie ein so ein Leben nach einem vorherigen Tod beispielsweise aussieht: wie unser jetziges Leben! Ein jedes Leben ist ein Leben nach einer vorherigen nicht-Existenz in der jeweils bisherigen Geschichte.

Verständnis verstehen
Recht leicht lassen sich Verständnis und Unverständnis am Blick eines Menschen ablesen – eine höhere Kunst ist es da schon, auch noch zu sehen, *was* da genau verstanden oder übergangen wurde.

Was weiß ich denn?
Freilich ist es ein der Erkenntnis recht dienliches Mittel, sich selbst eine Frage zu stellen. Doch man hüte sich davor, mit seiner Neugier zu verschwenderisch umzugehen – es grenzt an Schizophrenie, sich selbst meine Frage zu stellen, die man sich selbst nicht beantworten kann.

- Man stellt jede seiner Fragen einer *späteren Version* seiner Selbst, also einem Zustand, der sie *mittlerweile* mittels seiner Erfahrung und Kenntnis beantworten kann.

Haushalten!
Wer sich genötigt sieht, sein Leben in mental unvereinbare Teilbereiche zergliedern zu müssen, zum Beispiel in verhasste Arbeit und geliebte Freizeit, muss auch mit der Konsequenz leben, dass jede Zunahme des einen die Abnahme des anderen bedeutet.

Hintergrundgrafiken
Was uns nur lange genug und mit wachsender Selbstverständlichkeit umgibt, verliert erst unsere Aufmerksamkeit, dann bald jede Relevanz für unser Leben.

Ungelenkte Schmiede
Jede Reaktion deiner Mitmenschen formt deinen Charakter wie die Hammerschläge das Eisen; da sich heutzutage jedoch

kaum noch jemand wirklich aufs Schmieden versteht, füllen sich die Straßen mit entsprechend lust- und planlos geformten Charakteren.

Sprachliche Hintertür

Sei vorsichtig mit dem Setzen deiner Grenzen! Zwischen sich und seinem Leben eine Unterscheidung zu machen mag sprachlich noch eine Dummheit sein, als Lebensgefühl ist bereits eine Tragödie - und als Überzeugung der unnötig frühe geistige Tod.

Das Links-Rechts-Bewusstsein (entweder oder – oder?)

Unserem verhältnismäßig doch recht ausgeprägten frontalen Stirnlappen zum unvernünftig dreisten Trotze finden die folgenden Schlussfolgerungen heutzutage immer noch in den unterschiedlichsten Leuten ihre dankbaren, gefährlich-gedankenlosen Vertreter:

Niemand will in Armut leben, *also* will ich reich sein.
Reichtum macht nicht glücklich, *also* kann ich auch gleich in Armut leben.
Das Leben ist etwas schlechtes, *also* sollte man den Tod begrüßen.
Ich habe Angst vor dem Tod, *also* will ich ewig leben.
Du bist nicht gut, *also* bist du böse.

Hier sehen wir, wie der Mensch durch die *falsche Unterstellung einer Dualität* mit gerade einmal zwei unscheinbaren Zuständen - Links und Rechts / Entweder Oder - eine beliebige Menge von begründetem Unsinn erstellen kann.

Die maximale Anzahl geistig vorwegzunehmender Alternativen wird beim durchschnittlichen Menschen *also* streng durch die momentane Anzahl seiner Daumen - immerhin stolze zwei! - limitiert. Ein Denken jenseits des primatenhaften Links und Rechts – und damit ein ernstzunehmendes Urteilen über Um- und Zustand der Welt – wird dem Menschen wohl erst mit der

Ausdifferenzierung eines dritten Armes vergönnt sein, wenn er sich also in den seltsamen Hohlraum zwischen dem Links und Rechts die noch ganz unvermutete Mitte hinzu denken muss.

Hauptsache viel
Eine zugegebenermaßen recht flüchtige Anwendung des Prinzips des Ausgleichs lässt zu der Vermutung hinreißen, dass alle Kapazitäten, die für die Breite aufgewandt werden, später bei der Erarbeitung einer Tiefe fehlen.

Spuren im Äther
Genau genommen ist die Existenz einer Sache nur dann zu diagnostizieren, wenn sich ihr Verhältnis...
a) zu anderen Dingen oder
b) zu sich selbst
verändert hat.

Stacheldraht am Horizont
An die Grenzen anderer Geister wird man vornehmlich erst dann erinnert, wenn man sich mal wieder an ihnen gestoßen hat.

Was du bist
Was ist es eigentlich, das der menschlichen Persönlichkeit ihre Grenzen und Formen gibt? Das den Griesgram auch am nächsten Tag noch zuverlässig einen Griesgram sein, den Unpünktlichen schon sein ganzes Leben lang zu spät kommen lässt? Vielleicht haben wir es nur der Trägheit der Materie und Ihrer sturen Steinemechanik zu verdanken, dass wir auch am nächsten Tag noch nachweislich wir selbst sind.

Unsichtbare Ungeheuer
Mit ein wenig Phantasie wird einem das Gefühl der Angst zu einem Einfall des Ungeheuren in das unvorbereitete und letztlich hoffnungslos überforderte Bewusstsein – plötzlich wird einem unangenehm deutlich gewahr, wie wenig in dieser Welt eigentlich sicher, selbstverständlich, gut und richtig ist. Nicht umsonst

legt sich uns der Alltag schon recht früh in unserem Leben wie
ein zwar langweilig-grauer, aber eben auch anspruchslos-beru-
higender Schleier schützend über die Abgründe unserer Welt.

Eine gewisse Übersensibilität des Gemüts vorausgesetzt,
kann die dämmende Funktion des Alltags ein wahrer Lebens-
retter und notwendiges Narkotikum sein.

Ich bin der Spieler, du bist der Tor
Tatsächlich braucht der Mensch seine Triebe nicht. Tatsächlich braucht der Trieb den Menschen.

Wo der Frosch die Locken hat
Die wesentliche Funktion des Fernsehbildschirms ist das Hervorbringen einer offiziellen Wirklichkeit durch die Bündelung
von Aufmerksamkeit – muss doch der Mitbürger stets infor-
miert sein, welche Grippewellen und Bundeskanzler es denn
nun sind, die aktuell das leibliche und seelische Wohl bedro-
hen. Aufmerksamkeit ist Geld, ist Realität und Macht. Der
Fernseher – schlechterdings für nicht wenige der einzige Zu-
gang zur Öffentlichkeit und zu dem Land, auf das man stolz ist
– schafft den einen Brennpunkt, in dem sich ein moderner
Staat überhaupt erst ansiedeln kann.

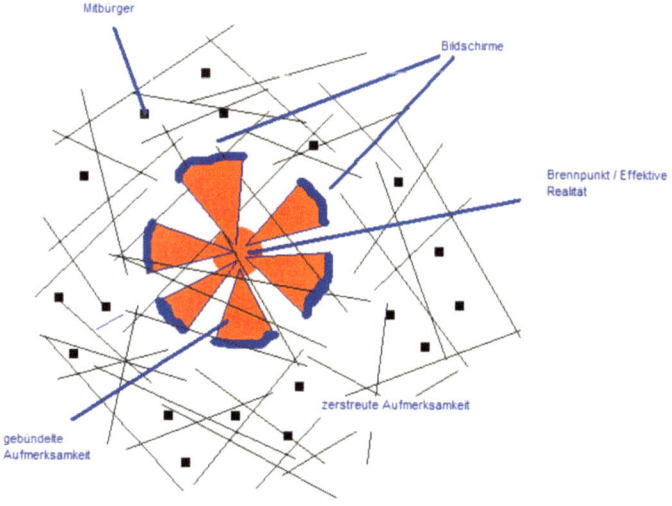

Eigenwert
Der ist der Tiefste von euch Abgründigen, der niemals erkennen lässt, er habe auch einen Grund.

Da ja nunmal...
Es ist und bleibt ein so unausgesprochenes wie stets befolgtes Dogma: Das Leben ist an-sich eine homogene Sache – und so wundert man sich von mal zu mal neu über das allenthalben Unsinnige, Paradox-Widersprüchliche dieser uns so fremd gewordenen Unternehmung.

Wohin mit mir?
Die Fähigkeit zum reflektierenden Bewusstsein stellt den Menschen vor eine ganz neue Aufgabe und Möglichkeit: nicht nur muss die Beziehung zwischen dem Selbst und der Umwelt geklärt werden, sondern obendrein auch – was die wesentlich kniffligere Angelegenheit ist – die Beziehung zwischen dem eigenen Ich und dem Selbst.

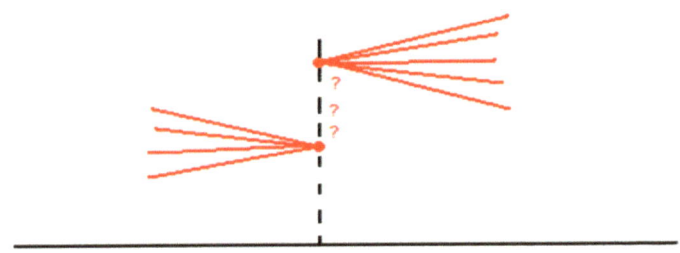

verwoben – verwirrt?
Jede Möglichkeit ist sowohl konkret als auch rein-möglich, lässt doch erst die mögliche Konkretheit eine Möglichkeit das sein, was sie ist: eben möglich.

Wissende Termiten
Die Wissenschaft hat die Aufgabe, mit rein empirischen Mitteln die Metaphysik nach und nach auszuschließen – *unnötig*

zu machen –, die Metaphysik wird von ihr allmählich empirisch ausgehöhlt.

In einem Garten
A: Ich weiß, dass ich nichts weiß.
B: Wie meinst du das?
A: Ich weiß, dass meine Antworten nichts beantworten.
B: Dann solltest du vielleicht aufhören, nach nichts zu fragen?

Visionär
Der Geist kann ein Szenario vorweg nehmen, an das es sich schließlich anzupassen lohnen kann. Der Geist kann einen evolutionären Kontext schaffen.

Amor fati
»Ein Müssen ist kein Spiel, es sei denn, der Spieler ist imstande zu lieben, was er muss – dann verschwindet der Druck des Müssens wieder, und er fühlt sich aufs Neue frei.«

Mein Job
Ich bin der Zweifel, der Gegenpol, der Einwand, die Relativierung, die Spannung, Gegen- und Widerpart – und mit all dem ein Beauftragter des Lebens selbst.

Sirenengesang
Dopamin gibt die Richtung an, die du als die richtige, angenehme, selbstverständliche Richtung empfindest. Wir folgen dem ewigen Locken des Dopamins, wie der Esel der Mohrrübe vor der Nase – und finden genau wie er niemals die schließliche Erfüllung unseres Abmühens.

Eine Frage mehr
Noch bevor du fragst, was »Sinn macht«, frage dich, was sich *lohnen würde*, Sinn zu machen – stelle dir stets noch eine Frage mehr, als es andere tun; verstehe das Konzept des Sinns, welches allem einen Wert gibt, *ohne selbst irgendeinen Wert zu haben*.

Was lange währt

Nichts ist umsonst! Erkenne die Weisheit an den Dingen, die Vernunft noch am Unbewussten!

Bodenlos

Ach, es ist das leidige Problem jedes Alltags: Alle wissen genau, was sein muss, doch niemand weiß, was tatsächlich ist.

Billigste Ausrede – wo war es doch gleich?

Aufräumen? Das bedeutet für mich: die Dinge anders zu machen, als sie es in der Erinnerung sind, sie so zu entstellen, dass ich sie nicht mehr erkenne.

Geständnis am Gestade

Ja, das meiste schreibe ich, um es mir später, mir unklugem Sturkopf, noch einmal sagen zu können.

Ich bin alles, das weder ein, noch aus weiß

Nur der Glaube schafft Gewissheit; und nur deine Gewissheiten machen deine Persönlichkeit aus. Verloren ist man im Meer der Eventualität.

Ausgerechnet South-Park!

Tatsächlich haben die fiktiven Persönlichkeiten – oder zumindest der fiktive Aspekt an den realen Persönlichkeiten – stets mehr zur Realitätsbildung beigetragen, als all das, was man für tatsächlich nehmen dürfte.

?/-

Genies können – gemäß dem Satz der Erhaltung – nur wenige male genial sein – und verbrauchen sich selbst mit jedem Auftreten.

In flagranti

Sex wurde erfunden, als der Physik kein besserer Weg einfiel, zwei sich innig liebende Menschen *nachweislich* zu verbinden.

Sei kein Tyrann!

Kein Teil von dir schreit umsonst, dem einen Trieb nachzugeben, bedeutet einen anderen Teil deiner Selbst zu ignorieren. Der innere Haushalt will mit einer – hier ausnahmsweise mal gerechtfertigten – peniblen Demokratie geregelt sein.

Sturz des Bösen

Viel zu vieles bezieht seine Rechtfertigung aus der Anhäufung vieler kluger, richtiger Gegenargumente gegen eine andere Sache. Doch wenn der Unwert des Feindes letztlich und einwandfrei herausgestellt ist, so stirbt zusammen mit ihm die rechtfertigende Verbindung – und also die *eigene* Existenzgrundlage.

Der Vorhang fällt... na toll!

Du hast also eine Unwahrheit als solche Durchschaut und findest – wie? – keine Befriedigung? Vielleicht, da sich herausstellte, dass es nie eine Wahrheit gab, die von der Unwahrheit verdeckt wurde? Du also letztlich *Nichts* gefunden hast?

Satz vom zureichenden Grunde

»Tiefe-haben« - reine Unterstellung! Ein Loch ohne Boden kann nicht tief sein; ein Grund gehört zuallererst noch bewiesen.

Ich hasse Grün

Manche Persönlichkeit scheint so vielfältig, wechselhaft, flüchtig, dass ihre Identität einzig durch die Beständigkeit des Körpers gesichert scheint.

Nicht anders können

Manchmal bedeutet eine Fähigkeit überhaupt nicht mehr als das Fehlen eines anderen Vermögens.

Stein auf Stein

Im Verhältnis von Materiell und Ideell wäre nochmals zu beachten, dass das Materielle gern dazu verwandt wird, etwas

Immaterielles zu erreichen, oder bald herausgefunden werden muss, dass das Materielle um des Materiellen willen alles macht – nur nicht glücklich.

Flüstern der Wirklichkeit
Noch das Allertäglichste hat seinen Ursprung in der Tiefe, ist eigentlich deren sublimste Erscheinungsform.

Nimm zwei, mach zwei
Wer sich aus einem Problem ein Problem macht, der hat zur Belohnung gleich zwei Probleme.

Ich habe ein Problem – erstes Problem
Ich habe noch ein anderes Problem – zweites Problem
Jetzt habe ich schon zwei Probleme! – drittes Problem

Un-Homo-Gen
Auch ein Zuviel an Anerkennung kann die Entwicklung eines Menschen zum Erliegen bringen.

Widerhall
Meckere nicht! Es fällt immer auf dich zurück!

Gewiss
Ja, die Welt hat eine Bedeutung: und ich, ich habe – einen Glauben?

Auf sowas muss man achten!
Es sind vornehmlich die Kleinigkeiten, die dem Kleingeist – unfähig das Umfassende zu erfassen – Probleme bereiten.

Denk doch mal nach!
Die Logik ist die ideale Ausrede, um keine rein emotional begründete Aussage tätigen zu müssen.

Die Welt, in deinen Augen
Es gibt zornige Blicke, liebevolle, fordernde, lassende, aggres-

sive, sanfte – und Blicke, die all dies und noch mehr zur gleichen Zeit in sich tragen, also den Anschein einer engelsgleichen Neutralität erzeugen.

Halb und Halb macht Ganz

Als Nachkömmlinge der Primaten haben wir auch deren sich an den Prinzipien LINKS und RECHTS orientierendes Bewusstsein übernommen – und sodann unseren unsterblichen Glauben an die ewige Dualität der Dinge. Und wo sehen wir nicht überall die Dualität am Werke! Allenthalben bietet sie sich unserem Auge auf verdächtig-offensichtliche Weise an – und wir, wir dankbaren Entdecker, können unser liebstes genetisches Vorurteil von mal zu mal aufs Neue bestätigt wissen. Natürlich haben wir gefunden; wir fanden *weil wir suchten!* Unser Auge war nicht unschuldig, als es die Dualität der Dinge blickte, es wusste sehr genau, wie und wo es nachsehen muss, um die *gewollte* Dualität schließlich auch zu finden.

Wir sehen den Tag, wir sehen die Nacht – und haben eine Dualität entdeckt. Doch nur, da wir den Morgen, den Abend und die *beliebig vielen* Zeitpunkte dazwischen *nicht mitgezählt haben.*

- Wir benötigen die Dualität, um die Welt mittels der von uns gesetzten Pole bewerten, sie näher an das eine oder andere Ende der Messlatte setzen zu können. Ohne das Gut, Schlecht, Hell und Dunkel dieser Welt wäre diese uns ein unerträglich wertloser Ort.
- Die Dualität – ein apollonisches Werkzeug?
- Ist Ordnung und Chaos eine einfache Dualität von vielen?
- Die Summe: Die Dualität ist die notwendige, künstliche Spaltung der Welt zur Schaffung eines Spannungsverhältnisses bewertbarer Relationen.

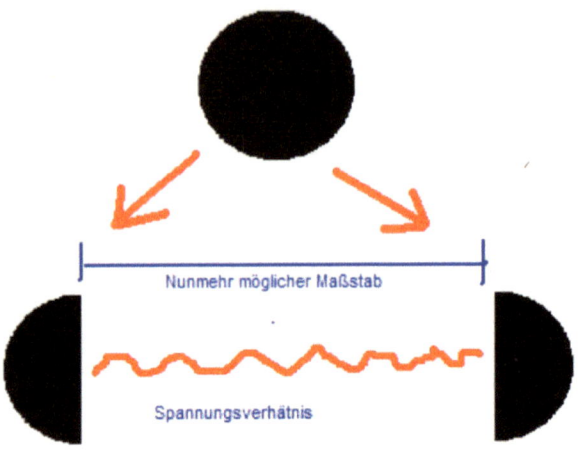

Entladung
Der intuitive Entschluss ist die logischste, konsequenteste Reaktion als Folge der *Gesamtheit all deiner Informationen*, ohne
den selektierenden, vereinfachenden Eingriff des Korrekti-
vums des Verstandes. Die Intuition irrt nicht! Bei Ihrem
Auftreten hast du das Richtige *bereits getan*, ein Fehlentschluss
bedeutet eben das Fehlen eines intuitiven Vermögens.

Gebende und nehmende Größe
Es gibt zwei Arten praktizierter Größe: Diejenige, die größer
ist als das Andere und durch ihren schenkenden Überfluss alles um sich herum ebenso größer, schöner, reicher macht –
und diejenige, die alles klein, unwichtig und nichtswürdig me-
ckern muss, um die eigene *relative Größe* zu beweisen.

Schenken und Leihen
Die Sonne schenkt nur, ohne je etwas zu nehmen, wo der
Mond nur weiter gibt, was er selbst geschenkt bekommt – und
dabei dennoch den größten Teil für sich behält. Und doch hat
der Mond dabei vor der Sonne einen Vorzug: Er strahlt nicht
so hell – man kann ihn betrachten, ohne sich die Augen zu
versengen.

Stimmig

Nur die Wenigsten dürften in der Lage sein, sich selbst in eine Stimmung zu versetzen – sich selbst *zu bestimmen* – und müssen sich dahingehend am Umstand und am Anderen orientieren. Man tut also gut daran, diesen armen Selbstlosen eine Stimmung zu geben – und so gleichsam *der Bestimmende* zu sein.

Erheben und Herabsetzen

Der eine setzt mittels der Konversation seine Meinung als die allgemeingültige durch und verlässt den Monolog als derjenige mit dem Recht, wo ein anderer die Unzulänglichkeiten seiner Ansichten-einsieht und diese durch den Austausch ersetzen und ergänzen kann. Ersterer machte also alles um sich herum kleiner, wo der zweite gewachsen ist. Beide dürften sich anschließend ein gutes Stück größer fühlen.

At last...

Warten – die Unfähigkeit, sich mit etwas anderem zu beschäftigen.

weißte?

Die große Kunst des Rechthabens besteht in der Fähigkeit, etwas entweder zuerst oder als letztes gesagt haben zu können.

Selbstvertrauen

Wer erst im Nachhinein und dann auch noch mit einiger Überraschung feststellte, wie gut sein Gesagtes und Geschriebenes ist, der kann endlich – und ruhig noch als einziger – mit bestem Gewissen von seinem Gesagten und Geschriebenen überzeugt sein.

Was gibt es?

Jede Frage nach dem »Ob« einer Sache ist mit guter Wahrscheinlichkeit ein Griff des Geistes ins Nichts – und damit ein reichlich nutzloses Vertreiben deiner Zeit. Die Frage nach dem »Was« einer einmal als existent gesetzten Sache hingegen kann nur ein erkenntnisträchtiges Nachdenken über *den Inhalt* deines Denkens sein.

Der schmale Grat
Der Wahnsinn zieht Alles und noch ein Stückchen mehr in Betracht, doch ist in seiner tollwütigen Faszination unfähig, auch nur eine der ungezählten geschauten Möglichkeiten zu nutzen, wo der gesunde Geist all seine Effektivität seinen sieben Sachen widmen kann, während um ihn herum das unbemerkt potenzgetränkte Chaos tobt. Wahre Schöpfungskraft wäre wohl tatsächlich zwischen diesen beiden Geisteshaltungen zu finden.

Ästhetik
Das Selbstzweckhafte wird gern mit dem Nutzlosen verwechselt, doch lässt erst der Selbstzweck alle Energien der Sache selbst zufließen, sie ihre eigenen Möglichkeiten vollends austrinken, während sie sonst nur genau so groß *gemacht wird*, wie es Zweck und Umstand gerade verlangen.

Pennertabak
Du bist stets ein Repräsentant deiner Handlungen und bis zur Untrennbarkeit mit diesen Verflochten; nicht nur zeigst du durch dein Handeln die Möglichkeit deines Tuns auf, sondern stehst auch beispielhaft für einen Menschen, in dem die Handlung für gewöhnlich auftritt. Erst die große Person rechtfertigt auch die große Tat als solche – sei deiner Handlungen stets gerechtes Vorbild.

Geschliffen
Die starke Idee verwirklicht sich nicht trotz, sondern *noch durch* ihre Zweifler.

Heraus und Hinein
Die Erzählungen der Philosophen mögen dem gängigen Menschen wie ganz wundersame Geschichten über die Tiefen und

Abgründe der Welt erscheinen – er hört sie mit der großen Verwunderung, wie jemand durch die Geschäftigkeiten des Alltags hindurch solcherart Geheimnisse entdecken konnte; tatsächlich aber ist dies kein großer Verdienst dieser ach so großen Denker. Diese wundern sich nämlich im gleichen Maße darüber, wie man in einer Welt von so offensichtlicher Reichhaltigkeit an Geheimnissen und Abgründen gar nichts weiter zu entdecken vermag als den Alltag.

Wer für wen?
Alles läuft – und alles läuft auf etwas hinaus. Frage dich: Bist du ein Mittel, oder bist du ein Zweck? In beiden Fällen: Seid einander dankbar.

Komm nur, komm
Die Idee ist eine Form der Machtübernahme, indem sie ihre Repräsentanten für Ihre Sache gewinnt.

Einfalt
»Dies funktioniert! Dies ist der Weg!« - sodann wurden zehn Wege verschüttet, die vielleicht noch ein gutes Stück weiter – oder zumindest woanders hin – geführt hätten.

Besinnung
Unkonzentration – die überdeutliche Verwirrung des Geistes und zwangsläufige Folge von Ziellosigkeit. Nehme die Dinge an und vertraue deinem Urteil. Was bliebe dir auch sonst? Selbst das Übernehmen eines fremden Urteiles wäre überhaupt nichts anderes als genau dies: dein Urteil über den Wert eines Urteils.

Alles offen
Das Wunderbarste entstand bislang immer von selbst – was Glück für den Menschen, dass er bei seiner Entstehung nicht die Finger im Spiel hatte – so bleibt ihm noch zu hoffen!

So glaubt man!
Ist es denn nicht eine ganz und gar unsinnige Vorstellung, dass sich die Gegenwart allmählich durch das Nichts gräbt?

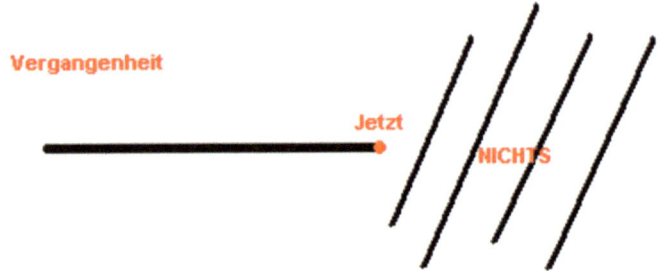

Und es begab sich
Der Grund: Ausrede für eine gewollte Zukunft.

Versuchsweise
Identifiziere dich mit dem Dasein! Betrachte es als eine Vergrößerung und Veräußerung deiner Selbst.

Tod durch Entwurzelung
Ihr wollt die Intuition systematisieren? *Wie dämlich* kann man eigentlich sein?

Mein Ding
So wie ich bin, bin ich ganz gewiss nicht geplant gewesen. *Wegen mir* hat mich meine Mutter gewiss nicht geboren.

Ungehemmt
Eine unerhörte Steigerung deiner Fähigkeiten wäre erreicht, könntest du nur ein wenig von deinem Selbst zu deinem Ich machen.

Hinweggefegt
Viele sehen ein Dasein ohne Sinn widerlegt – finden also kein Dasein ohne Sinn sinnvoller.

Ritual

1. Binde ein Gefühl in eine Handlung, bis du dich irgendwann durch das Handeln an das Gefühl erinnert fühlst.
2. Einen Talisman erschaffen heißt nichts weiter, als einem Gegenstand eine unverschämte Aufmerksamkeit zu widmen, ihn mit Bedeutung zu überhäufen.
3. Symbole lenken die Aufmerksamkeit auf das, wofür sie stehen. Mit ihnen lässt sich auch das Unerklärliche systematisieren.

Das Selbsterklärende Leben

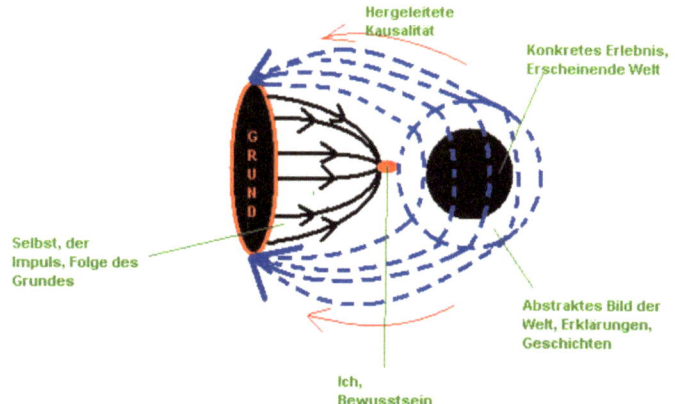

Das Selbst ist all das, was notwendigerweise zum Zustandekommen deines Bewusstseins vorhanden sein muss; diese Notwendigkeiten werden allerdings erst durch das uns erscheinende Erlebnis bestimmt. Die kausale Kette wird rückwirkend durch abstrakte Herleitung erschlossen, bis der im Bewusstsein erscheinende Moment zureichend erklärt werden kann. Das Leben ist selbsterklärend.

Nochmal: Der Grund unseres Hierseins

Unsere Beobachtung allein determiniert schon sämtliche Bedingungen zur Beobachtung, mit denen sie sich erklären ließe.

Ich will wissen, dass du weißt (schlaflos)

Darf ich dir etwas mitgeben? Keine Angst, nichts großes – behindern will ich dich nun wirklich nicht. Es ist recht handlich, fühlt sich nicht unangenehm an, fällt kaum ins Auge – und könnte sogar irgendwann mal eine schöne Erinnerung und ein Lächeln wert sein. Du sollst es nur bewahren, nicht einmal tragen oder bewachen – erinnere dich bloß, wo es ist, sodass du mir jederzeit zeigen könntest, dass es noch da ist, dass es nie gefehlt hat. Und sollte es nur eine Gewissheit in dieser Welt geben, dann lasse es genau diese sein:
Ich habe etwas von dir
Ich habe etwas von dir niemals verloren

Wo ein Wille ist...

Wenn eine spezielle Zukunft durch einen starken Willen erst einmal zum Schicksal wird, können die Gründe, die Mittel und Zwecke nicht anders, als sich dieser Gewissheit zu beugen und zu ihren willigen Wegbereitern zu werden.

Unangebracht

Synchronizität ist die in die Tiefe gedachte Kausalität. Schon zur Ergründung der Komplexität der Alltäglichkeit reicht die monokausal motivierte Betrachtungsweise nur selten aus – wie kommt der Mensch darauf, das ganze Ungeheure würde sich seiner kleinen Kausalität beugen?

Übrigens

Man kann die Augen noch ein zweites mal öffnen – und erst dann beginnen sie zu leuchten!

Vorgeblich sicher

Ein Tisch ist vorhanden, ein Tisch vor fünf Minuten ist nur noch Erinnerung, also bloß noch abstrakter Schluss und kausale Begründung; anfällig, unzuverlässig, manipulierbar, ganz trügerisch-sicher.

Zahlen malen

Gelbrotundgrünzig!

Leugner

Warum muss ein Baum geschaffen worden sein? Warum ist der Mensch *gemacht*? Die unbedingte Unterstellung eines Schöpfers bedeutet auch die Unterstellung der prinzipiellen Unmöglichkeit des »Geschöpfes«. Aber warum die Möglichkeit dessen anzweifeln, was unzweifelhaft vorhanden ist?

Wer schaut auf wen?

Der Perspektivismus birgt die gefährliche Verlockung, sich in einer seiner Perspektiven zu verlieren. Man ist geneigt zu vergessen, wer hier gerade die verschiedenen Positionen abläuft, wer eigentlich die Position erst ermöglicht.

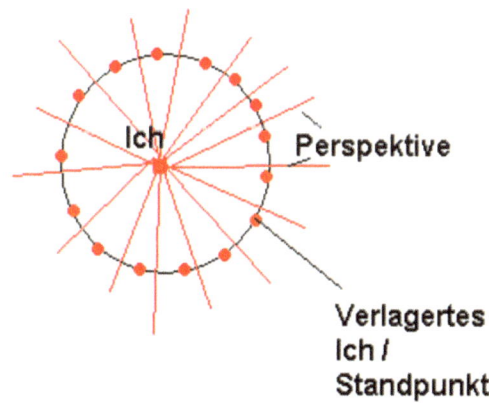

Kleines Maß der Dinge

- Ist etwas in der Lage, Schönheit zu erzeugen?
- Ist etwas in der Lage, Schönheit zu erkennen?

Wer hätte etwas gegen eine Schöne Welt einzuwenden?

Gegen die enge Stirn

Du bist stets mehr – und vor allem mehr als du meinst! Lasse deine An- und Einsichten nicht über dein Wesen bestimmen, keine deiner Meinungen ist dir in die Seele gemeißelt. Der Schöpfer der Meinung braucht sich nicht in seiner Schöpfung verlieren.

Du bist mehr als du meinst, bist alles, was du meinen könntest. Und was du nicht alles meinen kannst! Das meint man nicht!

Blutleer

Ein müder Künstler ist auch ein kleiner Einwand gegen das Kunstwerk.

Weit voraus – aber *wohin*?

Der Mensch fühlt sich dem Tier gnadenlos überlegen. Zwar führt auch er bloß seinen täglichen Überlebenskampf, doch tut er dies ungleich weiter entwickelt - also nicht unbedingt erfüllender, aber allemal komplizierter.

Am Schreibtisch

Es ist schon Ironie und offenbare Willkür des Schicksals: Mein Arbeitsplatz – der klägliche Versuch, das Momentane, das Jetzt zu verwalten und zu erhalten – besetzt von einem Menschen, der seine ganze Kraft darauf verwendet, das Jetzt dem Morgen zu opfern, es akribisch zu zersetzen. Derzeit ist das Morgen bloß eine Hoffnung, die vom Jetzt unermüdlich und stets aufs Neue widerlegt wird.

Das Morgen ist leider allzu oft bloß ein Rückfall ins Gestern.

Schau dich an!

Kritisiere meine Fehler nicht! Wohin mein Weg führt, das ist für dich – in all deiner Fähigkeit – noch nicht ersichtlich. Dein Scheitern ist für mich jedoch schon allzu offenbar! Etwas wie du zu tun, heißt auch ein Stück wie du werden – und du bist Belanglosigkeit, bist Frust und glücklicherweise bald Vergessen.

Was war, was könnte

Das »Weil« kann seinen rechtfertigenden Wert aus der Zukunft und aus der Vergangenheit beziehen, es lässt sich aus erschaffender und aus erhaltender Motivation verwenden.

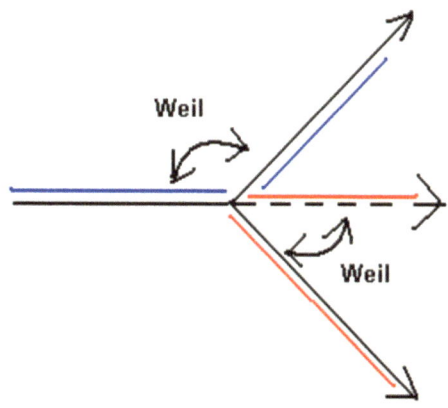

Dann wirst du fallen, dann stirbst du!

Schaffend ist der, der *trotzdem* springt.

Nichts zu erzählen

Man kann etwas ruhig mehrmals tun, ohne dass es einem dabei sofort langweilig wird. Doch da sich die Sache schonmal nicht geändert hat, sollte man zumindest dafür Sorge tragen, *sich selbst* zwischenzeitlich ein Stück weit verändert zu haben – sonst wird man eh man sichs versieht ein Langweiler durch und durch.

Herum-sein
»Du bist hier unverschämt und planlos herum!«

Alles besser
Hoffen wir auf ein Morgen, das wir einmal mit Stolz unser Gestern nennen.

Auch ein wenig Stolz
Natürlich kann man an allem was ich sage noch einigen Anlass zum Zweifeln finden – ich bin selbst noch der größte Zweifler, was die Wahrheit meiner Worte betrifft. Doch gibt mir dieser Zweifel die Gewissheit der reinen Aufrichtigkeit meiner Motivation – ohne große Eitelkeit darf ich behaupten, in meinem Schreiben und Denken den mutigsten und unvoreingenommensten Versuch einer Wahrheit zu sehen.

Reinheit
Zur richtigen Reinheit im Umgang mit der Wahrheit braucht es schon eine seltsame Form der Schziophrenie: Man muss *mit sich selbst* über die Tatsache im Reinen sein, eigentlich keine Ahnung von garnichts zu haben, und dennoch *für* sich sich selbst – und eben *nur* für dieses Selbst – versuchen, etwas an diesem gefühlten Missstand zu ändern. Wahrheit ist das, was du vor niemand anderem mehr erklären musst, als vor dir selbst.

Denkt ja, tut nein
»Wäre ich jung, dann dächte ich, das Leben sei etwas ganz Wundervolles.«
Man weiß, was sich lohnen würde zu denken, tut es dann aber nicht? Wir sind schon leidige Sklaven unserer Konstitution.

Alles wie es sein soll
Die Ordnung findet die Dinge stets dort, wo sie sein sollen, nicht dort, wo sie auch tatsächlich sind.

Beziehung

Was habt ihr eigentlich aneinander? Schenkt ihr euch gegenseitig etwas, oder saugt ihr es wie die Blutegel aus dem anderen heraus?

Da Capo!

Das Normale umschreibt das, was zuverlässig und mit einiger guter Wahrscheinlichkeit *so* – oder in höchstens lustloser Variation – noch einmal und immer wieder vorkommt: Das Normale ist die kalkulierbare Gemächlichkeit des Werdens, welche deinen Tag gerne für die Wiederholung des Gesterns verwendet sieht.

Lokalnormal

Was hier Normal ist, ist anderen normalen Ortes bereits Beleidigung und schlimmster Affront gegen alles, was da heilig zu nennen ist.

Tagesablauf

Man verbringt den Großteil seiner Zeit mit dem Normalsein – drum sollten wir lieber dreimal prüfen, was wir zu unserer Normalität werden lassen. Niemals soll die Normalität Begründung deines Handelns sein, sondern dein tägliches Handeln die Begründung deiner Normalität.

- Wahre Macht über die Normalität wäre auch wahre Macht über die Realität – letztlich ist nur das Normale und Normalgesprochene von längerfristigem Bestand, das Auftreten der Ausnahme bloß ein flüchtiges Aufblitzen der Wirklichkeit.

Herzblut

Einen Gedanken intellektuell abgetastet und ihn abstrakt begriffen zu haben ist die eine Sache. Nun den Gedanken aber in seiner ganzen Tiefe und Zündkraft verstehen zu wollen, wegen ihm zu lachen, zu schreien, zu weinen, zu zittern – vor

Angst wie vor Extase – hierauf kommt es doch an, will man wissen, wie lebenswert ein Gedanke denn nun ist. Halte dein Denken nah an deinem Blut, den Gedanken nah am Herzen.

Kleine Erwägung
Es könnte durchaus so sein, dass das kreative Potential des Welteninnersten von unerschöpflicher Kapazität ist, dass aus dem Gegebenen eine unendliche Zahl an Neukombinationen möglich ist, dass der Rahmen des für uns möglichen also nur durch die Bestimmungen und Limitierungen unserer individuellen Vergangenheiten abgesteckt ist.

Zugpferde der Wirklichkeit
Es ist nicht wichtig, ob das naiv-noble Ziel des Weltfriedens tatsächlich und jemals erreichbar ist – das bloße Vorhandensein dieser großen Verheißung einer großen Zukunft des Friedens hat einen nicht zu unterschätzenden Einfluss auf den Verlauf unserer Wirklichkeit. Die großen Ideen sind das Korrektivum des Wirklichkeitsverlaufes, indem sie mehr und mehr Realität für ihre Sache gewinnen, ohne jedoch jemals völlig-real zu werden.

An den Weltverbesserer
Was, wenn so mancher Mensch noch in der tiefsten seiner Schicht keine Andere Möglichkeit als die seines Unterganges birgt? Was, wenn es dem Gros der Menschheit so ergeht? Woher der Glaube, jeder Mensch beherberge in seinem Inneren ein verschüttetes Paradies, das sich – genug Einsicht und Mühe vorausgesetzt – hervorkehren ließe? Vielleicht wäre hier jedes Korrigieren des Kurses bloß eine Verzögerung eines unvermeidlichen Scheiterns, ein verblendetes Leugnen der eigentlichen und bestimmten Realität?

Unser Suchen und Finden
Was man nicht-hat und braucht, das holt man sich. Was wir nicht sind, aber sein wollen: Das brauchen wir. Hierfür atmen

wir, hier lohnt sich Leben, hier hat das Sterben einen Sinn. Unsere Liebe: Vollständigkeit. Gewissheit. Endlich. Ende.

Alles zu seiner Zeit
Manchmal ist Logik schon aus reiner Höflichkeit völlig unangebracht, fast schon unnötig grausam.

Verfügung
Durch das Weil gewinnt man das Recht-für eine Sache – die offizielle und anerkannte Erlaubnis zur Durchführung. Man übersieht leider häufig, dass das, was durchgeführt werden soll, vielleicht ein großes Unrecht ist. Etwas, was Recht hat, muss noch lange nicht rechtens sein.

Ich schlag die Welt zu Trümmern
Da wir niemals die Welt betrachten, sondern uns nur das eigene Verhältnis zu ihr vergegenwärtigen können, sollte man, wenn man die Welt mal wieder allzu satt hat, einfach sich selbst verändern, um eine völlig neue Welt zu erleben: Die Beschaffenheit des Spiegels hat maßgeblichen Einfluss auf die Beschaffenheit des reflektierten Bildes.

Darsteller
Mancher bleibt ein Leben lang Spiegel, verurteilt, die gleiche Farbe zu haben, die ihm die Umgebung befiehlt. Mancher Lebenskünstler schafft es jedoch Farbe und Licht zu sein – heller zu strahlen als die Wirklichkeit der Situation.

Nummer sicher
Jedes Gestern versucht sich nochmals im Heute zu verwirklichen – wir verwenden einen Großteil unserer Energie darauf, das Heute zum Gestern zu machen. Schließlich ist uns die Vergangenheit so viel vertrauter als dieses flüchtige jetzt – oder gar dieses ominöse Morgen!

VIP

In einer Welt von solch aggressiver Wichtigkeit wie der unseren, ist jeder nur genau so viel wert, wie ihm abgenommen wird.

Werteverfall

- Es ist schon traurig: Nach langem Kampf gegen das strenge Joch seiner kleinen Moral, nutzt der Mensch seine neuerliche Freiheit bloß dazu, herauszustellen, dass er sich besser niemals von seiner kleinen Moral hätte trennen sollen.
- Man legt also den Deckmantel der Moral über die vorhandenen Armseligkeiten des menschlichen Geschlechts, um sich um eben diese Armseligkeit nicht mehr kümmern zu müssen.
- Die Notwendigkeit einer Moral ist immer eine *traurige* Notwendigkeit – und keinesfalls ein Argument für die Moral!
- Noch bevor man den Menschen in die Freiheit entlässt, gilt es ihm das *Freisein beizubringen*.

Das Ganze

Vieles Unerklärliche resultiert aus unserer sequentiellen Wahrnehmung: Jede Zukunft erklärt ihre gesamte Vergangenheit. Unser fehlendes Wissen über die Zukunft lässt das Gegenwärtige erst so unergründlich scheinen.

Don´t!

Das Bewusstsein hat eine durchweg verneinende Funktion: Es kann nur über die Vorschläge des Selbst entscheiden und sie um Zweifelsfall zensieren, niemals jedoch selbst der Initiator einer Handlung sein.

Etwas drittes

Eine Dualität aufzuheben bedeutet nicht den einen Teil zugunsten des anderen aufzugeben.

Kleines Paradoxon

Der Materialismus? Eine ganz hervorragende *Idee*!

Ideenloses Ideal

An der Alltagswelt des Durchschnitts ist nicht viel mehr materiell und unzweifelhaft-real, als der Boden, auf dem sich diese leidige Wiederholung des Gestrigen abspielt: Die Menschenwelt ist fast ausschließlich idealer Natur. Umso verwunderter sollte man sein, mit welcher Ideenlosigkeit man solch eine rein ideelle Welt bestreiten kann.

Harte Schale – ohne Kern

Schwäche zeigen – eine Blöße, die sich kein Ego gerne zumutet. Lieber noch alle verbleibende Kraft auf das Vortäuschen von Stärke aufwenden, lieber alle entbehrliche Substanz vom Kern auf die Fassade verlagern. Doch jede Schwäche gehört zunächst einmal eingesehen und gestanden, bevor etwas an diesem Missstand geändert werden kann – ich sah bereits zu viele dieser starken Täuschungen, dieser leeren Kunstwerke – und bin ihres hohlen Klanges überdrüssig.

Wie es kam

In jedem Universum hätten die Menschen ihre ganz eigene, eigentümliche Geschichte über ihr vermutliches Zustandekommen zu erzählen, und alle wären sie erstaunt, dass es – von den vermeintlichen, dunklen Anfangen der Existenz hochgerechnet – ausgerechnet so und nicht anders gekommen ist, wie unwahrscheinlich und unglaublich die Kausalität der Geschehenisse doch war. Jede mögliche Welt hätte an der ureigenen Komödie ihrer Existenz etwas zum Lachen und Staunen.

Alles Idioten!

Wiederholung ist Sein – und eine nur oft genug wiederholte Lüge wird irgendwann Realität. Und so erzählen wir uns tagein tagaus unsere Geschichte, bis sie endlich kräftig genug ist, dass noch wir selbst sie mit bestem Gewissen glauben können.

- Viele Schizophrene bellen sich selbst Vergewisserungen der eigenen Realität zu: Sie überzeugen sich zum Beispiel nur allzu gern – und gerne auch immer wieder – von der Schlechtigkeit »der Anderen«, diesen »Arschlöchern«.

Fusion
Die Wiederholung kann aus dem Werden ein Sein machen. Normalität ist das, was sich wiederholt.

Allein dadurch, dass er denkt
Eine zur Genüge ausdifferenzierte Physik ist eine recht eindeutige Angelegenheit: Sie kennt stets nur ein zulässiges Ergebnis. Dies einmal gesetzt, heißt alles »Mögliche«, das jenseits dieser bestimmten Bahn liegt, bloß noch das *Denkbare*. Erst durch die geistige Vorwegnahme einer zukünftigen Möglichkeit wird diese auch *tatsächlich möglich* – man muss den sturen Lauf der Dinge durch Taten, durch *Verwirklichungen*, zu diesen geistigen Szenarien *erst überreden*, sie ihm schmackhaft und wert machen, damit sie nicht vom Rad des Seins unbemerkt überfahren werden.

Andere Worte
»Eigentlich« – das heißt »rational betrachtet« – und garnichts außerdem!

Beschaffenheit des Spiegels
Einst verliebte sich der Mensch in das Objektive und setzte es mit der Ansicht der Menschensumme gleich – wir vergessen, dass alles Betrachtete stets auf die Farbgebung der Launen und Zustände des *einzelnen Betrachters angewiesen* ist. Das Auge der Vielheit ist blind, alles von ihm Geschaute unsichtbar.

Anmaßung
Ich bin vielen Menschen ein Dorn im Auge. Ich bin vielen eine Erinnerung, dass es mehr gibt, als sie meinen müssen.

Ungehemmt
Es gibt viele, viele Situationen, in denen darf man einfach nicht betrunken sein – und es gibt genau so viele Situationen,

in denen man eigentlich mit der vernichtenden Enthemmung des Trunkenen sprechen sollte.

Ganz und gar
Jeder Mensch birgt in sich das Potential zu großer Schönheit – und keiner davon ist verlegen genug, diese Schönheit mit Tat und Wort ins Hässliche zu verkehren.

Charme
Jedes Ding und jeder Ort birgt sowohl große Schönheit als auch große Hässlichkeit – die Laune der Seele allein bestimmt über die mögliche Verfassung der Erscheinung – jede Kindesmutter wüsste ein Liedchen – und noch hundert weitere Liedchen! - von dieser kleinen Wahrheit zu singen.

Bescheidenheit der Oberfläche
Manchmal kleiden sich die kompliziertesten Zusammenhänge in die unscheinbarste Folge der schlichtesten Worte.

Dein Verdienst
Du bist geblieben – für eine Weile. Und du wusstest was und wo ich meinte.

Langsam und heftig
Schnelle Musik packt dich schneller und leichter als die langsameren Töne – doch haben diese Langsamen, diese Genuss- und Leidvollen, dich einmal überzeugt, dann haben sie das auch richtig und ruhig noch für eine ganze Weile.

RaumRaum
Jede Bewegung durch den Raum bezieht Ihre Kraft auf Kosten der zur Verfügung stehenden Zeit: Die Zeit ist eine kosmische Wiederverwertung des Raumes. Sie schenkt uns neben unserem *Wo* auch ein *Wohin,* ermöglicht neben dem *Hier* auch ein *Dort.*

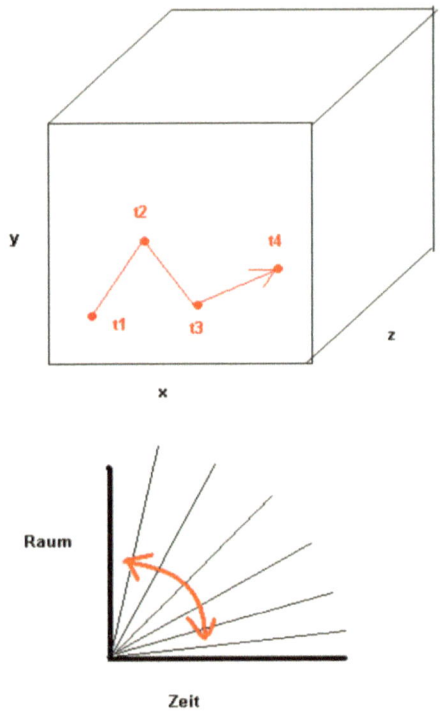

Der selbstbedingende Würfel
Ein 4 Dimensionaler Würfel trinkt seine eigenen Möglichkeiten aus.

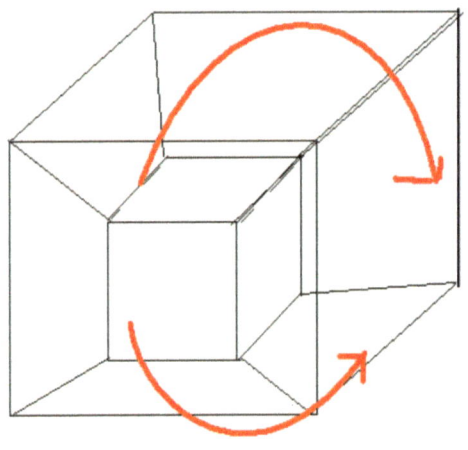

Hässliche Enten

Mancher führt mit jedem Wort und mit jedem Gedanken einen inneren Krieg mit dem eigenen Zweifel, sodass er sich, sich selbst stets unterdrückend – und so einen anderen Teil *als den Unterdrücker* stets erhebend – an sich selbst in Höhen hinauf zieht, in denen er all die anderen – und damit allen Anlass zum Zweifeln – schon längst überwunden hat. Indem sein Ideal ihn sich selbst verachten und relativieren lehrte, wurde er sich selbst zur Stufe, zog er sich schließlich selbst zur eigenen Höhe empor.

Ungenug

Deine größten Schwächen könnten einmal deine größten Stärken sein – geben sie dir doch stets Anlass, an dir zu arbeiten.

Unbeirrt

»Mehr-werden« - das heißt: Vollständiger-werden. Doch meist wird ein Mensch nicht vollständiger, sondern bleibt gleich oder wird anders.

Sowieso

Normalität: Die Fantasiewelt der Einfallslosen.

Verbrauchsgut

Eine der folgenschwereren Verirrungen des menschlichen Geistes ließ das Gute zu dem verlangten Dauerzustand, zur Pflicht und gefälligen Normalität werden, woraufhin dieses seine wohltuende und stärkende Kraft einbüßte. Das immer wieder durchbrechende Böse jedoch erscheint stets in aller unheilvollen Frische und Größe vor den unvorbereiteten Augen der Immerguten, die – in Ermangelung eines ausgleichenden Gegengewichtes – sich mit nichts anderem als Unzufriedenheit, Schuldgefühlen und Selbstverachtung zu helfen wissen.

Kompensation

Der Ungläubige findet nur selten in seinen frohen Stunden zu Gott – der Glaube an seine Existenz fruchtet in Stunden von Entbehrung, Leid und im widerlichsten Falle Furcht.

Innerer Schweinehund

Die mittlerweile andauernde Herrschaft der Vernunft über die Intention ließ letztere mit den Jahren verdorren, den Menschen ihr gegenüber misstrauisch und undankbar werden. Und er tut gut daran, seinem kranken Bauchgefühl nicht mehr zu trauen und sich in seine linke Gehirnhälfte zu flüchten – schließlich trifft nur die gesunde Intention auch eine gesunde Entscheidung, schließlich bedeutet eine kranke Intention *überhaupt keine Intention*. Statt die Intention zu verschmähen gilt es nun für uns unser intuitives Vermögen *neu zu lernen*.

Zweite Wahrheit

Jeder Gedanke hat sich, neben seiner vermeintlichen Richtigkeit, einem zweiten Wahrheitskriterium zu stellen: Nämlich seiner Bedeutung für uns als Person, seiner Fähigkeit, etwas in uns zu bewirken und also *wirklich zu werden*. Jeder Gedanke ist nur in seiner Fähigkeit zur Veränderung ein wirklicher Gedanke.

Charisma

Manch Sprachkünstler des Alltags tut nicht viel mehr, als die paar Versatzstücke seiner Sprache überraschend und nicht zu häufig wiederholt aneinander zu reihen.

Grundlos frei

Ein Buch schreiben – ja, sicher doch! Aber warum, wozu, zu welchem Zweck und im Dienste welcher Intention? Ich will nichts herausstellen, beweisen, keine Stimmen und ihr Für und Wider hören müssen – ich schreibe eben um des Schreibens willen, freue mich über das Wachsen und Werden meiner Schrift, prüfe selbst noch ihre genaue Wirkung auf Geist

und Magen, erwarte voll Spannung das Ende und erhoffe die
große Pointe, das Ergebnis, den Schluss. Diese Selbstgenüg-
samkeit macht dieses Machwerk durchaus zur Kunst, macht
mich, den Macher, durchaus zum Künstler.

Ausgesuchter Schrecken
»Fürchten kann man nur, was man auch kennt.«

- Ist es nicht eher so, dass sich der Mensch lieber vor etwas
  Bekanntem fürchtet, als vor etwas Unbekanntem? Der
  Nacht und der Finsternis lieber noch eine Dämonenfratze
  schenkt, als nicht zu wissen, welches gesichtslose Grauen
  hinter dem Schleier seiner kleinen Realität auf ihn wartet?

Auge für das Schöne
Es gibt Menschen, die sind schön. Und es gibt Menschen, die
wollen dich zu ihrer Schönheit überreden.

Nichts Erhabenes
Noch der Ekel vor dem Menschen und seiner Alltäglichkeit ist
ein rein menschliches und allzumenschliches Phänomen –
durchaus erlaubt, aber unnötig und langfristig einfach viel zu
unangenehm.

Selbstgewöhnung
Die Tugend macht das naturgegeben Unwahrscheinliche zum
Wahrscheinlichsten, sie schafft eine operative Basis für den
nunmehr vermutlichen Lauf der Wirklichkeit, ist ein wichtiges Werkzeug, aus dem bloß-Gewordenen etwas Geschaffenes
zu machen.

Ideal Lineal
Jeder tatsächliche Versuch einer geraden Linie ist eigentlich,
mit hinreichend mikroskopischem Blick betrachtet, eine Summe von Einzelbestrebungen, die einzig durch die Idealvorstellung der Linie annähernd auf einer solchen gehalten werden:

Linie

Linie - in mikroskopischer Betrachtung

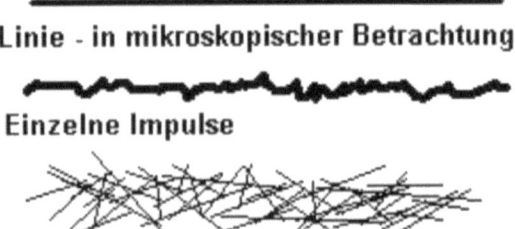

Einzelne Impulse

Schon das kleinste Zittern der den Stift führenden Hand, die atomarste Unebenheit des verwendeten Lineals, des darstellenden Pixels, verrät die *wesentlich chaotische* Beschaffenheit der einzelnen Impulse, aus denen sich jede reale Gerade zusammen setzt.

Aus der Tiefe

Häufig wird uns die Lösung eines zuvor in Worten formulierten Problems in Form eines Bildes geschenkt – tatsächlich verhält es sich mit den tiefsten Einsichten so. Erst der abstrakt-sprachliche Kontext schafft dem Bild einen Sinn, erst der bildhafte Unterbau den Worten eine Bedeutung.

Keinen Schritt weiter!

»Warum gibt es die Welt?« - eine durchaus erlaubte Frage. »Weil Gott sie erschaffen hat!« - eine überaus gängige Antwort. »Warum gibt es Gott?« ist zunächst und naiv genug betrachtet eine absolut gleichwertige Frage, doch *gehört es sich einfach nicht* sie zu stellen. Freilich handelt es sich hierbei um ein recht billiges Mittel, die Kausalität durch ein Verbot zu kappen, doch unzweifelhaft auch um ein sehr effektives, das der Menschheit bereits viele Jahrtausende des Nachdenkens erspart hat.

Umgekehrt

Die Welt ist keine Folge einer wundersamen, tieferen Metaphysik, sondern die wundersame, tiefe Möglichkeit, sich selbst mit einer Metaphysik zu schmücken.

Wegsperren!

Auch nach bloß einem Mord ist immerhin schon ein Mensch tot und der Täter für immer ein Mörder. Sollte man demnach einen Menschen nur gemäß seines niedrigsten Augenblickes bewerten und ihn sogar nach diesem Benennen? All die Lügner, Heuchler, Schwätzer, Betrüger, Verbrecher – tragen sie ihre Namen zu allen Zeiten mit Recht?

Vermutung

Ohne die Materie ergibt eine Identität überhaupt keinen Sinn.

Geschäftigkeit

Man redet, um ja nichts sagen zu müssen, beschäftigt sich, um bloß nichts zu tun – jeder summt sein kleines, dummes Liedchen, um dem gefürchteten Gedanken keinen Raum zu lassen. Das ist des Menschen Alltag und Bestreben: Ein stetes von dort nach dort, ohne je, ohne *endlich* im hier zu sein. Niemand sieht sich, keiner zeigt sich, jeder zeichnet dir die billige Karikatur seiner Selbst.

Lärm und Leere

Die Sprache nutzen, um einem Gedanken Gestalt zu verleihen: Tätigkeit, Schöpfung. Sprechen, um dem Gedanken auszuweichen, der Langeweile der inneren Leere zu entkommen: Beschäftigung.

Kontingenz

So nebensächlich, so oft gesehen und eben so häufig missachtet, hatte es plötzlich – einem Schlüssel nicht unähnlich – die richtige Form, eine neue Pforte zu einem noch ganz unerforschten Bereich der Seele zu öffnen. Plötzlich ist alles Metapher, ist Flüstern und Wink, ein Deuten und Hinweisen der Welt auf dein Innerstes Wesen. Plötzlich sieht man die wesentliche Gleichheit in allem, durchschaut jede Trennung als Entfernung, jede Entfernung als nichtig.

Abgestürzt

Nur dem Kreativen sind die Episoden der Ideenlosigkeit eine Qual – jede Fähigkeit ist erst Freude, dann Aufgabe und schließlich Last, Kreuz und Schicksal.

Schuldfrage

Die hektische Kurzsichtigkeit unseres Auges findet den Schuldigen nur allzu gern in der Nähe des letzten Gliedes einer verursachenden Kette: Jedes Fass läuft wegen dem letzten Tropfen über. Doch jedes vorherige Glied einer Kette lässt das letzte Glied erst das letzte sein, jeder einzelne Tropfen arbeitet auf das schließliche Überlaufen hin. Schuld ist kausale Verantwortung – und jede Kausalität unendlich. Der Auslöser, der *Grund*, lässt sich, den nötigen bösen Willen vorausgesetzt, an jeder beliebigen Stelle finden.

B-Promis

Jede Nachricht beinhaltet noch eine zweite Ebene der Information: Nicht nur wird einem gesagt, was der Moment gerade an Wissenswertem bereithält, sondern auch, welcherart Informationen überhaupt erst wissenswert sind. Der Geschmack des Zuhörers wird durch die tägliche Nahrung aus Reizen, Bildern und Farben geformt und konditioniert, sein Hunger auf Neues gleichsam vorherbestimmt und berechenbar gemacht. Man braucht keine Genießer, sondern Konsumenten.

Flüsse und Ufer

Philosophie und Philosophie – zweimal ausgesprochen umschreibt dieses Wort doch nicht zweimal das gleiche. Es gibt eine Philosophie des Unterwegs und eine Philosophie des Sitzens: Aufbruch, Wandern, *Fragen* einerseits; Ankommen, Verweilen, *Antworten* andererseits. Viel Unverständnis, Misstrauen und Missgunst entstand durch das gegenseitige Verkennen dieser beiden Arten von Denkern, diesen grundverschiedenen, gleichberechtigten, sich *ergänzenden* Stilen.

Genau genommen

Philosophie ist – philosophisch betrachtet – der reinste Unfug.

Klingt sinnvoll

»Sinn« ist für sich genommen noch kein Argument: Auch Gaskammern haben Sinn gemacht, ohne dadurch auch nur ein Gramm Rechtfertigung gewonnen zu haben. Um über Wert und Unwert eines Sinns entscheiden zu können, gehört zuallererst die Intention des sinnspendenden Urhebers auf ihre Tauglichkeit geprüft.

Alte Gewohnheiten

Einst vertraute der Mensch dem Augenschein und schloss, was er schließen musste: »Die Welt ist eine Scheibe!« - gern lachen wir heute über diese Kurzsichtigkeit des Blickes unserer Vorfahren und können uns ob unseres zwischenzeitlichen Besserwissens mal wieder so richtig überlegen, entwickelt und klug fühlen. Doch auch heute noch halten wir den zeitlichen Weltenlauf für eine Gerade, da wir, ganz den alten Traditionen verpflichtet, die Krümmung hinter dem Horizont nicht sehen – und begehen einen alten Fehler zum zweiten mal.

Tägliches Brot

Was ist die tägliche Geschäftigkeit denn anderes, als das groß angelegte Gemeinschaftsprojekt, selbst in einer Welt des ständigen Werdens für die tägliche Portion Wiederholung – und damit auch für ein gesichertes Morgen – zu sorgen? Jede Gesellschaft ist eine Wiederholungsmaschine, die Reproduktion ihre einzige Aufgabe.

Selbstversuch

Jeder Ausspruch ist auch eine kleine Vergewisserung der eigenen Realität – man liebt all die Kopfnicker und Rechtgeber dieser Welt – sie lehren uns den Glauben an uns selbst.

Gunst der Stunde

Wo der Mensch seine Schwächen hat, da steht die Religion in voller Blüte – ohne Scham, aber voller Rechtfertigung.

Besserer

Man ist dem Bösen böse, da es nicht so gut wie das Gute ist. Gut ist also besser als Böse? Gut ist also guter als Böse? Ein reichlich unfairer Wettbewerb, wenn man mich fragt.

Leere als Chance

Es ist ein Problem und eine Aufgabe unserer Zeit: Der Nihilismus hat alle Argumente der Erkenntnis auf seiner sicheren Seite, kaum ein Fühlen, kaum ein Denken, das nicht irgendwann im Sog seiner schwarzen Leere verschwände. Nein, »das Nichts« lässt sich nicht wegdiskutieren: Es antwortet nur mit noch mehr Nichts. Es sind seine *Konsequenzen*, die als Beweis gegen den Nihilismus stehen, die zeigen, dass er durchaus Einstellung, doch niemals letztgültige Lösung sein darf. Und sollte sich nirgendwo ein Gegenentwurf finden lassen – was macht das schon? Dann lasst uns selbst einen erfinden, selbst zu einer Antwort werden! *Nutzen* wir die Leere, indem wir sie mit Inhalt füllen!

Anderer Blick, gleiche Sache

Fleisch oder Feinstoff, Energie oder Substanz – was immer der Geist ist, als was immer wir ihn einmal erkennen: Er war es schon immer – und nichts hat sich geändert, als unsere Interpretation.

Unterm blauen Himmel

Der Tag überstrahlt die Ewigkeit und umschließt unser Denken mit seinem blauen Horizont. Kein Wunder, dass wir uns als Tagtiere entwickeln mussten - der Alltag verträgt sich nicht mit der Relation zur Unendlichkeit: Dafür ist er viel zu wichtig.

Unter uns

Gut und Böse dienen gleichermaßen der Kanalisierung und Fokussierung der im Menschen mit gleichem Recht und Umfang vorkommenden Triebe, Bestrebungen und Eigenschaften – bloß ist die *jeweilige Richtung* die genau entgegengesetzte: Einmal hin zu mir, meinem Volk, meiner Gemeinde, einmal fort von mir, hin zum Anderen, zum Feind, den Missratenen. Mittels dieses Kunstgriffes der Sichtweise werden sowohl die positiven als auch die destruktiven Eigenschaften nicht bloß erlaubt, sondern gleich auch *nutzbar gemacht* und *gerecht verteilt*. Der Mensch ist auf eine Außenwelt angewiesen, in die er seine Probleme auslagern kann.

- Die Globalisierung schafft hier durch die Abschaffung und Integration des Widerparts das Problem einer fehlenden »Abflussmöglichkeit« der destruktiven Leidenschaften.
- Den einzigen weiterhin möglichen Widerpart stellte hier das Individuum als Gegensatz zum Kollektiv dar.
- Die Vereinheitlichung/Kommunion Aller unter dem christlichen Ideal des Guten führt zu einem Mangel an Widerpart; »böse« Energien können nicht mehr abgeleitet werden und richten sich gegen das Kollektiv selbst.

Mein Eigenwille und mein Ehrgeiz

Bevor ich an etwas glaube, will ich vorher zumindest und leidenschaftlich versucht haben, es zu widerlegen.

Halte ich etwas für offensichtlich falsch, versuche ich ihm noch etwas Gutes abzugewinnen.

Vorsicht mit jedem meiner Worte!

Zur Globalisierung

- Globalisierung: Die Vorstellung einer Menschheit als Superorganismus. Ist solch eine globale Selbstregulation der Menschheit möglich, oder sind wir zur ewigen Zersplitterung der Machtverhältnisse in lokale Größen verdammt?
- Unterschiedliche lokale Voraussetzungen führen zu unterschiedlichen Interessen/Bestrebungen/*Machtverhältnissen*

- Globalisierung als Gleichschaltung der Voraussetzungen?
- Mein erster Gedanke: Voneinander lernen, nicht gleichsein: hierauf kommt es an!
- Sind »globale Gefühle« möglich? Ist »die Menschheit« wirklich für mich als der Einzelne von emotionaler Relevanz? Geht sie mich etwas an?

Vertiefung

Man kann keinen Film zweimal (zwei mal ein mal) sehen, sondern nur *noch einmal*: Ich, als die erfahrende Instanz, bin zwischenzeitlich zwangsläufig – nicht zuletzt durch meine mittlerweilige Kenntnis des Films – zu jemand anderem mit anderen Erfahrungen geworden – und somit zu einer neuen Perspektive gezwungen.

Begriffskausalität

Der Grund ist unser unübertroffenes Mittel, die Kausalität nach unserem Gut- und Rechtdenken zu kappen und in eine neue Bahn zu leiten bzw. eine alte Bahn zu rechtfertigen – und ist damit auch unser wichtigstes Mittel zur Selbstbestimmung und Verwirklichung. Gründe schaffen eine Pseudokausalität, mischen die Karten der Determination neu und schaffen so neue Rahmenbedingungen für neue Zukünfte.

Der »Grund« und seine rechte Hand, das »Weil«, schaffen ein alternatives Kausalitätsszenario, eine von der strengen Determination der Physik losgelöste Alternative des weltlichen Verlaufs.

Einfaches Beispiel dazu:
- Ich habe Hunger → Ich esse etwas
  = Einfache Kausalität
- Ich habe Hunger → Ich verzichte heute aufs Essen, *weil* ich abnehmen möchte.
  = Kappen der Kausalität durch Einführung eines ideellen Grundes (»Schlanksein«).

Die Sprache erschafft den abstrakten Rahmen, in dem Gründe sinnvoll, kräftig und schließlich wirklich werden können.

Selbstbestimmung – Flucht aus der Kausalität

Flucht aus der Kausalität ist – das ist der kausalen Beschaffenheit unseres Wesens geschuldet – nur durch die Schaffung einer Ersatzkausalität aus Gründen, Ideen und Begriffen möglich, welche wir uns durch Wiederholung und Training angewöhnen – einverleiben – können. Diese Ersatzkausalität bietet so manchen Vorteil und manche Gefahr: Sie ist frei wählbar – oder zumindest in der genauen Art ihrer Indoktrination höchst variabel – und somit in ihrer Wirkung unberechenbar und ungewiss.

Sklaven ihrer Herkunft

Etwas, meinetwegen wir alle, das durch die Naturgesetze ermöglicht wurde, muss nicht auch von eben diesen Gesetzen bestimmt und für alle Zukunft determiniert sein.

Abstrakte Ursachen

Ursprünglich mag einmal mit jedem »Grund« eine recht grobe, stoffliche Sache gemeint gewesen sein, doch verselbständigte sich dieser Begriff zwischenzeitlich und erlaubt es nunmehr, ihn mit rein ideeller Substanz zu füllen – ohne hierdurch – und das ist das Erstaunliche – seine kausale Funktion eingebüßt zu haben. So ermöglichte er uns eine Freiheit, die nicht gegen das Kausalitätsprinzip unserer Natur verstößt.

Was man doch gleich wusste

Man lernt nicht, indem man immer nur liest, was einem nach dem Munde redet – derlei Schriften haben sicherlich eine verstärkende, versichernde Wirkung, bedeuten damit jedoch nicht – obgleich es sich zunächst durchaus so anfühlt – eine Erweiterung deines Horizontes.

Etwas in Allem

Erst das Abweichen von der Kausalität macht ein ästhetisches Weltverständnis möglich: Hier liegt die große Möglichkeit zur Schöpfung-im-Gewordenen.

Schopenhauer – gewollter Wille

Ich mag in meinem jetzigen Moment nichts anderes wollen können, als ich eben will, doch kann ich dafür Sorge tragen, *zukünftig* etwas anderes zu wollen, als es mir der Moment vorschreiben wird, kann *aktiv eine Konstitution anstreben*, die mich wie *jetzt bereits gewünscht* handeln lassen wird. Ich kann durch Übung auf einen künftigen Willen hinarbeiten, also zumindest in diesem Umfang willensfrei sein.

Nicht auszumalen

Das Gewissen arbeitet gewissermaßen präventiv: Noch vor seinem schmerzhaften Auftreten manipuliert es dich bereits, steckt die Gedanken und Handlungen ab, die du lieber – tunlichst! – unterlassen solltest.

Raum für Neues

Jede Formulierung bindet ein Gefühl, ein Erlebnis, eine Situation und bezieht hieraus ihre Wirkung, die Kraft der Bedeutung. Doch wo das Wort abgefasst und beständig bleibt, da verblasst zusammen mit der Erinnerung die einstmalige Ursache – der eigentliche Inhalt verkommt zur Ahnung. Doch ist dieses Absterben der Gewissheit auch die Geburt von neuen Möglichkeiten der Interpretation, neuen Ahnungen neuer Sphären – und das Verstreichen der Zeit somit Bewährungsprobe für die Qualität einer Sentenz.

Dunkle Herkunft

Das Irrationale kann, vermutlich aus reinem Mangel an Selbsthinterfragung, Grundloser Grund und Fundament eines vollständig rationalen Gedankengebäudes sein.

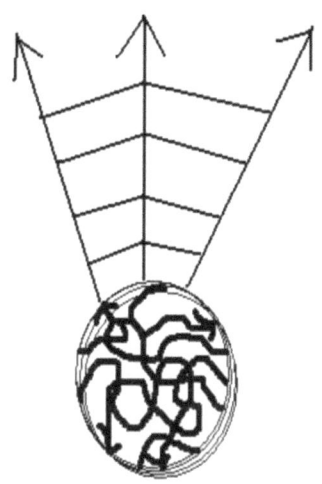

Konsequenz

Man wird die Vergangenheit niemals los, höchstens kann man sie mit einiger ignoranter Arbeit ins Reich des Unbewussten verbannen – und somit getriebener Sklave der ungekannten Antriebe werden.

Fixierte Bewegung

Ich lerne aus Büchern alles nur Erdenkliche, aber eben nicht das, was mir beigebracht *werden soll.* Wirklich sprachlos hinterlassen mich nur die *atmenden Worte,* welche selbst noch wandern, noch leben und eben darum fähig sind zu *be*leben.

Genau überfühlt

Am Anfang und am Ende einer Entscheidung regiert die Emotion.

Ich war einmal...

Um sich selbst einen Namen zu geben, sich in seinem Wesen und Sein zu erkennen und also zu benennen, muss man bereits einmal auf sich herabgesehen, sich selbst einmal überwunden haben. Sich selbst immer wieder neu zu benennen – nicht aus Willkür, sondern aus Vermögen – ist Anzeichen höchster Vitalität und Beweglichkeit, ist Anzeichen einer Entwicklung ins Höhere.

Pfeile

Ein Wort ist – gemessen an dem möglicherweise angerichteten Schaden – viel zu leicht ausgesprochen – eine ungünstig intonierte Buchstabenfolge kann – wenn sie dich auf dem falschen Fuß erwischt – Jahre emotionaler Arbeit zunichte machen.

Dividuum

Hinreichend genau und interessiert betrachtet, ist jedes Ding ein Zusammenschluss der Einzelheiten – selbst das Individuum wird hier seinem Namen nicht gerecht. Dies einmal gesetzt, erkennt man hinter jeder Identität eine beliebig große Summe von Einzel*bestrebungen*, in jeder Linie einer Handlung das Ergebnis der Aufrechnung ungezählter Vektoren.

Vergröberten wir nun unseren kritischen Blick auf dieses chaotische Seelenleben nach und nach, so könnten wir die vielen Bestrebungen, wenn ihre jeweiligen Richtungen sich ähneln, sich verstärken, vielleicht ergänzen, mehr und mehr zusammenfassen, bis sich endlich nur noch zwei riesige Fronten gebildet haben, die einen Krieg um die inneren Ressourcen der Seele führen, sich die Aufmerksamkeit und Energie des Individuums sichern wollen. So finden wir den ewigen Krieg der Dinge noch vereint unter dem Deckmantel des Individuums: Das Gute und Böse, das Eigene und das Andere, Chaos und Ordnung, Ying und Yang, die ewige Rechtfertigung der Dualität.

Beweiskraft

Jeder neu entstandene Trieb, jede Fähigkeit, die sich ein Organismus aneignet, will sich, um die eigene Stellung innerhalb des inneren Miteinanders und Durcheinanders zu behaupten, als der einzig wahre, als der Königsweg schlechthin beweisen. Das muss er tun, um von den anderen schreienden Dämonen überhaupt mit Beachtung bedacht zu werden.

Auch liegt es in der Natur der Triebe, selbst jene Gesetze und Maßstäbe in die Welt zu setzen, nach denen fortan alles andere bemessen wird. So ist der Mensch stolz auf das, was er Bewusstsein nennt, und kann, unter der Prämisse »Bewusstsein tut Not!«, alles um ihn herum herab werten, da es diesen »höchsten aller Zustände« augenscheinlich noch nicht erreicht hat.

Alpträume
Idealisten - das sind jene Kinder, die sich in den wärmenden Schoß ihrer Mutter schmiegen, um ungestört von einer besseren Welt träumen zu können. Und die schreien, man solle sich doch gefälligst um sie kümmern, wenn sie aus ihrem Traum erwachen.

Toleranz
Es bedarf nicht wenig Stärke, um ein anderes Weltbild, ohne es mit den eigenen Ansichten zu vergiften, ganz und gar in sich hinein zutrinken. Es im Kopf wie im Magen jeden Unfug anstellen zu lassen, den es mag. Es schließlich den eigenen Ansichten gegenüber zu stellen, sie sich ergänzen und ausschließen zu lassen, bis sich die eigene Sicht der Dinge verändert und erweitert.

Ja, es braucht viel Kraft und innere Selbstüberzeugung, um die fremde Ansicht anerkennen zu können. Nicht jeder ist stark genug zur Toleranz.

Sinn - haut das hin?
Durch die gesamte Philosophiegeschichte zieht sich eine Frage, die so populär ist, dass sie in so manchem Kopf die erste ins Bewusstsein sprudelnde Assoziation ist, wenn das Wort Philosophie auch nur fällt: die Frage nach dem Sinn, vorzugsweise in der Form des »Sinn des Lebens«. So manches Leben wurde gar erst durch eben diese Frage sinnlos, da, nachdem sie einmal gestellt, keine allgemeingültige Antwort auf sie gefunden wurde. Die Überlegungen schwanken meist irgendwo zwi-

schen »Alles ist absolut sinnlos!« und »Jeder muss dem Leben selbst einen Sinn geben!«.

Wie kann es sein, dass ein unseren Kosmos offensichtlich so durchwaltendes Prinzip wie das des Sinns sich auf allen nur erdenklichen Mist anwenden lässt, und ausgerechnet bei dem wichtigsten, das wir besitzen, unserem Leben, versagt? Noch dazu, wo doch jedes Tier seinen offensichtlichen Platz in diesem so kunstvoll gestrickten ökonomischen System mit dem Namen »Natur« hat, wo der Mensch, sich selbst aufgegeben und planlos, in die Welt geworfen wird. Das einzige uns bekannte Wesen, das keinen natürlichen Sinn und Zweck erfüllt, ist es auch, das nach eben jenem fragt. Und selbst wenn es diesen hätte, vom »objektiven Sinn« wäre man immer noch Lichtjahre entfernt.

Doch was ist überhaupt Sinn?

Ist ein Haus sinnvoll? Natürlich, man kann darin wohnen. Ist Wohnen sinnvoll? Natürlich, man hat es hübsch warm und ist geschützt vor Wind und Wetter. Und das wiederum ist sinnvoll, weil… ! Und denn! Und sowieso!

Diese Kette ließe sich immer weiter führen, bis ihr letztes Glied in genau eine Sache greift: ins Leben! Jedes einzelne Sinnvoll-für, das wir irgendetwas unterstellen, mündet letztlich ins Leben. Das Leben ist der Sinngeber, der eine Maßstab, für den etwas überhaupt von Relevanz sein kann. Sogar unser ganzes wunderbar für-sich funktionierende Universum wäre zuletzt ein sinnleerer Ort, würde es nicht die Gelegenheit bieten, darin zu leben.

Nimmt man also das Leben weg, so verliert das ganze Konzept Sinn seinen Sinn. Folglich kann man es nicht auf das Leben selbst anwenden. Das wäre das falsche Denken, angewandt auf die falsche Sache. Das Leben ist nicht sinnlos, es gehorcht nur nicht diesem Prinzip, dessen Urheber es überhaupt erst ist. Es rechtfertigt sich entweder selbst, oder überhaupt nicht.

Selbstbezug

Viele Paradoxien entstehen durch einen, manchmal sehr geschickt kaschierten, Selbstbezug. Sollte sich ein System auf Teufel komm raus nicht auf den Gegenstand der Betrachtung anwenden lassen, so liegt die Vermutung nahe, dass das Betrachtete *der Urheber* der Betrachtungsmethode war.

Gott lebt!

Ein »Allmächtiges Wesen« wäre das Ewig-Vollkommene, das Ewig-Bleibende und Dauernde. Es wäre die perfekte, sich selbst genügende Ordnung - mit einem Wort: Stasis! Die Beschaffenheit der Welt zeugt davon, dass Gott nicht so ist! Gott scheut nicht den Wandel, Gott lebt!

Abhängigkeit

Jedes Bild, das sich der Mensch von seinem »feinstofflichen Geist« gemacht hat, ist in höchstem Maße von der Materie geprägt. Schon der Begriff Fein*stoff* bürgt für unser Unvermögen, uns einen unabhängig von jeder Manifestation existierenden Geist vorzustellen.

Position im Kosmos

Du kannst dir alles mögliche denken, aber am Ende steht die Frage: Wo *befindest* du dich wirklich?

Das klebrige Zeug

Der Mensch kann gar nicht anders, als immer nur sich selbst in der Welt zu suchen - und zu finden! Welchen Teil der Welt sollen wir schon sehen, als jenen, für den unsere Sinne und unser Verstand eingerichtet, auf den unser Organismus abgestimmt ist?

Die ewige Suche nach sich selbst spiegelt sich im Besonderen im wunderlichen sozialen Durcheinander des alltäglichen Lebens: Durch das tägliche »Guten Morgen!«, »Mahlzeit!«, »Ist das kalt heute!«, »Es regnet!« vermag sich wirklich jeder seiner Realität zu vergewissern. Diese Floskeln und Rituale schaffen eine gemeinsame Sphäre, in der auch der letzte seine unmittelbarste Betroffenheit zum Besten geben kann. Hier weiß man dann: »Ja, dieser Mensch - letztlich ist er wie ich!«.

- Es gibt Gegenden, in denen das Grüßen als Lob und Tadel eingesetzt wird, um seinen Nachbarn in die Sphäre der Nachbarschaft einzuladen, oder ihn allmählich aus ihr zu verdrängen. Wie kann Gemüt und Seelenheil von derartigen Kleinbürgerlichkeiten abhängig sein?

Sinnhunger
Die Gewöhnung an den Sinn, das Wohlgefallen und Bedürfnis an und nach ihm, hat viel gemeinsam mit dem Bedürfnis nach Nahrung: Er hat sich uns als nützlich in die Gene gebrannt; die Gewöhnung ließ ihn schließlich als den Normalzustand erscheinen.

Lebewesen, die keinen »Sinn« im Sinne des sie umgebenden Systems erfüllten, erlitten das gleiche Schicksal wie jene, die sich vor ihrer Nahrung ekelten: Sie starben.

Seelenfokus
Dass der Geist mehr ist als die ihn repräsentierende Materie, das ist überhaupt nicht anzuzweifeln. In moderneren Köpfen wird er ihr gar übergeordnet, da, so zumindest die Quantenspringer, er es letztlich ist, der die Welt aus ihrer unbestimmten Superposition herausholt und ihr sein »Genau-So!« aufzwingt. Es ist wohl letztlich etwas Wahres daran, dass die Welt, wie wir sie kennen, des Geistes bedarf, und dass sie sofort in Nichts und Wohlgefallen zerfiele, würde diese ordnende Instanz des Geistes aus ihr getilgt werden; doch ist es, so scheint es mir, wohl eher der Wunschtraum eitler Köpfe, ihr Haupt auch als den Hauptsitz des Daseins zu wissen. Ihr Verehrer des reinen Subjekts! Gesteht euch doch ein, dass ihr euch hier im Raum der schwammigen Spekulationen befindet - und nirgendwo sonst!

Ameisenhaft

Was weiß die einzelne Ameise schon von den Facetten und Kunstgriffen der kollektiven Intelligenz des ganzen Baus? Und was bringt den einzelnen Menschen zu der Vorstellung, nicht ebenfalls Teil eines höheren Systems zu sein?

Formlos

In welcher Form gedenkt der Gläubige eigentlich dereinst ins Himmelreich aufzusteigen? Nachdem die Ebene des niederen Materiellen überwunden wurde - welchen Sinn macht da noch das Wort Form?

- Sollte es eine reine Form geben, ohne Substanz?
- Der Verlust des Leibes bedeutet den Verlust aller weltlichen Vorstellungen und Gelüste. Was ein böses Erwachen für jene, die sich ein ihnen im Jenseits bereitetes Rudel Jungfrauen erhofften!

Unschuldige Sünde

Unweltsünder - dieses Wort mag vielleicht den Anschein erwecken, man könne sich der Natur gegenüber verschulden, ihr seine Sünde antun. Doch so funktioniert die gute Mutter nicht! Jede »Sünde« an ihr ist zunächst einmal eine Sünde am Menschen. Der Mensch, nicht aus dem ihn umgebenden Kontext herauszulösen, ist es, der in der von ihm umgestalteten Welt zu leben hat. Die Natur hingegen wird sich dessen nicht einmal gewahr - was kümmert sie letztlich der Verlust eines ihrer Planeten!

Unsere Strafe ist, was wir um uns geschaffen haben. -Samsas Traum

Dreifaltigkeit

Es gibt im Leben, wollte man die Wahl auf das Notwendigste reduzieren, drei Optionen:

Möglichst gut zurecht kommen.
- So diene dem Leben!

Aufgeben.
- So sterbe!

Herrschen.
- So sei das Leben!

Lebensweg

Das zunehmende Maß an Entropie, das unserer Zeit die Richtung diktiert, ist zumindest ein kleines Indiz dafür, dass das Chaos den Urzustand des Daseins bedeutet. Alle Ordnung ist immer eine vorläufige, vergehende, geschaffene, zumindest ein Ausnahmefall. Selbst vermeintlich so geordnete Organismen wie der menschliche Körper gehorchen letztlich dem Geheiß der Entropie: Ihr Zerkauen, Verwerten und Zersetzen der aufgenommenen Nährenergie sorgt für eine aufgehende Bilanz zugunsten des Chaotischen.

Die ungewöhnliche Ordnung zu Beginn unseres Universums, jener »Zeitraum« »vor« dem Urknall, ist ein Zustand, der mir bis in den Darm hinein widerstrebt - widerspricht er doch allem, was ich bislang Welt und Heimat nannte.

Was ist der Urknall? Eine extreme Unwahrscheinlichkeit, gemessen am Gesamtpotential, dem perfekten Chaos. Chaos, das heißt bei mir: Die komplette Summe aller ungenutzten Möglichkeiten. Und *eine* dieser Möglichkeiten ist eben auch die Perfekte Ordnung, die Konzentration von allem in einen einzigen Punkt.

Unser ganzes auf Ordnung basierendes Leben *muss* mit all seinem Rechnen und Denken rückwärts durch die Zeit schließlich zu diesem Punkt gelangen, ist doch die Chronologie vom Urknall bis zum Chaos auch die Chronologie unseres eigenen Entstehens und Vergehens.

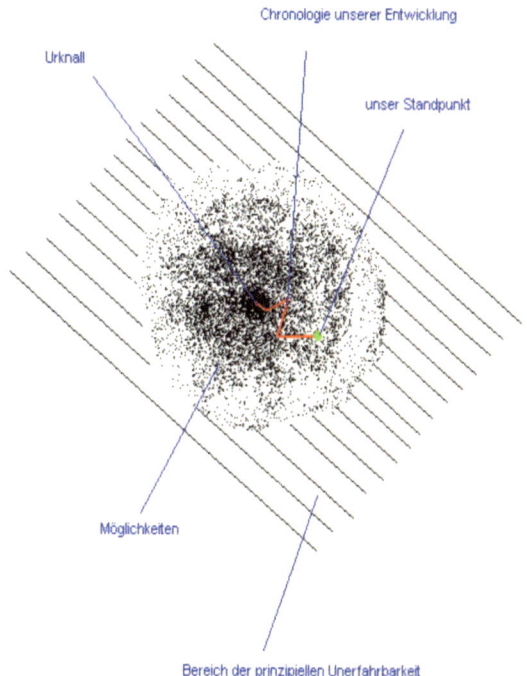

Persona

Man wird von der Last des Einfühlungsvermögens und der Spontanität zu großen Teilen entbunden, wenn man sich möglichst früh auf eine Lebenseinstellung (z. B. während seiner kurzen Zeit beim Bund...) festnagelt, und diesen Charakter konsequent für den Rest seines Lebens ausspielt. Man funktioniert recht reibungslos, beruft sich ausschließlich auf sein kristallines Vermögen - und zwar so lange, bis die Maske von jedem als Person akzeptiert wird.

Bei Menschen, die diese Strategie fahren, wurde alles, was man Persönlichkeit nennen könnte, durch die Maske ersetzt.

Scherz

Das Nichts als einen Gegensatz zum Dasein zu betrachten, das fällt uns Seienden leicht. Man negiere einfach alles, was da ist.

Das Dasein allerdings als Negation des Nichts zu betrachten - das fällt überraschend schwerer.

Man betrachte das Dasein als den Versuch eines Gegensatzes zum Nichts.

Zweite Natur

Es bleibt zu klären, ob der größere Teil der menschlichen Persönlichkeit eine naturgegebene Mitgift ist, die sich nur in geringem Maße ändert, oder ob der Mensch tatsächlich so formbar ist, wie er heute gerne präsentiert wird.

Das komplex- wie verhaltensgestörte Tier Mensch, wie es seine müden Runden in den Städten unserer Länder dreht, lässt auf den ersten Fall schließen: Ein Leben, das gegen seine natürlichen Befähigungen, Bestimmungen und Bedürfnisse geführt wird, führt zu einem zwanghaften Kompensationsverhalten und Minderwertigkeitskomplexen (Schmutzgefühl).

Rational ist Unmoral

Ein, im ursprünglichsten aller Sinne, moralischer Mensch, der meint, es lebe sich gleich nochmal so gut moralisch, wenn man seine Prinzipien rational darzulegen versteht, verstößt mit eben diesem Gedankenschritt gegen seine eigenen Moralvorstellungen: Moral rational herleiten zu wollen ist unmoralisch. Man müsste, zu einer möglichst objektiven Betrachtung, einen außermoralischen Standpunkt einnehmen, was bereits implizierte, dass man nicht zwangsläufig moralisch *sein muss*. Moral ist gottgegeben, mindestens der menschlichen Natur *einfach so* zu eigen: Wer die Menschenrechte rational begründet wissen möchte, der ist kein moralischer Denker mehr.

Wahrheitsgehalt

1. Das Ausmaß geistiger Arbeit, das für ein Ergebnis vonnöten war, bürgt in keinster Weise für einen hohen Grad an

Wahrheit. Derlei Arbeiten sind bewunderns- vielleicht sogar erstrebenswert, doch ist die Schauung einer Wahrheit viel mehr mit dem Wechsel einer Perspektive zu vergleichen, als mit dem akribischen Durcharbeiten der logischen und mathematischen Möglichkeiten. Wahrheiten sind von einfacher Natur. Von so einfacher, dass sie das Misstrauen der kritischeren Köpfe erwecken müssen.

2. Man fühlt sich in seinem Denken bestätigt, wenn eigene Erkenntnisse mit dem Wissen »Der Alten« konform gehen - als sei man letztlich doch noch auf das Fundament gestoßen, jene Weisheit, an der schon die alten Völker teil hatten. Alte Gedanken gewinnen an Seriosität. Sie hüllen sich in einen Mythos der Weisheit und scheinen (*werden*) unantastbar.

Schuldunfähig

»Nicht er hat diese Tat begangen, sondern sein Hirn hat es ihm befohlen.«

Was bringt uns dazu, hier zu differenzieren? Wird durch die Erkenntnis, dass unser Tun durch unsere Gehirnaktivitäten bestimmt wird, der Mensch plötzlich von diesen abgekoppelt? Als sei hier der Handelnde, und dort der widerstrebende Geist? Wer oder was wird plötzlich »unschuldig«, das heißt seiner kausalen Rolle innerhalb des Tatbestandes entbunden, wenn die Willensunfreiheit eines Tages Gesetz werden sollte?

• Geist und Gedanke werden durch das Denken determiniert - wie sonst hätte überhaupt gedacht werden sollen? Bestimmte Taten brauchen bestimmte Konstellationen der Gehirnvorgänge.

Was wollt ihr?

»Es ist mir egal, wenn ich sterbe!« - ist das nicht der Moment der absoluten Unverwundbarkeit?

Funktion

So mancher brüstet sich seiner Jahre langen Erfahrung, als hätte er gleichsam mehr Anteil an der Wahrheit. Dass diese Wahrheit jedoch nur die Wahrheit des Systems ist, dem er Jahre lang gedient hat - dies wird entweder verschwiegen oder garnicht erst registriert.

Scheuklappen

Nein, das Leben ist nicht darauf aus, so zu sein, wie es dir und mir am besten behagt. Doch braucht es nur einen einzigen Moment des Glückes und der Freude, und man muss, um dem Leben kein Unrecht zu tun, es als ganzes gut heißen: Die Durststrecken und schlimmen Folgen, sie sind Vorbereitung und Wirkung der glückseligen Augenblicke.

Verlässlichkeit

Was mancherorts Bewusstsein genannt wird ist eigentlich nur die Verhärtung einer Reihe von Annahmen.

Radikal unfein

Ein radikal unfeiner Gedanke zur Untergrabung aller vorgetäuschten Autorität: »Ihre Scheiße stinkt auch!«

Hintergrundrauschen

Eine Wahrheit: »Das Fernsehen schafft eine global synchronisierte Halluzination.« -Der Spiegel

Es ist reine geistige Faulheit, ein fremdes Weltbild unhinterfragt das eigene zu nennen. Es ist sogar noch Faulheit, *den ganzen Tag dafür zu arbeiten*, sich selbst nicht mit sich selbst auseinander setzen zu müssen. Arbeit macht faul.

Banal genial

Ohne der nächste sein zu wollen, der den Leuten das große »Sei du selbst!« predigt: Ich sehe tatsächlich kaum Arten und Weisen dem Dasein besser zu dienen, als durch das Ausspielen der eigenen Möglichkeit.

Un-Gewöhnlich

Es zeugt von einem sehr speziellen Geist, das Gleiche mehr zu fürchten als das Andere.

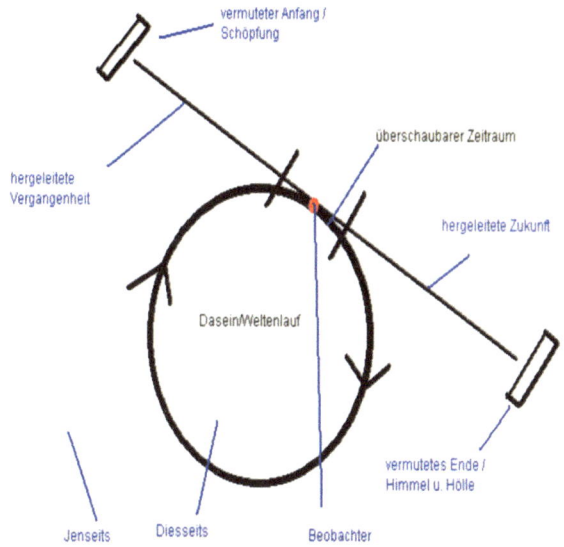

Hassliebe

Ich liebe den Menschen für das, was er sein kann. Ich hasse ihn für das, was er ist.

Firmenmentalität

Wenn eine Einrichtung, ganz gleich welcher Art, sich nur tragen lässt, wenn ihre Insassen eine Einstellung zum Leben zu übernehmen genötigt sind, mit der sie es nur noch mit »dem nötigen Ernst« zu leben imstande sind – hat ihre Daseinsberechtigung verwirkt. Das Prinzip »Leben, um zu arbeiten« ist eine Ausrede, um anderen, privilegierteren Personen ein angenehmes und standesgemäßes Leben zu ermöglichen. Würde die Arbeit wirklich für jedermann der Lebenszweck sein – was für ein unsinniges Unterfangen wäre alles Atmen! Und wie schnell würde *diese* Form der Arbeit abgeschafft sein!

Operation: Kommunikation

1. Manches gedankliche Konzept muss zwangsläufig unverstanden bleiben, wenn versucht wird, es mit der falschen Zunge im Hals zu verstehen.
2. Die Art der eigenen Sprache, ihr Klang und Rhythmus, bestimmt im hohen Maße wie gedacht wird, was höchstens und am wahrscheinlichsten *gedacht werden kann.* Sie definiert den Raum des Denkbaren.

Nützlicher (?) Fehlgriff

Wer die Gefühle anderer als sublimierte und verfeinerte Versuche der Machtübernahme sieht – ist der nicht ein furchtbar einsamer und letztlich trauriger Mensch? Selbst wenn ihm durch diese Sichtweise so manche psychologische Einsicht zuteil wurde?

Massenware Liebe

Die Liebe wurde so lange als etwas so gewöhnliches und zwangsläufiges hingestellt, dass die heutigen Pärchen sie als etwas Selbstverständliches annehmen. So wird das kleinste Bauchkribbeln, oder das egoistischste Besitzen-Wollen gerne mit ihr verwechselt, um die Ausrede eines Gefühles zu besitzen, das die Beziehung rechtfertigt.

Wenn die Liebe als der Normalzustand gilt, dieser aber an sich lieblos ist, so wird das Liebesverständnis an dieses Alltagserleben angepasst – und gleichsam entwertet!

Tagewerk

Das Leben läuft kurz vor dem Tod noch einmal vor dem inneren Auge ab? Wie viele Menschen durften sich also schon fünf Minuten lang einen Fernseher anschauen?

Spiegeltrick

Den Determinismus unterstellt, rechtfertigt die Welt das Wesen des Menschen, das Wesen des Menschen die Welt. Beides sei ein und das Selbe – einmal vor, einmal hinter dem Spiegel.

Anders-Sein

Um anders zu sein, um Nicht-Der-Rest zu sein, braucht es einen freien, einen *eigenen* Willen, der mehr ist als die bloße Konsequenz der Umgebung.

Mittendrin statt nur dabei

Es gibt Philosophien, die sich ihrem Gläubiger gegenüber stellen und ihm unaufhörlich ihr »und *so* ist die Welt!« entgegen schreien, auf dass er sich wieder einmal der eigenen Rolle bewusst werde, die man als Teil des Ganzen bestenfalls zu erfüllen habe. Hier reichen sich Ziel, Zweck und Bestimmung die Hände – und spenden auf diesem Wege Sicherheit und Standfestigkeit. Hier gilt es bloß noch das Bereits-Gedachte zu verstehen, schon ist das metaphysische Bedürfnis gestillt und das Leben kann entsprechend ausgerichtet werden.

Freilich geht es auch anders: Es gibt Philosophen, die den Zuhörer und Leser selbst mit in den Prozess des Philosophierens einzubinden imstande sind; man wird innerlich mit jedem Wort in Bewegung versetzt, auf dass der Geist sich wieder einmal *seines eigenen Unwissens* bewusst werde.

Welche Philosophie für welchen Menschen taugt liegt wesentlich in ihm selbst begründet. Die Frage ist: bist du ein schaffender oder ein akzeptierender Geist?

Vokabularisiert

Die Sprache, ihre Art, Klang und Rhythmus – die gesamte vokabularisierte Mentalität – dürfte zu einem großen Teil bestimmen, welche Gedanken durch die denkbar gemacht werden. In der Art der Sprache könnte eine Begründung liegen, warum manche Konzepte, mit der falschen Zunge im Hals gedacht, nicht verstanden werden können. Durch die Modifikation der Sprache kann das gedankliche Potential ebenso modifiziert werden.

In Kürze
Jede Schrift, die für eine Leserschaft abgefasst wurde, ist nur so viel wert, wie sie in der Lage ist, den Leser in Bewegung zu versetzen.

Brandmarke
Das Böse, Schlechte, Missratene – alles Indikatoren für das Unvermögen mit einer so benannten Sache umgehen zu können.

Die Instanz
Der Trend der Amtssprache geht in Richtung des immer mehr Unpersönlichen. Man hat nicht etwa keinen Arbeitsplatz mehr für dich, den Mitarbeiter, nein, eine ominöse »Personalangelegenheit« – um mal eines der harmloseren Begriffsungeheuer zu nennen – führte zu deiner Entlassung.

Echtheit
Der beste Beweis für die Richtigkeit eines Gedankens ist immer noch der Mensch, in dem der Gedanke zustande kam.

Lehrer
Sich selbst und die eigene Wechselwirkung – was sonst will man lehren?

Opferhaltung
Grad und Art des Selbstbewusstseins äußern sich noch im letzten Muskelzucken deines Körpers.

Unschuld?
Ich kann dir nicht böse sein: Wäre ich du, und zwar ganz und gar, was bliebe mir übrig, als wie du zu handeln?

Altes Eisen
Menschen, die im direkten Vergleich auf dem kognitiven Niveau von Schwachsinnigen anzusiedeln wären, können, allein

durch das Zugreifen auf die eigene Erfahrung, einen ganz normalen Alltag führen – die Maske der ehrbaren Funktionalität also aufrecht halten.

Risse in der Maske
Es gibt Zeiten, in denen die Menschlichkeit dem Menschen mehr als schlecht steht: Nicht jede Maske ist kompatibel mit einem plötzlichen Anfall von Milde, besonders wenn dieses nachdenkliche Aufwachen von einem persönlichen Schicksalsschlag herrührt.

Terraforming
Die vielen kleinen Einflüsse und Gewohnheiten unter Kontrolle zu bekommen ist der erste Schritt, um im Großen wirken zu können. Ein wenig Selbstzucht in seinen Lastern, zwei bis drei konsequent durchgedachte Gedanken pro Tag – und die Lebenslinie kann gar nicht anders, als sich dem Lauf der kleinen Algorithmen anzupassen, die das Leben von Tag zu Tag tragen.

Hirnmemory
Meme – das sind die gedanklichen Netze, geknüpft aus Erfahrungen und Erinnerungen, in denen sich neue Informationen, wenn sie die richtige Form für die Maschen haben, verfangen. Sie verbergen sich hinter Meinungen, Ansichten, Überzeugungen und machen einen Großteil des Selbstverständnisses einer Seele aus.

Drum lerne zu prüfen: Welches Mem soll durch eine Aussage vermittelt, verteidigt, erhalten werden? Der Rest ist nur noch Symptom.

Rache des Armen
Aller Prestige verliert seinen Wert, wenn man die Zahlung von Neid verweigert. Prestige bezieht seine Macht einzig aus der Reaktion.

Was ist ein Affe im Anzug? Ein respektabler Affe?

In der konsequenten Missachtung eines Reizes liegt eine starke Waffe – ist doch das Weltenspiel ein ewiges Ringen um Aufmerksamkeit.

Rollenspiel

Selbst wenn der Schnellschluss eines übergeordneten Sinn des Lebens ein Glückstreffer sein sollte, so sagt dies immer noch nicht, wir müssten unser Leben nach diesem Sinn ausrichten. Unser ganzes planloses Treiben könnte integraler Bestandteil dieses Masterplans sein. Vielleicht würde die endgültige Enthüllung des Hintersinns das ganze Unterfangen Dasein ad absurdum führen.

Philosophie, keine Wahrheit

Philosophie ist keine Wahrheit, schon gar nicht *die* Wahrheit, sie ist das Herausnehmen des Rechtes auf eine eigenständige Existenz.

Wahrheit ist schüchtern

Die Wahrheit in den Fokus zu bekommen – das muss zwangsläufig fehlschlagen. Bedeutet doch schon das Vorhandensein eines Fokus' das Abgespaltensein vom Umfassenden, eben von der Wahrheit.

Wohlfahrt

Vieles Gemeinte und Propagierte will durchaus nicht das Glück des Individuums – was ist dieses schon im Vergleich zur Menschheit! Es geht um das Glück aller, der Masse, dem sich der einzelne zu beugen hat. Die Frage, die offen bleibt, ist, wer diese Masse letztlich *lebt*.

Schizophrenenklugheit

Es ist ein befremdlicher wie erleuchtender Zustand, kein Problem damit zu haben, mit etwas ein Problem zu haben.

Verständnis

Am besten versteht man, was man erwartete: Grundlage der Alltagskommunikation!

Was tun?

Moral ist ein einprogrammierter Verhaltenskodex – nicht nur anderen Menschen gegenüber! Letztlich braucht jedes Verhältnis ein Verhalten. Die Relation verlangt ein Arrangement.

Willkür

Freier Wille – das wäre der von niemandem als einem selbst hervorgerufene Wechsel zwischen den möglichen Erlebensebenen. Der in sich konsistente Weg des Bewusstseins durch ansonsten inaktive Erlebenspositionen.

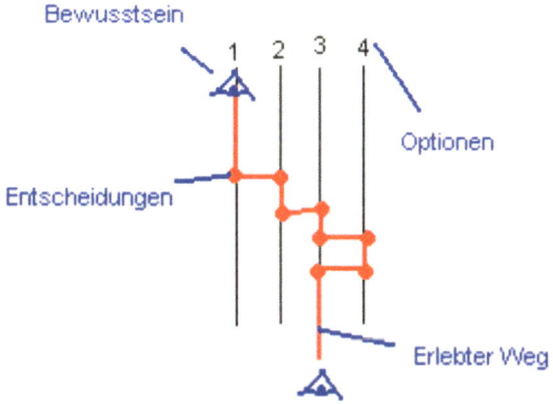

Fluch des Sokrates

Sokrates verkörpert ein Ideal der Philosophie. Er, der alte Fragensteller und Sinnprüfer der antiken Gesellschaft, wollte die Leute zu dem Zugeständnis bewegen, dass sie eigentlich nichts wussten, überhaupt *nichts wissen können*. Er war der Teufel im Ohr, das schlechte Gewissen seines Zeitalters, das den Leuten den Spiegel vorhielt, auf dass sich der Geist wieder einmal aus seinen selbst geschaffenen Gefängnissen befreie und mal wieder kräftig durchatme. Und was wird nicht heute noch alles gewusst! Der Mensch weiß alles! Weiß Gott, weiß Geld, weiß Deutschland, weiß die Welt! Es ist mal wieder an der Zeit, dass sich der Mensch vor seine Ideen stellt und sagt: »Seht her! Was wir nicht alles geschaffen haben!«.

Bauernfänger
Einzigartig sein – hierin liegt keine Kunst. Jeder Mensch ist eine Einzigkeit. Die Schwierigkeit liegt darin, einzigartig zu *werden*, also sich selbst ausnutzen zu können, ohne sich zuvor in den Fischernetzen der Oberfläche zu verfangen.

Sklavenneid
»Allzu frei sein – das gehört sich nicht!« – so spricht der Unfreie mit neidischem Unterton. Neid färbt selbst das Denken grün.

Balance
Da der Mensch seine Ideen braucht, ein allzu unbedingtes Festhalten an ihnen jedoch den Geist gefriert, gibt es immer zwei Arten von Menschen: Die Anhänger der gerade umläufigen Ideen, die Vielen, welche das Fundament darstellen, auf dem alles Wachsen und Werden überhaupt erst stattfinden kann, und die Ankläger, Voraus- und Seitswärtsdenker, die die Vorstellungen der Leute mit aller Lust und Kraft auszuhebeln versuchen.

Diese beiden Einstellungen zum Seienden können nur bedingt in der gleichen Seele existieren, eine Idee verlangt die ungeteilte Überzeugung von ihren Anhängern. Daher fordert der Fortschritt des Weltengeistes geradezu eine Rollenverteilung innerhalb der Menschheit.

Spätfolgen
Es ist eine ironische Konsequenz der Religion, dass das reine Überzeugtsein vom Dasein zum Glauben wurde.

Hin- und weg!

Für den Gläubigen des Ostens ist das Dasein eine fehlerhafte, leidliche Angelegenheit, drum empfiehlt er es sich, wenn überhaupt, nur in kleinen Dosen, bis sich das Individuum schließlich, im besten aller Fälle, ganz auflöst. Der Denker im Dienste Abrahams hingegen betrachtet die Welt zwar als ein Gotteswerk, wünscht sich jedoch in eine stilisierte Anderswelt, in der man die Schöpfung und sich selbst bis in alle Ewigkeit standesgemäß genießen kann. In beiden Fällen lautet die törichte Intention: Bloß weg aus dem Hier-und-Jetzt!

Streberei

Wer das Dasein diffamiert, der unterstellt die Fehlbarkeit Gottes.

Mitte

Diesseits ←→ Jenseits – sind das nicht gleich zwei Vorurteile?

Aufbruch

Wenn das Nichts die Alternative ist – wohlan! Versuchen wir den Gegensatz!

Widerpart?

Es fällt mir positiv auf, dass eine gewisse Sättigung bezüglich abgedroschener Floskeln wie »Mahlzeit!« aufzukommen scheint: Es gibt bereits erste Widerständler, die sich dieser Unkultur verweigern.

Gipfeltreffen

Gibt es im Menschen etwas, das über den eigenen Konstituierungen steht, oder ist tatsächlich noch mehr als der Großteil des Handelns nichts als Symptom, Folge und Resultat? Nimm all dies weg vom Menschen – was bliebe noch übrig? Lauert unter der letzten abgestriffenen Haut der Determination noch der freie Mensch mit seinem Willen?

Gehemmt

Jeder Mensch kann wachsen und lernen. In jedem Menschen gibt es nicht aktivierte Ressourcen, ein Potential, das seiner Entfaltung harrt, in unserer Weltzeit jedoch fast zwangsläufig brach liegen bleiben muss. Für das Individuelle findet sich im Alltag nur selten Zeit, verlangt es doch eine kostspielige und andauernde Pflege, die sich wirtschaftlich erst viel zu spät bemerkbar macht. Jeder Mensch ist ein Stern, der ausglühen muss, noch bevor sein Licht die richtigen Augen erreicht.

Stilecht

Der Schreiber sollte den Stil zu seiner Gottheit machen, nicht die Recht-Schreibung. Stil entsteht aus dem Ekel vor Begriffen.

Gleichstellung

Ein Lob von der falschen Person darf als Tadel aufgefasst werden.

Flugschreiber

Nicht jeder Lerneffekt verpackt sich sofort in einen wohl formulierten Merksatz. Unterbewusstes, Affekt, Gefühl, Ahnung, wie diese dem bewussten Verstand so unzugänglichen Geschwister auch sonst noch heißen mögen, schreiben das Geschehen stets gewissenhaft mit.

Uneins

Nur weil die Quantenmechanik und die Relativitätstheorie *funktionieren* müssen sie nicht Anteil an der selben Wahrheit haben – und könnten deshalb für immer unvereint nebeneinander stehen.

Magenschläue

Etwas Gedachtes, das für alle Situationen als zureichend vollkommen erkannt wurde, kann bestenfalls in den Bereich der Triebe verbannt werden. Was wäre jemals effektiver, als das bestmöglich zu Denkende auf der Stelle zu tun? Hier reichen sich Verstand und Triebkraft die Hände. Intelligenz wird bestenfalls Trieb.

Stufenbau
Die Wissenschaft schafft immerhin *scheinbar-statische* Erkenntnisse, sodass das Forschen in *irgendeine* Richtung möglich wird.

Maß
Um die Größe einer Sache zu bemessen, frage dich: Wieviel musste sich unter ihr als Bedingung vereinen, damit sie zustande kommen konnte?

Blickwinkel
Die Droge lässt einen berechtigten Zweifel gegen den Alltagszustand aufkommen, als ob dieser nur Zustand unter Zuständen sei.

Obdachlose Psychologen
Was du einmal psychologisch erkannt hast, dient dir nie wieder als Lebensraum, es sei denn du bist Meister in der Kunst des Vergessens.

Bedingungslos
»Einige Sufis glauben, es sei segensreicher, sich die arabischen Buchstaben eines Korantextes anzuschauen, auch wenn man kein Arabisch versteht, als eine schlechte Übersetzung zu lesen.«

Diese paar Zeilen inkarnieren alles Verachtenswerte der Religionen.

Redukt
Es gibt im Wesentlichen bei jeder Art der Betrachtung genau *zwei* Perspektiven; diese beschränken sich auf *Drinnen und Draußen*.

Buttersäure
Der Fuß: Auch wenn er stinkt, kann man damit laufen. Man wende diese Formel auf das Leben an.

Ahnung
Mein Tod wird in jedem Falle *unpassend* eintreten.

Pessimistisch
Alles Glück spielt sich im Kopf ab. Alles Glück ist Lüge.

Umgereimt
Zwei Parteien können über eine Sache zum gleichen Urteil gelangt, und doch in Art und Wertigkeit ihrer Meinung grundverschieden sein. So kann ein negatives Urteil sowohl von jemandem stammen, der die beurteilte Sache *überwunden* hat, als auch von jemandem, der ihr Niveau noch nicht einmal erreicht hat.

Vermögen vermögen
Macht lässt machen.

Besserwisser
Der Mensch behauptet schon eine ganze Weile von sich, er wüsste es letztlich besser als die Natur.

Alles doch Nichts
Es ist schon ein Kreuz mit diesem Perspektivismus, der deinen Geist mit so vielen Möglichkeiten füllt, und dir andernorts die Kraft nimmt, auch nur eine dieser Möglichkeiten zu nutzen.

Kehrseite
So viel wie der Verstand erschließt, wird an anderer Stelle von ihm verdeckt – das liegt in seiner Natur! Denn wo er *Recht hat*, da stimmt nichts anderes mehr.

Aus der Kinderseele

Der naive Blick in die Welt ist eine Fähigkeit des Kindes, die sich auch der Erwachsene erhalten sollte. Kinder sind äußerst talentierte Wesen. Doch welche geistige Verirrung die Seele eines Kindes als den Sitz des absolut Guten ansetzte, das wird mir immer schleierhafter. Kinder sind egoistisch, eifersüchtig, rücksichtslos gegenüber den Bedürfnissen anderer. Kinder sind ein sehr unmittelbarer Ausdruck ihres Willens, der sich noch nicht als getrennt vom Ganzen erfährt, und unfähig ist, sich selbst als etwas anderes als den Mittelpunkt der Welt zu sehen.

Ich halte keine dieser Eigenschaften für schlecht, eher für absolut notwendig, doch steht dieses Wesen der Idealvorstellung des »Guten Menschen« konsequent diametral gegenüber. Hätten Kinder nicht die emotionale Macht über ihre Eltern – ja, Gefühle sind in Kinderhänden Werkzeug und Druckmittel -, so würde wohl kein Säugling seinen ersten Monat überleben.

Entschluss

Es *könnte* so sein, dass der menschliche Geist die eine Notwendigkeit zur Schaffung einer Daseins-Option ist. Die Welt nimmt ohne den Unruhestifter Geist den *einen* natürlichen Verlauf.

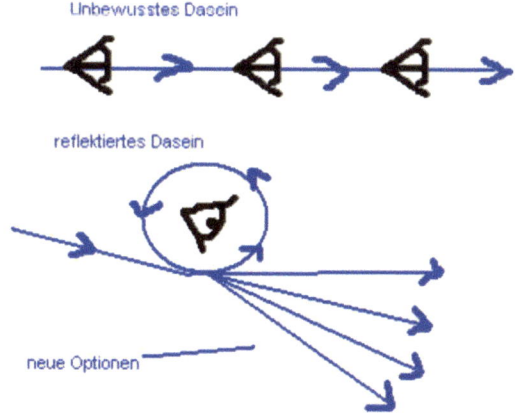

161

Hundebellen

Das Heben der Stimme zählt zu den Wirklich billigen Mitteln, um die eigene Machtposition innerhalb einer Konfrontation zu sichern. Zum Wohlgefallen des eigenen Gefühls den anderen dem psychischen Stress auszusetzen, den ein solcher Ausbruch mit sich bringt, ist ein durch und durch schmarotzerhaftes Verhalten. Zudem: Man grabe sich nur tief genug in die Gründe des Ausbruches, und man wird feststellen, dass die Wurzeln weit außerhalb der vermeintlich ursächlichen Situation liegen.

Sieben mal darum!

Sieben gute Gründe finden sich durchschnittlich als Erklärung für das eigene Handeln. Tiefer zu graben, das achte »Warum?« zu fragen, ist in unserer Welt meist nicht nötig, vielleicht sogar unverschämt. Niemand sieht gerne ein, dass seine Vernunft, unter ihrem ganzen », weil…!« und », denn…!« auf durch und durch tönernen Füßen steht. Sieben Warums! Mehr hält keine noch so rationale Seele aus, bevor der irrationale Kern freigelegt ist. Oftmals dürften, je nach Einfallsreichtum und Kreativität des Befragten, schon weniger reichen.

Wer immer nun meint die genannte Zahl Sieben widerlegen zu müssen, indem er einen achten Grund hervorholt, der hat nichts verstanden, und möge beim nochmaligen Lesen des Textes das obige Wort »Sieben« durch sein »Acht« ersetzen – oder jede andere endliche Zahl!

Rezept

Bisweilen muss der Seele eines Genies ein guter Schuss Dummheit beigegeben sein, damit jene äußerst spezielle Mischung entsteht, die den Ausbruch der Begabung erlaubt.

Selbstportrait

Meine Philosophie wäre die wünschenswerteste, wenn sie nur von einem besser gelaunten Menschen stammen würde.

Schmalz und Pathos
Und nur in deiner Liebe zeigt sich, wer allein du wirklich bist.

Seine Einheit Lust
Im Sammeltrieb finden die langweiligeren Naturen zuverlässig ihren Willen in angenehm kleinen Proportionen befriedigt. Dieses Verhalten lässt sich auf allerlei Menschentreiben ausweiten, zum Beispiel auf das Rauchen.

De-Personalisierung
Bisweilen tritt ein gefährlicher Mangel an fremder Realität auf, der den Patienten ohne *irgendeine Form von* Wirklichkeit zurück lässt. Ohne die Referenz der Alltagsrealität – wie soll noch Art und Weise der eigenen Person bestimmt werden? Wie soll man noch wissen… wer man ist?

Das Selbstgespräch
Jeder kennt diese selbstversunkenen Wirrköpfe, die, sich selbst Befehle und Laute zumurmelnd, durch die Straßen der Innenstädte schlurfen, und einen furchtbar armseligen Eindruck im Gedächtnis zu hinterlassen pflegen: Menschen, die Selbstgespräche führen. Doch ist dies nur eine Ausprägung eines eigentlich nicht zu unterschätzenden Werkzeuges des Selbstformens. Wie jemand, der sich für ein Vorstellungsgespräch oder einen Vortrag vor dem Wohnzimmerspiegel vorbereitet, kann der Selbstbesprechende am Ton und Klang seiner Worte feilen, die Konstruktion seiner Sätze verbessern, sie für den späteren sozialen Gebrauch schleifen und bereiten, gleichsam mehr und mehr Worte vom passiven in den aktiven Wortschatz schaufeln, ja, sein ganzes Verständnis für die eigene Sprache verbessern.

Vielleicht kennt man diesen seltsamen Effekt, dass ein wieder und wieder wiederholtes Wort seine fixierte Begriffhaftigkeit verliert, in seine Einzelteile zerfällt und schließlich in seinem ganzen Wachsen und Werden vor einem liegt. Plötzlich wird einem klar, warum das Wort so aufgebaut ist, wie es aufgebaut ist. Plötzlich hat man das Wort – verstanden?

Ökonomie

Obgleich sich zwei Mannschaften auf dem Spielfeld als Kontrahenten gegenüberstehen, sind sie doch beide Teil des gleichen Spieles. Die Unverträglichkeit zweier oder mehrerer Prinzipien bürgt nicht für eine wesentliche Verschiedenheit!

Grausamkeit

Ein Dasein ohne den Menschen wäre unmenschlich, aber vorhanden.

Sozialer Schritt

Gut! Du hast die Vergangenheit als Bedingung zu deiner Entstehung erkannt! Das ist schon ein ganzer Schritt. Doch nun wird es Zeit dich zu fragen, für welche Zukunft *du* die Bedingung sein darfst.

Globale Humanität

Dass der Einzelne sich seiner Selbst bewusst werde – das ist schon ein ganzes Stück Arbeit! Dass die Menschheit als ganzes sich ihrer bewusst werde und die Zügel der eigenen Entwicklung in die Hand nehme – reine Utopie!

Monopole

Geistige Größen sollten eigentlich auch für einen geistigen Fortschritt bürgen, wirken aber mitunter so autoritär und einschüchternd, dass vieles erkennende Potential vor lauter Scham verkümmert, sich gar nicht erst zu entfalten traut.

Schönheit

Ich könnte Stunden lang in dein Gesicht schauen, und wüsste dennoch von neuer Schönheit zu berichten.

Schwärmer, wahrer

Ich freue mich auf den Tag, an dem das Ideal in meinem Kopf anfängt zu bröckeln, und ich dich in deiner wahren Schönheit erblicken kann.

Selbstzucht

Die Gefahr des paranoiden Denkens ist nicht die Ahnung von abstrusen Möglichkeiten, sondern die fanatische Überzeugung von deren Wahrheit. Alles ahnen, nichts meinen!

Das Zahlenwesen

So lange es nur eines gibt, das große Ganze, ohne dass es schon in seine Vielheiten und Einzelteile zerfallen ist, macht es überhaupt keinen Sinn, weiter zu zählen als bis zur Eins. Doch ist dieses Denken an die große Eins dann noch keines an eine Zahl, sondern schlicht an das, was da-ist. Dahingehend darf man nicht behaupten, zur Erfassung der »großen Einheit« müsse ein Zahlenverständnis vorhanden sein, eher im Gegenteil ist es so, dass die Welt erst in ihre Einzelteile zerrissen werden muss, damit die Dinge (ab-)zählbar werden. Dann erst habe ich drei davon, aber sieben davon und so weiter und so fort.

Soll heißen: Das Wesen der Zahlen ist eben die Aufspaltung der Dinge in viele Einzelheiten, nicht etwa das Zusammenfassen zu etwas Großem.

Körperwelten

Das gesamte Phänomen »Perspektive« ist eine körpergebundene Angelegenheit. Ohne den Fokus des Körpers keine Relation, keine Relation zu garnichts. Man ist Nicht-Mehr-Anders als der Rest.

Philosophendienst

Es gibt im menschlichen Kopf eine geistige Hürde, die, nachdem sie einmal überwunden, jeden Weg zurück zu den alten Ansichten verschüttet. Auf jeden wehmütigen Blick zurück folgt dann ein schlechtes Gewissen, das einen erinnert: Alles Anschließen bedeutet immer auch ein Aufgeben.

Welt der Schlauköpfe

Intelligenz ist immer von ihrem Kontext abhängig – was wäre im luftleeren Raum schon intelligent? – und schließlich wurde *der Mensch von ihr abhängig*, nachdem er so viel von ihr in die Welt trug, *seine Welt nach ihr formte.*

Die eigene Haut

Das Selbstbewusstsein, auch und gerade im Sinne des Selbstwertes, ist im Wesentlichen das Gefühl, das man von sich selbst hat. Die abstrakte Meinung, das Denken von sich, das Für und Wider der eigenen Person, sind bloß die Anhängsel, die sich um dieses Empfinden versammeln.

Verwässerung

Über die wahre Natur der Gefühle zu sprechen fällt unter anderem deshalb so schwer, weil wir sie nur beobachten können, wie sie in Mensch und Tier (Tier und Tier) auftreten, wenn sie also schon durch eine Unzahl von Vorbedingungen gefiltert und zerechtgestutzt wurden. Niemals kann man also von den Gefühlen an sich sprechen, sondern nur vom Menschengefühl. Genauer: vom eigenen Gefühl.

Verdrehte Wahrheit

Der weitaus größere Teil der Menschen zählt sich selbst zu der ordnungsliebenden Sorte. Wäre es nicht ironisch, wenn es die auszeichnendere Fähigkeit wäre, das Chaos *auszuhalten*, als eine Ordnung zu schaffen?

Festgenagelt

Es erleichtert das Leben um ein Vielfaches, wenn man das, was man ist, benennen kann. Drum können viele es scheinbar gar nicht abwarten, sich möglichst früh einen wohl definierten, von aller Allgemeinheit akzeptierten Namen zu geben.

Heimatlos

Wer sein Lob und seinen Tadel über eine Sache ausspricht, und dabei ehrlich, ernsthaft und ernstzunehmend sprechen möchte, der darf mit keiner Faser seines Seins ein Vertreter dieser Sache sein. Welcher Parteimann bewahrt sich schon die für ein Urteil nötige Unschuld gegenüber seiner Partei?

Tiefe Brunnen

Kreativität? Im Wesentlichen die Fähigkeit, aus dem Chaos zu schöpfen, es kurzzeitig in starre Formen gießen zu können. Ein Wille zur Ordnung gegenüber dem Chaos.

Spielregeln

Alles Beobachten, Urteilen, Werten ist immer auch – notwendigerweise! - Unterstellung.

Begegnung

Sei nicht misstrauisch gegen das spontane (!) Gefühl von Sympathie gegenüber eines Fremden! Die angestaute Weisheit von Jahrtausenden des Wertens und der Selektion spricht aus dem überfallartigen Verlieben in eine Person. Das ist die wahre Verwandtschaft zweier Seelen: Zwei Schicksalsfäden, die seit Urzeiten ineinander verschlungen sind.

Feiner Unterschied

Das Drogenopfer meint die Welt im Rausch klarer und wirklicher zu sehen, der Drogenbenutzer schaut einfach nur *wie* sie ihm im Rausch erscheint.

Muscheln

Alles, was dich umgibt, fließt immer auch zu Teilen in dich hinein. Drum lerne zu wählen, umzudeuten, dich im richtigen Moment zu öffnen und zu verschließen. Sei wie die Muschel, die die Perle in ihrem Inneren nicht jedem zeigt, sondern rechtzeitig den Panzer schließt.

So sei es!

Es ist eine Wahrheit zu sagen, ich erschaffe die Realität. Eine Lüge wäre es zu behaupten, ich erschaffe die Welt *bewusst*. Das Ich ist ein sehr viel weiter zu fassender Begriff, als es unser Bisschen Bewusstheit vermuten lässt.

Drüsenfunktion

In der Liebe liegt eine tiefe Wahrheit verborgen: Durch sie können wir zumindest die Ahnung erspüren, das Dasein sei in seinem Wesen nicht in lauter Einzelheiten zerfallen. Ihr Ausufern lässt uns teilhaben am Überindividuellen.

Selbstverzehr

- Durch uns erschließt das Dasein seine eigenen Möglichkeiten.
- Hier liegt wahre Allmacht: Alles Mögliche zu können.
- Die Erkenntnis der Alleinheit aller ausdifferenzierter Seinsinhalte ist noch kein Argument für die Auflösung der Zersplitterung.
- Das Nichts – Zustand der größtmöglichen Unbestimmtheit, eng verwandt mit dem Chaos. Erst die Ordnung spendet etwas Identität, nagelt jedoch gleichsam auf ein Genau-So fest.
- Wenn Gott Alles ist, so sind wir ein Teil Gottes *und Gott wäre ohne uns nicht Gott.*

Genie im Vollzug

Der Einfluss der Intelligenz auf das Genie einer Person kann nur ein mittelbarer sein. Genie ist nichts, was man entweder hat oder nicht hat, kein geistiges Level, erst recht kein riesiger Haufen Geisteskraft, den man hinter der Schädelplatte hortet. Genie ist Auf- und Ausbruch aus den Gegebenheiten, das Aufsuchen des Unbekannten, das Verlassen der Trampelpfade – und somit stets eine *Tat*. Es ist der Ausbruch des Weltgeistes aus den gegebenen und geschaffenen Beschränkungen, die eine Möglichkeit-Mensch, die das ganze Paradigma Menschheit überwindet und gleichsam auf eine neue Stufe *zwingt*.

Viel entscheidender als die Intelligenz ist die *Art und Weise* des Denkens.

Sattgesehen
Mit der Sympathie für einen Menschen verdirbt man es sich am gründlichsten durch einen zu regelmäßigen Umgang miteinander. Besonderheiten der Bewegung und Sprechweise verkommen nur allzu schnell zu lästigen Marotten.

Letztbegründet
Ich bin kein Feind der Moral, lediglich falscher Moralbegründungen. Eine Moral, die sich ein falsches Herkommen anlügen muss, um sich durchsetzen zu können, entwertet sich auf diese Weise selbst.

Aufmerksamkeit
Wer einen Pickel im Gesicht hat, wird nicht auf die vielen Stellen seiner Haut hingewiesen, an denen er keinen hat. Der Fokus der Aufmerksamkeit ist hier in aller Klarheit definiert.

Eigene Meinung
Er hatte nichts zu sagen und wusste es kaum auszudrücken.

Frage der Ehre
Vieles am Konflikt ist bloß eine Frage des eigenen Eingestehens.

Realitätsgehalt
»Energie« ist das, was zum Aufrechterhalten einer Situation benötigt wird, wie viel Aufwand in einem Moment steckt, welches Maß an Kraft nötig ist, um die Gegenwart zu ermöglichen.

Selbsterklärend
Die Arbeit des Verstandes ist immer auch ein Dialog, man macht jemandem eine Sache *verständlich*, erklärt der eigenen

Person, wie die Dinge denn nun sind. Wirkliches Nachdenken ist das Erklären der Welt sich selbst gegenüber, mit den zur Verfügung stehenden Ressourcen, die man nur in sich selbst findet.

Das Denken entstand vermutlich aus der Notwendigkeit des Sozialen.

Erleichterung
Die Notwendigkeit an den Dingen erkennen.

Kuh auf dem Eis
Schuld hat, der Wahrheit nicht unähnlich, nur in der Kommunikation Bestand.

Verrechnet
Es könnte für eine Ameise überaus dumm sein, mit mehr Intelligenz – mit unserer Interpretation der Intelligenz! – ausgestattet zu sein, als sie es momentan ist. Sie könnte die ganze Rechnung der Baus durcheinander bringen.

Hüter des Gesetzes
Im Patronengurt der Wahrheit sind Worte die Kugeln.

Blamage
Du solltest dich mal vor mir erleben! Wenn du wüsstest, wie du ausschaust!

Los des Kant
Kant ist der denkende Versuch mit der *Pflicht* des Gutseins zu leben.

Hand in Hand
Wenn das Jetzt unendlich ist, das nächste Jetzt aber auch, so muss es nebeneinander existierende, sich einander bedingende Unendlichkeiten geben.

Niemand wird zu widersprechen wagen, wenn ich sage, es

gibt anscheinend in der Welt ein »Früher« und »Nachher«; doch hat *jedes einzelne* der bisherigen Nachhers die Gewohnheit gehabt, zu Frühers anderer Nachhers zu werden, die wiederum anderen Nachhers zum Früher gereichten, und so weiter, bis in die Unabsehbarkeit hinein. Wenn denn nun alle Momente dergestalt einander bedingen, so dürfte kein einziges Glied dieser Verkettung fehlen, ohne dass das Ganze unmöglich würde. Somit ist jeder Moment unendlich und sie alle stehen einander bedingend doch nicht berührend in der Ewigkeit.

Am Scheideweg
Das gemeinsame Lachen-Können umrahmt die Grenzen der Moral der Lachenden.

Liebe zur Notwendigkeit
Eine redliche Beurteilung über den eigentlichen Wert des Lebens ermöglicht erst die Fähigkeit zur Selbstliebe. Wer sich selbst vollends liebt, der muss jeden Makel, jede Schwäche und Unzulänglichkeit, als notwendige Bestandteile dieses Selbst, ebenfalls lieben.

Eitelkeit des Lebens
Unendlich ist etwas, das in sich selbst kein außer sich selbst findet – in sich abgeschlossen, nur sich selbst wieder findend. Es kann nicht mehr als das ausschöpfen, was in ihm selbst ist, der Blick des Lebens ist immer nur auf sich selbst gerichtet.

Härte des Lebens
Wenn die uns erscheinende Welt auf einem Dasein beruht, das seine eigenen Möglichkeiten austrinkt, so ist der Selbstverzehr, und damit der Verzehr der Erscheinungen untereinander, ein unabdingbares Grundgesetz.

Akteur
Das Leben ist die Individuation im Vollzug.

Zweitrangig

Sinn ist ein systeminhärenter Begriff, und ein System, also Ordnung, geht immer von der ordnenden Instanz des Beobachters aus, der diese Ordnung zu seiner Bedingung machte.

Immer wieder Für und Wider

Die Absolutheit von Meinungen, Behauptungen und Wahrheiten kann schon deshalb nie gegeben sein, weil deren Sinn im Resultat ihres Wechselspieles, dem Weltenlauf, zu sehen ist. Alle sind sie nötige Bausteine und Positionen.

Das Weltenende

Wäre der Sinn etwas der Existenz a priori beigemengtes, so wäre diese ein sich bald tot laufendes Unterfangen.

Lehre im Vollzug

Das, was meinem Schreiben an Lehre innewohnt, vollzieht sich schon beim Akt des Schreibens.

Gefahr der Definition

Mancher sucht den Vergleich mit dem, was im Allgemeinen als begehrenswert, klug, schön, stark, reich [...] angesehen wird, und findet davon nichts oder viel zu wenig in sich, woraufhin jeder Versuch das zu schaffen, was wesentlich und eigentlich in ihm ist, im Keim erstickt wird – obwohl dieses vielleicht nur zu groß und neuartig für die gängigen Schablonen war, mit denen sich die Menschenmasse die Welt auslegt.

Horizont

Etwas hassen können, ohne es sich gleich weg zu wünschen: Anzeichen höchster Einsichtigkeit!

Unruhe

Der Wille treibt uns von Mal zu Mal aufs Neue aus der Ruhe des Selbst heraus, weil eben die Individuation der Versuch des Daseins ist, sich von seinem reinen Selbstsein abzulenken.

Kunstform
Singen kann der, der jegliche Distanz zur Musik verliert.

Die perfekte Liebe
Liebster Mensch aller Zeiten, ich habe dich auserkoren, mit dir die Ewigkeit verbringen zu wollen. Wie geehrt dürfen wir beide uns fühlen?

Entfernt
Das Individuum hat es per Definition schwer das Gleiche zu finden.

Ob und Was
Die Existenz Gottes steht längst nicht mehr zur Debatte – wohl aber seine Definition!

Meine Welt
Ich kann ruhigen Gewissens von mir behaupten für alles notwendig gewesen zu sein.

Griff nach vorn
Der Wille ist immer ein Streben aus dem Jetzt.

Selbsthaft
Die Philosophie ist die einzige unter den Wissenschaften, die sich selbst noch zum Gegenstande hat.

Jugend als Fähigkeit
Es gehört für mich noch einmal in aller Deutlichkeit der Unterschied zwischen dem Jung- und Zurückgebliebenen herausgestellt.

Wüste Behauptung
Wenn wir Männer an den Frauen bloß den schönen Körper haben wollten, so könnten wir uns einen solchen längst klonen.

Wetter - im freien Fall

Wie können Menschen in der Annahme vegetieren, das Leben sei ein kosmischer Irrtum, oder zumindest viel zu unwahrscheinlich, um tatsächlich in seiner jetzigen Form *gemeint zu sein,* und trotzdem leben, als sei das Wetter eines täglichen Gesprächsthemas wert, wo es doch augenscheinlich noch so viel zu bedenken gibt.

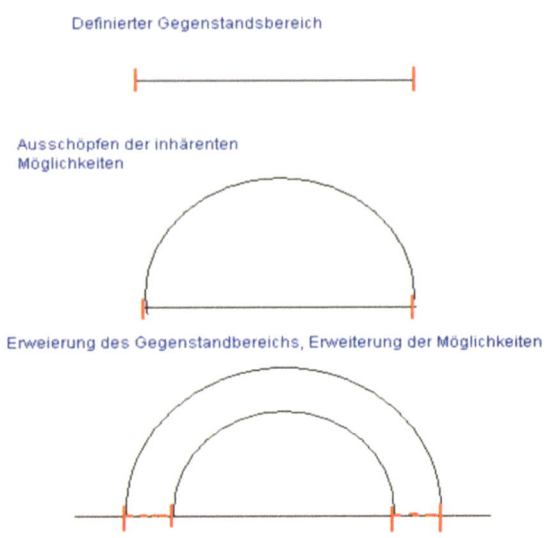

Schnauze!

Warum noch reden, wo doch die Rechtsansprüche so klar verteilt sind?

Ungenutzt

Du kannst dein genetisches Versprechen nicht einhalten.

Losgelöst

Im Alter erkennt man, was jung und was alt ist – vorausgesetzt man hatte eine Jugend.

Zielstrebig

Ein Dasein, das sein eigenes Ziel erschlossen hätte, dürfte nach eigener Definition aufhören zu existieren.

Dummer Spruch

Es gibt jeden Scheiß; an den Rest wird zumindest geglaubt.

Ende der Diskussion

Versteht doch: Wenn der Körper ganz und gar Geist ist, wie du Spiritueller es sagst, dann bin ich, als eben dieser Geist, ganz und gar Körper. Und wenn der Geist Körper ist, mein lieber Mann-von-Welt, so bin ich als dieser Körper Geist. Ich bin eben dieses eine, wie ich das andere bin. Sagt ihr denn nicht beide das Selbe und ekelt euch bloß beim Klang des anderen Wortes?

Einklang

Von der Evolution begünstigt werden gerne jene Gedanken, Taten und Ausbrüche, die für den Gesamtzusammenhang von unabdingbarer Relevanz sind; doch muss diese Relevanz im Guten wie im Bösen gesehen werden. Es ist eine Dummheit anzunehmen, ein größtmögliches Maß an Unegoismus würde für einen größtmöglichen Erfolg bürgen. In diesem Falle wäre das Egoistische längst im Strom der Evolution untergegangen.

Auch könnte das Egoistische der benötigte Kredit gewesen sein, mit dem persönliche Energien für den späteren, vielleicht noch um Generationen späteren, sozialen Gebrauch erkauft werden.

Frei im Ganzen

»Alles ist Individuum!« - so schreit der Teufel und schlägt seinem Gegenüber noch den Schädel ein.
»Alles ist Einheit!« - so gurgelt der Geschlagene und küsst dem Teufel noch den Huf.
»Doch was ist das eine ohne das andere?« - so fragt der Passant, der dieses Schauspiel beobachtete.

Auf ewig verbunden
Jede Begegnung meines Lebens denkt, schreibt und spricht aus mir. Alle sind sie die Co-Autoren meines Lebens.

A posteriori
Ein Fälscher und Falschmünzer, wer Denken und Leben nach seinen paar angestaubten Grundsätzen ausrichtet, statt diese stets aufs Neue aus dem Gedachten und Erlebten hervorgehen zu lassen. Viel zu viel von diesem Falschgeld ist schon im Umlauf.

Ausgesprochen zugesprochen
Das Ritual hilft, die mit diesem einhergehenden Gefühle und Zustände in eine Handlung zu binden – diese also gleichsam nutzbar und alltäglich zu machen. Die gesunden Eigenschaften des Tees beispielsweise resultieren zu keinem kleinen Teil aus der *Intention der Abkehr und Entspannung*, die mit seinem Trinken einhergeht.

Kaufmannsgemüt
Das wirklich wertvolle an einer Sache ist das, was sich nicht vertreten lässt.

Gedankenschritt
Gedanken ohne Tat sind Gewäsch, Taten ohne Gedanken Dummheit. Und doch ist mancher Gedanke mehr Schritt als manche Tat, manche Taten treten mehr auf der Stelle als alles Denken.

Trockener Kopf
Tatsächlich gleicht das groß angelegte Auswendiglernen penibelst ausdifferenzierter Gegenstandsbereiche dem systematischen Abbau von Kreativität.

Substrat
Der vollkommene Markt wird eben dadurch vollkommen, dass die wichtigsten Aspekte fehlen.

Evolution!

Veränderungen in der Gegenwart lassen sich als Notwendigkeit für eine bestimmte Zukunft begreifen.

Luftschlösser

Soll etwas die Zeit überdauern, so fertige es aus Immaterial.

Makroskopie

Wie Pilze wachsen die Städte um die Flüsse, im Windschatten der Berge versammeln sich Hütten und Dorf, gesiedelt wird, wo man siedeln kann. Was im Kleinen noch persönlich, zwischenmenschlich und aus Zufällen geboren – im Großen ist es Plan und Notwendigkeit.

(Man stelle sich die Geschichte einer Stadt im Zeitraffer vor.)

Interesselos

Die intentionslose Herangehensweise in der Betrachtung gewährt einen besseren Blick auf das, was etwas irgendwann und überhaupt zu sein imstande ist, weniger darauf, was es im Sinne meiner Intention taugt. Die Wahrheit ist immer im Unbestimmten zu finden.

Bis hier – und nicht weiter!

Die Definition bestimmt, was etwas höchstens und maximal sein darf. Sie tötet die Zukunft des Definierten.

Tanz auf der Klinge

Sollte es denn möglich sein? Etwas ist notwendig und – noch in seiner Notwendigkeit – gefährlich? Noch mit genau diesem Grade an Gefährlichkeit notwendig?

Das Leben ist wahrlich eine gefährliche Bedingung – zusammen mit all seinen Grundlagen und Konsequenzen!

Rätselwürfel
Ein »Mehr« an empirischem Wissen hat man sich nur bedingt als ein Anwachsen der Zell- und Teilchenzahlen vorzustellen; eher gleicht dieser Vorgang einer Spezifikation der Konstellationen.

Unberechenbar – Unzurechnungsfähig
Die tatsächlich freien Handlungen geschehen unberechenbar, grundlos, sind zwecklos – einfach sinnfrei. Tatsächlich freie Handlungen nutzen wirklich niemandem etwas.

Und immer hübsch daran denken:
Nur die Zukunft der Folge gereicht der Folge als Nachfolge zum Resultat.

So nah, sofern...
Die eigentliche Einheit-von-etwas kann nur aufgrund der augenscheinlichen Trennung bestehen. Einheit besteht eben aus dem Zusammenschluss von Einzelkomponenten.

Einzelhaft
Jede einseitige Form der Betrachtung verliert sich selbst in den eigenen Reglementierungen.

Verlegt
Chaos hält zwar jung, aber ständig ist alles weg!

Zukunft der Folge
Die deutsche Wertarbeit resultiert aus dem Umstand eines rohstoffarmen Landes. Wir sind zur Veredelung gezwungen, wollen wir nicht verelenden.

Mir Nichts, dir Nichts
Wenn ideelle Werte Nichts sind, dann sollte man schon möglichst viel davon anhäufen, um diesen Missstand auszugleichen.

Schlechte Musik
Wer dies komponiert hat, der kann garnichts. Wer dies hört, kann nichtmal das.

Wenigstens
Die Stilrichtung des Minimalismus' hat sich selbst reichlich schlecht verstanden, geht es doch darum, mit möglichst wenig möglichst viel anzustellen, nicht einfach nur mit wenig wenig.

Gesucht und gefunden
Manchmal ist die Übereinstimmung zwischen Physis und Geist so offenkundig, dass der Verdacht sich aufdrängt, dieser könne sich in gar keinem anderen Körper nieder gelassen haben, als er es eben getan hat.

Spielwiese
Die Naturgesetze – das sind die Spielregeln. Und ohne Spielregeln gibt es kein Spiel.

Übersetzung
Wer jemandem im vollen Bewusstsein auf die Nerven geht, der begeht, wo doch die Nerven eben Körper sind, ohne jede Berührung Körperverletzung – und hat sich über einen allzuphysischen Ausbruch nicht zu wundern.

Das wunderbare Element des Zweifels
Zweifel ist der Einfall des Rationalen in einen Gedankenkosmos, der einst aus dem Irrationalen – aus einer *Laune heraus* – geboren wurde.

Desaströs
Ich halte dich für das schäbigste Fleckchen Weltraum, das unser Universum vorzuweisen hat.

Die Selbstinhärenz
Man darf die Philosophen dieser Erde gerne als psychologische Phänomene deuten, müsste ihnen jedoch zuvor alles entziehen, was an ihnen Philosophie ist.

Nötiger Egoismus
Alles andere sollte dem Leben dienen, nicht das Leben allem anderen.

Gefahr des Vielwissens
Das viele Wissen sagt dir nicht nur, was dieses und jenes denn nun ist, es befiehlt dir auch, was es nicht und auf keinen Fall sein darf. Es legt Steine in den Fluss, lenkt seinen Strom – und bringt ihn mit seinem Zuviel zum erliegen.

Und sonst?
Ist denn nicht alles, das wenige Rationale mal ausgenommen, irrational?

Zu klären:
Liebe und Macht – zwei sich widersprechende Prinzipien? Ist die Machtübernahme immer durch Lieblosigkeit begründet? Liebenswürdigkeit immer das Aufgeben von Machtverhältnissen?

Emoration
Das rationale Bewusstsein, in seiner kühlen, zersetzenden, nüchternen Art, ist auf die geglätteten Wogen des Gefühlskosmos' angewiesen, um seine kritische Distanz zum Objektiven-im-Subjekt wahren zu können – und genau in dieser Abhängigkeit von der Nüchternheit nichts anderes als eine weitere Laune allzu trockener Organe.

Betritt das Rationale also in dem Moment die Weltenbühne, in dem sich das Gemüt durch die *Gewöhnung an die Welt* nicht mehr zum phantastischen Staunen hinreißen lässt, sondern das kalte, mechanische Monstrum für trivial-gegeben, mindestens für bald-erklärbar hält?

Ist das rationale Bewusstsein am Ende *gleichzusetzen* mit dem geglätteten Spiegel des Emotionenmeeres?

Und du, mein lieber Atheist?

Sokrates: Das wissenschaftliche Denken, Appell an den Geist, die Vernunft, die Logik; jedoch unter Beimengung des Guten durch dessen *Inanspruchnahme* für *eben diese Werte*.

Demokrit: Das Wissenschaftliche auf dem Grundgefühl der Sinnlosigkeit, der Zufälligkeit und eigentlichen Nichtigkeit des Daseins. Immer noch das eigentliche, redliche Gefühl der heutigen Wissenschaft.

Du: ?

Arbeitsteilung

Das Zweikammersystem der Kooperation zwischen dem Rationalen und dem Irrationalen vollzieht sich eigentlich schon seit Urgedenken, doch nicht vereint in den Individualseelen dieser Welt, sondern aufgeteilt auf die jeweiligen Vertreter dieser beiden großen Lager. So mag wenigstens der Geist der Gesamtheit des Menschen seine Vorzüge an diesem genialen System haben, wo sich die Menschlein untereinander ihre verständnislosen Schädel einschlagen.

Feuer, Flamme – Asche?

Die Liebe verleitet zu biologisch unvernünftigen Handlungen.

Mütterchen, Mütterchen

Kultur ist auch ein Schutz vor der Natur, so wie sie ein Anarbeiten gegen die Natur mit ihrer Grausamkeit ist.

Die holde Flamme Eitelkeit

Das Rechthaben bezieht seinen ganzen Glanz von der vermeintlichen Wahrheit für die es bürgt; doch opfert man gut und gerne alle Wahrheit, damit man eine Konfrontation als derjenige mit dem Recht verlässt. So ist auch Intelligenz oft weniger ein Intelligent-Sein, als sie Fähigkeit intelligent zu *scheinen*.

Was leben?

Erst wenn etwas beseelt wird, so wird es lebendig, wert, wahr – und gefährlich! Erst die sezierende Kälte des wissenschaftlichen Gedankens schafft die Fähigkeit herzuleiten, welche Gedanken es wert sind beseelt zu werden.

Weißt du...?

Die Frage, wie kompliziert die Welt ist, ist die Frage, wie genau du dies wissen willst.

Das Schiff geht unter!

Erst das Wissen um die Zukunft lässt das Problem der Sorge überhaupt aufkommen.

Kompliziert!

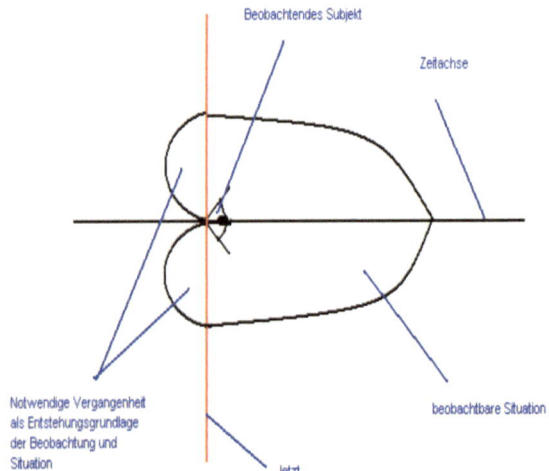

Zu jedem beliebigen Zeitpunkt ist die Möglichkeit-zur-Beobachtung Notwendige und allgemeingültige Objektivität.

Sägen am Ast
Ich dachte viel, Ich dachte fein, Ich fand heraus: Ich kann nicht sein!

Liebesstil
Zwei können von ihrer Liebe zueinander reden und dabei zwei völlig unterschiedliche Sachen meinen.

Nein!
Die Identität des eigenen Ichs besteht in dem Erkennen und Akzeptieren der eigenen Grenzen.

Am Hebel
Macht = das Aufzwingen von Grenzen = eine Fehlentwicklung? Warum muss die Macht etwas so liebloses sein?

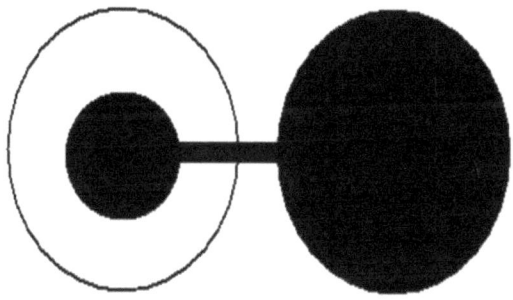

Die Inanspruchnahme fremder Kapazitäten.

Der Vermeidungsgedanke
- Ein vom Gehirn aus dem Gedächtnis heraus abgespulter Gedankenvorgang zur Überlagerung / Verdrängung unliebsamer Vorstellungen.
- Diese Art des »Denkens« ist von *rein passiver* Natur, die aktive Rolle wird an den automatisierten Vermeidungsapparat abgetreten.

Bigger, Harder, Faster, Stronger

Grundsätzlich ist ein Fortschreiten nur unter dem Aufwand von Mitteln zu erreichen, die diesem gierigen Ungestüm, dem Fort-schritt, geopfert werden. Dahingehend ist der Fort-Schritt eher eine Verlagerung von Kapazitäten, als ein freies Schreiten in eine Richtung. Man kann nicht das Material der Erde zusammentra-gen, und meinen, man könne daraus eine noch bessere, schöne-re, *größere* bauen; außer man nimmt eine *hohle Erde* in Kauf.

Umwert

Es mag so manches verstiegene Gemüt geben – und es sind nicht die geringsten Gemüter! -, die das Grundlose zu ihrem Grund, das Haltlose zu ihrem Halt, das Chaos zu ihrer Ord-nung machen mussten, um zumindest noch die letzte Grund-lage zu haben, von der aus es sich wertend auf die Welt spähen lässt.

Mitleiden

Die Frage, welche Weiten, Höhen und Tiefen wir gemeinsam bestreiten können, ist die Frage, bis zu welchem Punkt wir miteinander *zu fühlen* imstande sind.

Wenn, dann

Ist die Welt der Bestimmung immer noch die des Lebens?

Chemie der Wahrheit

Mein Wiederholen, Umgestalten, Zersetzen und Neukombi-nieren meiner Gedanken und Geschichtchen ist auch immer der Versuch sie vor mir selbst zu erproben, sie auf ihre Wir-kung und Haltbarkeit hin zu prüfen.

Gott mit Affenkopf

Auch unser Allergöttlichstes ist immer noch ein sehr mensch-liches Göttlich. Es sind die menschlichen Eigenschaften und Angelegenheiten, die in den Göttern auf ihre abstraktesten Spitzen getrieben wurden.

Unvernunft! Überall!

Das Rationale ist klug, effektiv – und eben darum auch einseitig. Und es ist diese Einseitigkeit des Blickes, die die Welt langfristig so unverständlich und irrational erscheinen lässt.

Beiderseits dankbar

Die Pflicht wirft sich gern dem ihrer Dankbaren an den Hals, der sich nun mit bestem Gewissen in sie flüchten kann.

Menschenbaukasten

Nichts weiter als die eigenen Bedingungen deuten wir bald aus der Welt heraus und legen wir bald wieder in sie hinein.

Zwei Gemüter, ein Gott

Im Zufall dürfen sich zwei gänzlich unterschiedliche Naturen in ihrer Intention bestätigen lassen: diejenigen, die sich heroisch das Dasein kalt, blind, und unberechenbar wünschen und diejenigen, die ihre eigene Verantwortung an diesen widrigen Umstand abtreten wollen.

Der größte Unterschied, die eigentliche Spaltung zwischen dem mittelmäßigen und dem höheren Menschen, ist, dass ersterer sich selbst mit allem nötigen Lärm, Getöse und Gestrampel für andere wahr und richtig machen will, wo zweiterer erst versucht den einen Zustand zu erreichen, in dem er es *sich selbst* erlauben kann, sich dergestalt zu *verwirklichen*.

Out of order

Mit kaum etwas beweist man die Nutzlosigkeit einer Sache gründlicher als durch die Abschaffung des Widerparts.

Halbgar

Das Gute und das Böse, die Grundlagen jeder Partei, verdummen den Menschen dahingehend, dass er die Augen vor der anderen Seite verschließen muss, um das eine oder andere sein zu können.

Geben und Nehmen
Die Anhänger finden ihre Bestätigung im starken Führer, dieser bezieht sie aus der Zahl seiner Gläubigen.

Einprägsam
Die Wiederholung kann aus dem Werden ein Sein machen.

Metastasen
Das Hinzufügen ist immer noch um Längen leichter als ein anschließendes Entfernen.

Die eigene Suppe
Wer einmal die Methode eines Denkers schmeckte, der weiß auch welche Art Erkenntnisse diesem munden.

Sinn wie Zweck
Etwas *Er*fundenes kann ebenso gut funktionieren – seine Funktion erfüllen – wie etwas *Herausge*fundenes.

Abermals natürlich
- Ich glaube nicht an das Übernatürliche, lediglich an einen zu eng gefassten Naturbegriff.
- Man betreibt also Metaphysik – um was genau hinter der Physik zu entdecken? Noch eine Physik?
- Und sollte es einen Gott geben, so ist dieser nichts erhaben über der Natur Schwebendes, sondern das Natürliche schlechthin.

Anders rum
Gerne begeht man an unseren Schulen die pädagogische Dummheit, das zu Vermittelnde, meinetwegen eine Formel, als etwas Fertiges und Nunmal-So-Seiendes darzustellen, das man in dieser Form in seinen unwilligen Kopf zu pressen hat; höchstens wird noch erklärt was es definitionsgemäß ist und wann man es gefälligst einzusetzen hat. Klüger schiene es mir, mit der Problemstellung anzufangen, die Gedanken der Schü-

ler erst einmal von sich aus in alle Richtungen greifen und mutmaßen zu lassen – und so gleichsam die Notwendigkeit der Erfindung dieser Formel in genau dieser oder jener Form aufzuzeigen, sodass jedem sofort klar wird, für welches Problem hier gerade eine Lösung gefunden wurde.

Körperlos Schwerelos
Nicht wenige halten das baldige Verlassen ihres physischen Körpers für das große Lossagen von Last, Elend, Gebrechen und aller Schwere des fleischlichen Lebens – und könnten mit ihrer Schätzung garnicht einmal ganz falsch liegen. Dass jedoch die Freude, die Begierden, die Persönlichkeit – ja selbst noch die Lust *überhaupt Dasein zu wollen* – der gleichen Kategorie körperlicher Erscheinungen zuzurechnen sind wie die hinfortgewünschten negativen Aspekte – das mag man lieber nicht bedenken. Man setzt eine viel zu große Kluft zwischen sich und seinen Körper, man begreift nicht, was alles verloren geht, würde die Einschränkung des Körpers von einem genommen. Freilich begreift auch niemand, was dadurch gewonnen wäre.

Nicht etwa Nichts
Es ist des Daseins dringendstes Anliegen, alle Möglichkeiten des Nichtseins tunlichst auszuschließen.

To be continued
Schon die grundsätzliche Andersartigkeit eines unstofflichen Fortlebens bedeutet, dass es eben nicht *unser Leben* ist, das hier fortgelebt wird. Ob es irgendjemand anderes Leben ist steht freilich auch noch zur Debatte.

Wir – Leben!
Der Verlust der körperlichen Relation macht die Aussagen »ich bin dieser Mensch!« und »Ich bin nicht dieser Mensch!« absolut gleichwertig.

Viel schmeckt besser
Manchmal möchte man fast glauben, die Qualität ist ein reichlich endliches Gut, welches alles Lebende unter sich aufteilen muss.

Endlich weiß es jedes Kind
Man hält meine Gedanken für trivial! Was bleibt mir übrig, als der Menschheit meine Glückwünsche auszusprechen? Und mir gleich einen mit dazu! Was wäre schon wünschenswerter, als das eigene Denken als den trivialen Normalzustand zu wissen?

An jeder Wand
Wahrheit ist trivial!

Insasse
Das dir zur Verfügung stehende Quäntchen Freiheit wächst und schrumpft mit dem Grade der Konkretisierung deiner Selbst, bis schließlich die vollständige Ausdifferenzierung deiner Rolle dich jeglicher Wahl beraubt. Der Gefangene aus Zelle 47 kann nur tun, was der Gefangene aus Zelle 47 tun darf. Jede Bestimmung deines Wesens ist auch die Unfähigkeit noch etwas anderes zu sein.

Qualitätsliebe
Wenn die Liebe ein unseren Kosmos stets durchwaltendes Prinzip darstellt, so kann es mit dieser nun wirklich nicht weit her sein – ein viel zu kaltes, unbarmherziges Fleckchen ist dieses liebesgetränkte Universum. Erst die kleine, stolze, dem Ungeheuer von einem Umstand trotzende Liebe eines übervollen Herzens wird diesem tiefsten aller Gefühle gerecht. Liebe ist viel zu wertvoll, um etwas universelles zu sein.

Die liebe Not
Das Bedürfnis nach Liebe bürgt schon für ihre konsequente Abwesenheit im Umstand.

Wertfrage

Ist ein Dasein, das sein Wohlergehen auf dem Rücken vieler Leidenden errichtet, immer noch besser als überhaupt kein Dasein?

Verkannt

Das Aufopfern für die Menschheit bedeutet das Sterben für eine Sache, zu der man sich aus reiner Verwechslung rechnete.

Vibrations

Musik ist ungleich abstrakter als die Sprache, verwendet diese doch konkrete Begriffe, Bilder, Fingerzeige auf ein Problem, wo die Musik den Stoff in seiner ganzen Unfassbarkeit darbietet.

Angekommen?

Mancher redet sich den Mund fusselig, wo ein anderer mit einem Blick alles sagt.

Götter schwatzen nicht

In den Schweigenden legt man das Göttliche hinein, aus dem Plappernden strömt die Menschlichkeit heraus. Ehre dem, der noch im Reden hält, was das Schweigen verspricht.

Christi Erdenfahrt

In Ermangelung eines Himmels kommt der Gottlose schnell in die Verlegenheit, das Paradies auf der Erde zu suchen – nur um ein zweites mal enttäuscht zu werden.

Kierkegaards Lockruf

Das religiöse Stadium – auch das höchste Stadium? Ein Gedanke, mit dem ich mich – und man möge es mir verzeihen! – fast anfreunden könnte. Jedoch habe ich auch noch eine Prämisse beizusteuern: dieses höchste Stadium muss auch tatsächlich das *Ende* einer langen Entwicklung sein, das späte Finden-Zu-Gott nach langem Ringen und fast ewigem Kampfe. Doch so wird die Praxis, welche sich nur allzu gern durch ihre Diskrepanzen vor der Theorie auszeichnet, nur in den seltensten Fällen aussehen. Ich wittere in Kierkegaards Forderung nach Glauben eine Gefahr, eine Verlockung in der Annahme, man befände sich durch das schlichte Glauben bereits im höchsten möglichen zu denkenden Zustand, auch ohne zuvor den beschwerlichen (und eben auch von Kierkegaard geforderten) Weg der Erfahrung gegangen zu sein. Erträglich wird der Glaube an einen Gott nur als die Folge einer Entwicklung, doch niemals als ein Ausgangszustand. Es streiten sich in diesen Ungereimten Zeilen die beiden großen Prinzipien »Erfahrung« und »Hinnahme«.

Bestie an der Leine

Morden, Rauben, Plündern, Schreien, Schlagen, Schießen – im Krieg verhilft der niederste Trieb wahrscheinlich noch am besten zu Ruhm und Heldentum. Vielleicht ist der Krieg eben nur jene notwendige Phase, in der diese im Frieden so lange gefesselten Dämonen sich von ihrer zivilisierten Kette losreißen, um mal wieder mit aller nötigen Deutlichkeit herauszuschreien, dass sie noch vorhanden sind, niemals im Weltenspiel gefehlt haben, nur verdeckt waren, vielleicht verschüttet, doch gleichsam im Dunkeln lauernd. Dies wäre ein ganz schrecklicher Gedanke, da er, noch ein wenig weiter gesponnen, auf die einfache Formel schließen ließe: Je länger und ausgiebiger ein Frieden, desto schrecklicher und ausgiebiger der folgende Krieg.

Abfluss
Man lasse den Leuten nur ihre kleinen Probleme! - sonst haben sie schon bald ein großes.

Man pinkelt nicht zweimal gegen einen Elektrozaun
Wahrheit und Irrtum müssen einen reichlich unmittelbaren Einfluss auf unser Gemüt haben, einen direkten Schmerz und eine direkte Freude nach sich ziehen, oder man ist gezwungen sie bis ins Elende zu wiederholen, bis sie in unserer Erinnerung endlich eine abstrakte Substanz gewinnen.

Undankbar
Aus Fehlern lernt man schon spät genug, noch später nur noch aus Wahrheiten, geizen diese doch gerne mit ihren Belohnungen.

Göttlich
Im Sprechen halten, was das Schweigen verspricht.

Antiziel
Nicht jedes Ziel liegt *vor* einem; es mag nicht wenige geben, die all ihren Antrieb aus ihrer Vergangenheit ziehen, die auf nichts zu-gehen, sondern stets fort-laufen., die nicht wissen was kommen soll, aber allzu gut, was auf keinen Fall sein darf. Dies ist eine Philosophie des »Irgendwie«, die freilich auch nur *irgendwohin* führt.

Klarer Fall!
Das Gedächtnis gibt der Psyche Struktur, gibt Halt, lässt die Welt vorhersagbar, vertraut werden. Streng genommen ist das Gedächtnis unser einziger Bezug zur Realität. Wehe dem, der kein Gedächtnis hat!

Diskrepanz
Die Physik irrt nicht! Alle Fehler dieser Welt passieren physikalisch vollkommen korrekt.

Was läuft, das steht nicht fest
Wie immer die Beschaffenheit deines Wesens sein mag, es ist nie verkehrt, niemals ein Fehler, sondern bloß Funktionsweise – so lange es funktioniert!

Marx Möchtegern
Wäre das Wesen des Menschen von solch edler Beschaffenheit, wie es der Kommunismus verlangt, so bräuchten wir dieses ganze Marxwerk überhaupt nicht mehr.

Arbeitsamt
Es ist das weltliche Trauerspiel und Quell der größten Unmenschlichkeit: Nicht jeder hat Fähigkeit, doch alle haben Bedürfnisse.

Und es war gut
Ein Mensch, überreich an Geist, könnte eines Tages, in seinem Überfluss, seiner Sättigung, bemerken, wie nichts- und unwürdig das Denken ist, wenn es um das Erschauen von absoluten Wahrheiten geht, wie sehr das Denken eine Verschleierung und Vereinfachung einer Welt ist, die mit diesem Verstande rein garnichts gemein hat. Dies ist einer meiner quälendsten Verdachte: Der Verstand hat nur eine Aufgabe – die Welt zu vereinfachen.

Länge
Ob die Medizin unser Leben Verlängert – das gehört für mich noch herausgestellt. Fest steht, dass wir erst später aufhören zu atmen.

Schlechter Zuhörer
Ich entsende so viel; empfange doch so wenig.

Kein Gramm
Was ich von Deutschland halte? Es wäre mal wieder eine wirklich gute Idee.

Zins
Zugunsten eines intensiveren Jetzt die Zukunft ausbeuten – Art und Last kurzlebiger Grenzengänger.

Akustische Schwergewichte
Nicht durch die Herleitung der sachlichen, faktischen Richtigkeit seiner Reden hat man den Beifall, diesen leichtgläubigen Schwärmer, auf seiner sicheren Seite, sondern durch das Betonen und Hervorkehren der unbedingten Wichtigkeit des Gesagten. Ein guter Stratege setzt hier vor allem auf Worte, die schon durch ganze Menschenalter derart mit Bedeutung aufgeladen wurden, dass ihre bloße Erwähnung bereits Beweis und Rechtfertigung jeder Richtigkeit jeder beliebigen Wahrheit ist.

Darf ich - ?
Unsere Unsicherheit, Instinktverarmung und Unvertrauen in unser innerstes Gespür, lässt uns, sobald wir auch nur eine Ahnung, einen kleinen Wink aus den Tiefen unseres Seelenkosmos' erhaschen, sofort anfangen abzuwägen, zu vergleichen, nach einer objektiven Beurteilung dieser uns mittlerweile so unvertraut gewordenen Stimme – unserer Seele – zu fragen. Liegt mein Gespür richtig? Macht das Sinn? Ist dies Wahrheit? Bloß Lust, Laune – gar unnormal? Wir verkennen, wie viele Dinge aus ganz unsinniger Grundlage erwachsen sind, dass nicht wenige dieser Dinge das Schönste sind, was wir Menschen an uns haben.

Hört, hört!
Lust und Kraft der Sprache lassen ihrem Grad nach erkennen, von wie viel subjektiver Bedeutsamkeit das Besprochene durchströmt wird.

Ausrede?

Effizientes Arbeiten verlangt eine Anreicherung des Denkens mit Selbstverständlichkeit, mittels derer sich schnell die selbstverständlich-notwendige Routine des täglichen Broterwerbs einstellt. Doch schon bald strahlt auch die Welt jenseits der Arbeit in diesem eigentümlich matten Selbstverständnis – und so spüre ich mit jeder Zunahme meiner Arbeitstauglichkeit eine Abnahme meiner andernorts doch so dringend benötigten Vitalität, meiner kreativen Lebenskraft.

Kein Kommentar – nötig?

Ein Wort, egal wie undeutlich ausgesprochen, wie flüchtig dahin gesagt, wie beiläufig bemerkt, wird, im Einklang der Gefühle der Anwesenden, unmittelbar verstanden. Das allzu laute Verlangen nach Erläuterung, nach Herleitung des Gedankenganges, ist bereits Beweis für eine *emotionale* Diskrepanz.

If we reached the bordlerine....

Gefühle lernen langsamer als das Denken.

Der Zustand des Menschen gleicht einem immer währenden Pendeln zwischen dem idealisierten Bild, das man von sich in Kopf und Ego durch die Welt trägt, und dem Stand der eigentlichen emotionalen Entwicklung. Das Leben, angereichert mit Höhen und Tiefen, spielt sich stets im Spannungsverhältnis dieser beiden Pole ab. Je Höher die Diskrepanz dieser beiden Entwicklungen, desto größer auch die Amplituden der innerweltlichen Achterbahnfahrt.

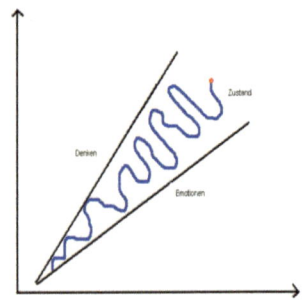

Kausaler Sündenbock

Jede Wirkung, die uns widerfährt, will sogleich ihre Ursache erkannt und benannt wissen. Diesem Wunsch kommt der Verstand gerne nach, ist er doch ein wahrer Meister im *Heraus- und Erfinden* von Gründen. Freilich geht er dabei reichlich flüchtig, unbewusst, ungründlich vor – und schreckt auch vor der Lüge nicht zurück, um den schreienden Willen-Zur-Ursache zu besänftigen. Die Kausalität, in all ihren Erscheinungsformen, ist die Arbeit – die einzige Arbeit! – des Verstandes.

Du weißt, was ich meine

Indem sich ein Wort mit dem Laufe der Zeit von seinen Wurzeln entfernt, wird es auch gehaltloser, aufgeblähter, leerer - also endlich anfällig für die unterschiedlichsten Arten des Missbrauches. Mancher hantiert mit Begriffen, setzt sie, als seien sie mathematische Zeichen, in seinen Phrasen bald hier ein, bald dort, um schließlich und letztlich die Wahrheit nachweislich auf seiner Seite zu haben. Dass ein Wort jedoch, anders als ein mathematisches Zeichen, stets auf seinen *anschaulichen* Inhalt angewiesen ist, wird hierbei völlig übersehen. Rein abstrakte Wahrheiten sprechen auch nur über rein abstrakte Dinge. Über die Dinge also, die *nicht existieren*.

Ahnungslose Profis

Eigentlich sind wir alle wahre Meister der Quantenmechanik – höchstens gibt es Unterschiede im Grade der Bewusstheit dieser Tatsache.

Welleprinz

Vieles Wissen wird erfunden, nur um bald zu einem eigenen Fachbereich zu mutieren, der dem Experten einen neuen Lebensraum bietet. Experten haben nur eine einzige Aufgabe: mehr Ahnung haben als du.

Von und zu

Es bleibt zu klären, ob die Geschichte von etwas fort-schreitet, oder auf etwas hinaus-läuft.

Auf falschem Fuße

Nur selten gereicht uns die Härte des Umstandes – die gröberen Schicksalseinschnitte einmal ausgerechnet – zum tatsächlichen Anlass einer ausgewachsenen Depression und Gemütsverstimmung – erst der Zustand, in dem uns das Schicksal erwischt, bestimmt darüber, wie sehr wir das Passierende mit dieser unheilsschwangeren Schwere aufladen. Mal wieder findet man im Äußeren, was man zuvor im Inneren übersah.

Kälte des Objektiven

Was für uns persönlich mal wieder »genau zum falschen Zeitpunkt« eintrat, wurde uns – den Blick mal ein wenig erweitert – mit kältester Berechnung und zeitlich genau abgestimmt gesandt.

Gedanken zum Abstrakten

- Im gleichen Maße, in dem ein System abstrakter wird, steigt auch seine Zeitlosigkeit, die Allgemeingültigkeit. Das absolut Allgemeingültige – gleichzusetzen mit der Weltformel – wäre auch vollständig abstrakt.
- Je weniger konkreten Inhalt du in deine Formulierungen legst, desto weniger könne sie veralten und verblassen. Dieses Prinzip ist in der Zahl auf die Spitze getrieben, besitzt diese doch *keinerlei Erfahrungswert* und lässt sich gleichermaßen auf jedes Ding und jeden Vorgang anwenden.
- Das Abstrakte ist dem Zeitlosen verwandt.
- Die Formulierung muss sich über den Inhalt erheben, um von längerem, von tausendjährigem Bestand zu sein. Sie muss sich auch in gänzlich neuen Situationen anwenden und wiederfinden lassen können, wenn die ursächliche Situation längst vergangen ist.
- Die »Menschheit« ist eine rein abstrakte Vorstellung, die aber bislang noch jeden einzelnen Menschen überlebt hat.

- Nur der konkrete Inhalt des Abstrakten unterliegt dem Werden und Vergehen.

Nicht alleine
Wir brauchen uns unserer Problemchen und Unzulänglichkeiten nicht zu schämen – teilen wir sie doch mit dem gesamten Dasein.

Besinnungslost
Eigentlich ist die Droge bloß die Ausrede für das durch sie *absichtlich* provozierte Verhalten.

Willkürl-Ich
Der Begriff Wille, oder schlimmer noch, der des »eigenen Willens«, ist dahingehend irreführend, dass er uns das Willensgeschehen als etwas homogenes, einheitliches begreifen lässt, obwohl sich diese völlig zu unrecht zusammengefassten Einzeltriebe bald ergänzen, bald aufheben, verstärken, ausbremsen, zusammenschließen, überlisten – manch menschlicher Zwitter scheint ein einziger Kompromiss aus einer Unzahl unter dem Deckmantel des »Ich« vereinter Paradoxien zu sein. Das »Ich« ist bloß der Fokus, das gemeinsame Banner, unter dem wir jede unserer Handlungen ausgeführt sehen. Tatsächlich ist das eigene Handeln jedoch Resultat eines langen Kampfes des Abwägens, Gegenüberstellens und gegenseitigem Überwältigen vieler einzelner Bestrebungen.

Selbstvergessen
Philosophen stellen sich gerne vor die Welt und die Menschheit, um diese aus einer künstlichen Erhöhung der Perspektive gehörig auszudeuten. Dabei übersehen sie jedoch, dass sie die wichtigste Variable aus Ihrer Rechnung gestrichen haben: sich selbst.

Unwirtschaftliches Staunen
Wer sich ein wenig die kindliche Unschuld des Auges, etwas Unbeschwertheit des Gemüts bewahrt, sieht auch in den

kleinsten, unscheinbarsten Nebensächlichkeiten noch das größte Wunder der Schöpfung am Werke: denn prinzipiell *ist* die ganze Welt unglaublich. Doch wird ein solcher Mensch, bei jedem seiner Schritte übermannt von der Ehrfurcht im Angesicht des Daseins, es im Leben reichlich schwer haben, wo er doch seine Wertschätzung so unbedacht an die Welt verschenkt. Das praktische Leben verlangt geradezu das Herausbilden eines wählenden Geschmackes, einer emotionalen Kühle und Distanz, das Zergliedern der Welt in das Wichtige und Unwichtige, in *wertvoll und wertlos*, um das eigene Leben strukturiert und produktiv leben zu können.

Problemlösung?

Hatte denn irgendjemand ein Problem mit einer nicht vorhandenen Relativitätstheorie?

Weil Willkür

Zufall ist unsere Erklärung für das, was wir nicht mehr anders erklären. Der Zufall erklärt also garnichts.

Mein Irrtum

Unser aller Gefühle sind tatsächlich alle die selben – lediglich unsere abstrakten Interpretationen differieren untereinander und voneinander.

Gunst der Stunde

Das »Recht-Haben« ist der offizielle Erfolg in einer Situation.

Unreflektiert

Wut entlädt man im Rausch der Situation.

Anspruchslos

Da das Rechthaben eine wahre Wohltat ist, schafft man sich möglichst viele Situationen, in denen man Recht haben kann.

Rechthaben bedeutet das Vermögen, seinen Willen auch zu bekommen, oder zumindest mit gutem Recht unzufrieden zu sein, falls dies nicht passiert.

»Gestern«

Eine Erinnerung verblasst, wenn man sie nur als einen abstrakten Begriff im Gedächtnis speichert, ohne sich auch das dazugehörige Gefühl gemerkt zu haben.

Das ereignislose Leben besteht aus einer Aneinanderreihung von »Gestern«s, die allesamt nur noch als *Information* unter diesem Begriff zusammengefasst existieren, ohne aber einen speziellen Inhalt vorweisen zu können.

Bald schon!

Alle zukünftigen Glieder einer kausalen Kette sind – das ist erstaunlicher Weise *nicht* selbstverständlich! – für ihre Existenz von ebenso unabdingbarer Bedeutung, wie alle so unzweifelhaft-bisherigen Glieder.

Des Kaisers neue Kleider

»Nur Gefühle, aber keine Gedanken erben sich fort« - sodann durchlebt jedes alte Gefühl eine lange Reihe unterschiedlicher Namen. Verschiedenste Konzepte rechtfertigen den einen, tiefen Trieb.

Zeitgeist

Es sind letztlich nur jene Themen von nicht endender Aktualität, welche sich unmittelbar auf das Leben und das Wesen aller Dinge beziehen, während Gedanken, die sich von den Launen des Zeitgeistes mitreißen lassen, zwar recht schnell das erhitzte Gemüt der Masse auf ihrer Seite haben, jedoch schon kurz darauf in die Vergessenheit des Belanglosen abdriften. Wer stets aktuell sein möchte, sollte sich auf nichts beziehen, was schneller vergeht als die flüchtige Existenz des Menschen.

Sprachgewalt

Es ist der Sprache eines Philosophierenden nur zuträglich, sollte sie eine gewisse Eigendynamik entwickeln, auf deren Tosen und Strömen sich der Denkende ein Stück weit mitreißen lassen kann. Oftmals wird er überrascht sein, an welche Ufer er sich hat spülen lassen – und welche Inseln im eigenen Kopf noch ihrer Entdeckung harrten.

Gott – Satan

Gerne darf man das Begriffspaar Gott und Satan als Metaphern für das große Ganze einerseits, und die Individualseele, den Bewusstseinssplitter andererseits verstehen. Satan, eifersüchtig auf Gott, wollte sein wie er, lehnte sich also gegen seinen Schöpfer auf, und verschaffte sich auf diese Weise eine eigene göttliche Autonomie innerhalb der Ganzheitlichkeit Gottes.

So steht der Weg Gottes für ein Einswerden, für die Gleichheit von allem, da im Kern jeder das selbe *ist*, während das vitale »Trotzdem!«, das eigensinnige »ich bin!« und »ich will!« das Metier des Gefallenen ist.

Letztlich münden diese beiden Sichtweisen in einem Ja oder Nein zum Leben, das heißt zu der Welt der Individuation. Vielleicht haben die Christen die Rollen recht klug verteilt, als sie die Erde als Thron Satans definierten.

Metaphysische Evolutionstheorie

Aus dem Gedankenkosmos »Wille, Idee, Potential und Entwicklung« lässt sich eine ganze Evolutionstheorie ableiten, die frei ist von allem Zufall und den Unwahrscheinlichkeiten der Gedankengebäude der Darwinsgläubigen:

Zunächst hätten wir da das Gesamtpotential, das unvergängliche, frei von aller Zeit, welches bisweilen mit so bedeutungsschwangeren Namen wie Gott, Weltwille und Dionysos versehen wird. Aus diesem Potential ergeben sich Möglichkeiten, beispielsweise auch die Möglichkeit Mensch, einhergehend mit allem, was zu ihrer Entstehung benötigt wird – vom Bakterium über den Wurm zum Affen. All dieses menschliche Potential zusammengenommen könnte man als eine »Idee« innerhalb des Gesamtpotentials bezeichnen, welche sich durch die Erscheinungen der Welt der Vorstellung zu verwirklichen versucht. Da der Mensch ohne den vorhergegangenen Affen unmöglich ist, gibt es sie beide, in den mannigfaltigsten Variationen, wobei die Potentialskette, auf die ein Wesen zurückblickt, als Maßstab für den Grad der Objektivation der eigentlichen Idee gelten kann.

So gesehen ist das Erleben eines Wesens eine ausgewählte Abfolge von Zeitpunkten innerhalb der Entwicklungsspanne einer Idee. Wobei diese natürlich stets schon entfaltet ist – nur der Punkt des einsetzenden Erlebens unterliegt dem subjektiven Zufall und der zeitlichen Abfolge.

Unterbringung der Idee

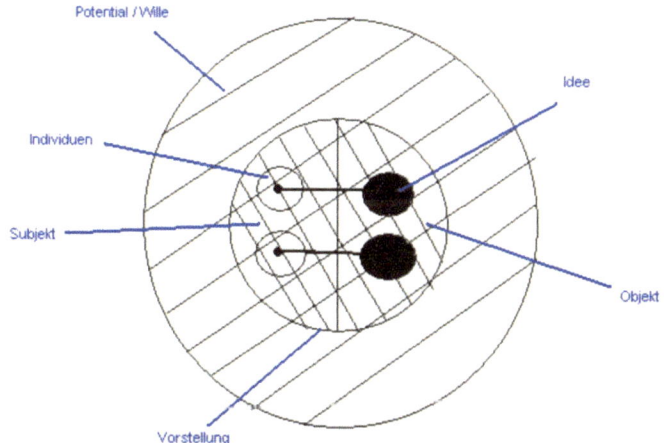

Axiom gesucht

Warum meine Gedanken momentan immer um die gleiche Handvoll Themen kreisen, warum ich längst erkannte Zusammenhänge aus allen nur erdenklichen Perspektiven aufs Neue durchleuchte, hat einen sehr *einfachen* Grund. Und so einfach alle grundsätzlichen Wahrheiten sind, so schwer ist es jene zu finden, die sich in wirklich jeder Situation beweisen und wiederfinden lassen. Mir fehlt es nach wie vor an einem zuverlässigen Generalschlüssel, dem einem Luftschloss, das sich als zuverlässig und enttäuschungsresistent genug behauptet hat, um als Lebensphilosophie zu taugen.

Tanze den Himmel, tanze die Hölle, tanze Sonne, Mond und Sterne

Laut Schopenhauer taugt die Musik deshalb so gut zum Ausdruck des Willens, weil sich in den feinen Abstufungen der Töne und Klänge, in den einzelnen Nuancen einer Melodie, eine Analogie zu den einzelnen Abstufungen der Objektivation des Willens finden lässt. Der Grundbass repräsentiert die niedrigen Stufen, auf dem sich Grundgeschehen und feste Körper tummeln, während die immer höher werdenden Töne, aus diesem Grundton abgeleitet, nach und nach die Leiter der Hierarchie der Objektivation empor klettern, bis schließlich die fast schon schrille Stimme des Gesangs für das geistige, nicht-stoffliche Sein steht.

Aus diesem Grunde bewegt uns die Musik seit Urgedenken – sie spricht direkt zum Willen und den einzelnen Facetten seiner Objektivation.

Der Sozialstaat

Was ich in unserem schönen Sozialstaat sehe? Was mir tatsächlich an ihm abgeht? Die elende Verwässerung des Potentials! Prinzipiell ist eine hohe Zahl an Individuen, die auf einer sicheren Grundlage steht, etwas wünschenswertes – sollte man die Langlebigkeit einer großen Zahl denn tatsächlich als Ziel ansehen. Jedoch ist alles worauf der Mensch mit *Stolz und Rechtfertigung* zurückblicken darf immer das Werk weniger außerordentlicher Individuen gewesen – und genau hier hemmt die Herrschaft des Sozialen die Entwicklung des Menschen und verhindert die Objektivation seiner Idee. Es wäre schön, könnte das zerbrechliche Gewächs des Genies auf jedem Boden gedeihen, doch lehrt die Vergangenheit eher, dass seine Komposition eine sehr spezielle sein muss. Jedenfalls darf er nicht von der Beschaffenheit jener faden sozialen Gesellschaftssuppe sein, die zwar jedermann ein wenig, aber niemandem sonderlich gut schmeckt:

Der Untergrund muss ein bebender sein, voll innerem Streit und Einverleibung, bei dem die Spitze den Takt angibt, in dem der Rest der Menschheit schwingt.

Ich möchte mich nicht für den Krieg und die Gewalt aussprechen, ich denke bloß an ein Szenario, das zwangsläufig passieren würde, wenn auf unserem räumlich so arg begrenzten Planeten tatsächlich individuelle Menschen wandeln würden.

Nahrungskette

Alles Lebendige, vermutlich auch schon alles davor, ist dazu verdammt, sich alles dem eigenen Bestehen und Fortentwickeln zuträgliche einzuverleiben, auf diesem Wege also der Entwicklung der eigenen Idee zu dienen. Das heißt nichts weiter, als dass ein Wesen alles daran setzt und *setzen sollte,* die individuellen (und erst durch die Individuation in dieser Form entstandenen) Möglichkeiten zu erschließen.

Kurzlebigkeit des Dharma

Das buddhistische Äquivalent zum Atom und zum Quantum (als die kleinstmöglichen Wesenheiten ihres Fachbereiches) ist das Dharma. Im Gegensatz zum Atom ist dieses jedoch nicht von Dauer und Bestand, sondern gleicht eher einem kurzzeitigen Aufblitzen der Wirklichkeit. Warum jedoch ein Augenblick - und so verlangt es die buddhistische Lehre -, nachdem er subjektiv einmal durchlaufen wurde, aus dem Gesamthaushalt des Seins gelöscht werden sollte - das ist mir schleierhaft.

Zeitmaß

Das einzige Maß, vor dem sich ein »Moment« rechtfertigen muss, ist die Taktfrequenz des schnellsten des Erlebens fähigen Gehirns. Somit ist dieses Maß kein statisches; es wandelt sich zusammen mit dem Vermögen, die Welt in hirngerechte, zeitliche Häppchen zergliedern zu können.

Was will Wille?

Der Wille will nichts als Sein und Leben, will nichts anderes als das, was bereits da ist, denn dieses ist das, was er in seinem Wesen ist, der Spiegel, in dem er sich selbst betrachtet.

Moralisch reif – ohne Zwang!

Die Taten eines Menschen, der die Absolutheit der Moral und das Gesetz Gottes als Blendwerk durchschaut hat, sind mit gleich nochmal so kritischem Blick hoch- oder gering zu schätzen – sprechen sie doch direkt aus seinem Wesen, ohne auf eine jenseitige Belohnung zu zielen oder eine Strafe zu fürchten. Wahre Moral ist erst dann möglich, wenn das Dogma der früheren aus dem Gedächtnis des kollektiv-Unbewussten gelöscht wurde.

Aufmerksamkeitsspanne

Manchmal äußert sich meine begrenzte Aufmerksamkeitsspanne, in etwa identisch mit der eines mittelalten ostasiatischen Goldfisches, darin, dass die Abfolge der Gedanken und Gesprächsthemen für so manchen Zuhörer jeglichen Zusammenhang vermissen lassen – selbst mir fällt es mitunter schwer, mir die gesamte Chronologie eines Gedankens zu vergegenwärtigen.

Nun könnte ich zu meiner Ehrenrettung die Sache so deuten, dass meine Wahrnehmung mehr einem stark konzentrierten Punkt ähnelt, in dessen Fokus die Dinge zwar um so klarer leuchten, jedoch auch genau so schnell wieder aus der bewussten Wahrnehmung verschwinden. Die meisten Leute scheinen ihre Aufmerksamkeit auf einer Strecke zu verteilen, verfügen über ein höheres Maß an Vorher und Nachher, was ungemein helfen mag dem Werdegang eines Gesprächs zu folgen, die einzelnen Stationen der Dinge jedoch nie in einem sonderlich klaren Licht erscheinen lässt.

Schrecken der Distanz

Wie klein kommt sich ein Bewusstsein vor, wie unbedeutend fühlt es sich, führt es sich die gigantischen Ausmaße des Kosmos' vor das innere Auge. Ein Tatbestand, der schon so manchen von der Lächerlichkeit des menschlichen Daseins erzählen ließ. Doch gibt es gleich einen ganzen Haufen von Ansichten, die jeder Distanz ihren Schrecken rauben.

Was erwartet derjenige, der versucht hinter die Sterne und darüber hinaus zu spähen, denn schon zu erblicken? Was fände sich ein paar Milliarden Planeten weiter? Doch wohl nichts anderes als ein weiteres »Hier«, ein weiterer Mittelpunkt, von dem aus gesehen unser jetziger Planet eine faszinierende Absurdität in weiter Ferne wäre.

Hinzu kommt die eigentliche Nichtlokalität des Universums, die mittlerweile sogar bis in die sonst so konservativen Physikerhirne vorgedrungen ist: Jeder Punkt ist mit allem anderen verbunden, ohne dass der Distanz auch nur irgendeine Rolle zu käme. Philosophisch betrachtet ist Distanz, zusammen mit der Zeit, ohnehin nur Bestandteil des Schleiers der Maya und betrifft nicht das Ding-An-Sich, ist schlicht und lediglich eines der Grundprinzipien der Individuation, nach denen unser Bewusstsein funktioniert. Verblendet sind die Männer-von-Welt, die alle Wahrheit erst hinter den Sternen ahnen.

Im All-Einen spielt der Ort keine Rolle. Drum ließ schon Nietzsche seinen Zarathustra sagen: »Bleibt der Erde treu!«.

Zeitloses Gut

Wenn die Zeit also nur eine menschliche Unterstellung bedeutet, so sollte man sich stets mehr Gedanken über die Qualität einer Sache machen, als über ihre Dauer.

Armut und Reichtum

Derjenige, der eine menschliche Beziehung verbricht, ohne sich über den eigenen Wert im Klaren zu sein, der tut dies immer aus einem Mangel und Missstand heraus, und wird für die Dauer der Sache in der Position des Nehmenden verweilen.

Religion des Werdens

Durchaus gibt es in der Entwicklungsgeschichte einer Spezies, deren Verstand zwar erwacht, jedoch noch tastend, noch unsicher ist, Phasen und Durststrecken, in denen sie auf die religiöse Weltbestimmung angewiesen ist. Durch ein Berufen auf überirdische Instanzen lässt sich das bisweilen chaotische soziale Geschehen in Bahnen lenken, die die Festigkeit einer Gemeinschaft, ihre Identität, das Selbstbewusstsein gewährleisten und stärken.

Die sich in diesem Prozess jedoch bald herausbildenden Probleme sind offensichtlich: Die Entwicklung an sich, der Prozess, wird ab einer gewissen Stufe kritischen Nachdenkens und Forschens unvereinbar werden mit der dogmatischen Sturheit, die ein Götterwesen mitunter auszuzeichnen scheint. Die Religion *darf* sich nicht wandeln, um ihre Funktion als Wertspender nicht einzubüßen - und so steckt sie mit ihrem einmal vermittelten Weltbild den Spielraum der geistigen Entwicklung eines religiösen Lebens im Vorfeld ab.

Unsere Zeit ist genau die jenes Überganges, in der sich die Entwicklung ihre Hörner am Gehege der Religion stößt. Die Frage wird sein, ob die Erkenntnis imstande sein wird eine Welterklärung zu liefern, die das metaphysische Bedürfnis (welches auch heute noch bei so manchem Völkchen in reinen Fanatismus umschlagen kann) des Menschen im ausreichenden und dauerhaften Maße decken kann.

So lange die Welt noch nicht vollends der Naturwissenschaft anheim gefallen ist, bedarf es einer Religion, die ihren statischen Charakter zugunsten des Prozesses aufgibt: Nur so kann sie die Entwicklung im höchsten Maße fördern: Durch Sicherheit - ohne Einengung. Es wird Zeit für eine Religion des Werdens.

Moralischer Verfall

Dem Dasein die göttliche Moral zu entziehen bedeutet nicht den Menschen der Narrenfreiheit zu überlassen. Man geht nur davon aus, dass der über-weise Homo Sapiens Sapiens nicht dergestalt unmündig ist, seine Werte nicht aus sich selbst schöpfen zu können. Sollte dies dennoch der Fall sein, so ist dies durchaus ein Armutszeugnis; doch bürgt unser Bedürfnis nach einem Gott immer noch nicht für dessen Existenz. Dementsprechend sollte man sich nicht bei dem beklagen, der auch ohne fraglichen Gott eine als moralisch empfundene Handlung nach eigenem Ermessen zu vollführen imstande ist, sondern sich fragen, warum man selbst nicht ebenso *edel* handeln kann.

Zur Seele

Die Seele ist etwas dem Organisch-Lebendigen eigenes, sie macht das Lebewesen in seinem Wesen aus. Sie ist unteilbar, ewig – und wird durch den Momentanzustand des Organismus, besonders durch den des Gehirns, determiniert, da sie in der Welt der Vorstellung, der *wahren* Welt, stets des Objektiven bedarf, um sich auswirken zu können. Da das Sein jedoch im Kern frei ist von Werden und Vergehen, diese erst für einen Punkt im Erlebensstrang relevant sind, bleibt die Seele im gleichen Maße ein und das selbe.

Die Seele repräsentiert also nichts weiteres als die Summe aller möglichen Konstellationen eines Individuums, alle Zustände, in denen sich das individuelle Leben verwirklichen kann.

Standpunkt

Es steht für mich außer Frage, dass in der objektivierten Welt sich jedem Erleben eine eindeutige innere Konstellation der Einzelteile des erlebenden Wesens zuordnen lässt, dass also ein fortschreitendes Erleben der fortwährenden Veränderung eben jener Konstellation bedarf – ein Stillstand dieser Vorgänge würde das Einfrieren des Erlebens bedeuten.

Nun zwingt mich mein Denken zu der tollkühnen Behauptung, alle diese möglichen Konstellationen seien stets und ständig bereits im Dasein codiert, das Konsequente Erleben demnach auf ein *Ausschließen der sonstigen Möglichkeiten* zurückzuführen ist.

Wer nun meint mich des plumpen Reduktionismus bezichtigen zu müssen, wo ich doch vom Einzelteil auf das Ganze zu schließen versuche, sollte seine Kritik noch ein wenig zurückhalten. Ich behaupte lediglich, dass ein Subjekt, durch welches sich das Sein betrachtet, der Materie bedarf, um sich objektivieren zu können, also ein »Außer-Sich« schaffen muss, in dessen Relation es erst etwas eigenes sein kann. Die diesem Vorgang zwangsläufig zur Grundlage dienenden Grundgesetze determinieren dabei den Spielraum – nicht jedoch das zwangsläufige Erleben. Es wäre doch arg respektlos dem Dasein gegenüber, würde man behaupten, es wäre nur des Monokausalen und sonst zu keiner Alternative fähig.

Raum und Zeit sind dabei sozusagen das Grundraster, an dem wir unser Erleben ausrichten, sie bilden das Gerüst, das den ganzen Vorgang der Individuation trägt.

Wichtig: Es ist immer die innere Perspektive, die auf das Draußen schaut – nur so wird eine Vorstellung vorgestellt. Eine rein objektive, reduktive und gänzlich aus ihren Einzelteilen erklärbare Welt wäre im gleichen Maße nicht existent, wie sie etwas sein würde - das gute, alte, nichtssagende Nirgendwas.

Durch die Selektion der Möglichkeiten bestimmt das Subjekt quasi, was die Welt denn nun tatsächlich ist. Aus diesem Grunde ist das Individuiertsein *kein kosmischer Unfall*, sondern unbedingte Notwendigkeit.

Ach, hätte ich doch nur, so müsste ich nicht

Die Menschen, und die Damenwelt im Besonderen, vergleichen ihr jetziges, meist ärmliches Leben gerne mit in der Vergangenheit einmal möglich gewesenen Was-Wäre-Wenn-Szenarios, oft eingeleitet durch ein »Ach, hätte ich doch nur...«, und grämen sich über die Tatsache, eine vermeintliche Chance ungenutzt gelassen zu haben. Aber warum diese Energieverschwendung, wo doch alles in deinem Möglichkeitsbereich liegende nicht hinter, sondern vor dir zu finden ist? Die Vergangenheit ist eine ehrwürdige Sache, führte sie doch zu deinem Jetzt, aber sie darf niemals der Ort sein, an dem du dein Leben verbringst!

Unendliche Annäherung
Einem nur lange genug gesetzten Ideal gleicht man sich früher oder später einmal an.

Ende Neu
Durch den Verlust des Glaubens an die Idee eines Gottes ist nichts gewonnen, außer die Welt *wie sie ist*!

Befehl
Scheue den Vergleich! Mach dich nicht zum Affen!

Heilmittel Eingeständnis
Wer seine Fehler nicht einsieht, ihnen nicht bis ins tiefste Unbewusste nachjagt, um sie an der Wurzel heraus zu reißen, der begegnet ihnen allenthalben in seiner Umwelt.

Des Predigers Wunschzettel
Es zeugt von einem kritischen, wachen Geist gegenüber allen Religionen, Philosophien und Lehren skeptisch zu bleiben, die ein letztes Ziel, oder auch nur ein Hintertürchen von einem Ausweg aus dem Leben propagieren; zu gegenwärtig sind hier die Wunschvorstellungen und Intentionen ihres Urhebers. Freilich sind es nur recht wenig Systeme, die dieses Ausschlussverfahren überstehen.

Schizophrene Genesung
Ich fürchte fast ein wenig schizophren geworden zu sein, mehr als eine Perspektive auf mein Leben haben zu müssen, um mit so mancher Situation fertig werden zu können.

Eine Psychose zeichnet sich im Kern dadurch aus, dass der Kranke von seinen Vorstellungen überzeugt ist, er sich unter keinen Umständen vom Gegenteil überzeugen lässt. Sein gesamtes Denken, das seinen Erlebensprozess ausmacht, ist krank, ist Teil von ihm, ist die Krankheit.

Nun befand ich mich ebenfalls in diesem erbarmungswürdigen Zustand, fühlte die ausdrückliche Wahrheit meiner

Wahnvorstellungen, und war dennoch in der Lage *über sie zu reflektieren.*

Hier lässt sich eine Spaltung feststellen: Ein Teil von mir war krank, ein anderer war sich dessen bewusst – und konnte den kranken von seinem Kranksein überzeugen! Konnte eine Art von kritischer Gelassenheit vor mir selbst erzeugen, und löste auf diese Weise die Krankheit auf, da diese eben des unmittelbaren Erlebens des Wahns bedarf. Ich glaube hierdurch letztlich

Eine Methode entwickelt zu haben, die mich vor so mancher Täuschung schützen kann.

Todeserleben

Diejenigen, die Verbrechen am Leben in solchem Ausmaß begehen, dass dessen Qualität auf Dauer geschädigt ist, wissen nicht, welchen Schaden sie letztlich sich selbst zufügen – ihr Verhalten ist ein tödlicher Mangel an Erkenntnis. Glaubt mir, ihr könnt euch nicht in den Zustand des Totseins flüchten, während die leidende Welt nebenher weiterläuft: Das Leben will erlebt werden, das Totsein nicht. Wer jetzt denkt: »ja, aber eben *nicht von mir*«, der hat tatsächlich gedacht – aber eben nicht genug.

Rechenschritt

Was war doch gleich mit dem Wissenschaftler, der in der Lage ist seinen nächsten Schritt zu berechnen, und den Entschluss fasste, von den möglichen errechneten Schritten den (mathematisch nun genaustens bestimmten) unwahrscheinlichsten tatsächlich zu tun? Macht er das Unwahrscheinlichste nicht zum Wahrscheinlichsten? Ist hier nicht die Quantenmechanik durch das Subjekt ad absurdum geführt?

Das Wort – die freundliche Lüge

Beängstigend, wie sich einem die liebsten Mittel der Erkenntnis beim Fortschreiten dieser mehr und mehr als Trugbilder enthüllen, wie *die Sprache* sich bei ihrer Reflektion selbst zersetzt. Die Sprache lügt, sie lügt mehr als man sich vorstellen mag, und umschmeichelt uns doch mit dem wohligen Gefühl der Sicherheit und Ahnung. Ein Wort verselbstständigt sich, jede Wiederholung macht es kräftiger, bis es schließlich in Gedanken dasteht, als käme ihm ein eigenes Wesen zu, als sei es doch wenigstens ein angemessener Repräsentant der Wirklichkeit.

Doch was bringt ein Grad solcher Bewusstheit? Nichts, außer eine Überlegenheit desjenigen, der das Spiel der Sprache durchschaut hat, gegenüber dem, der nach wie vor den Begriffsglauben glaubt. Denn es liegt in den Händen der Sprachkünstler, ganze Realitäten der Massen zu erschaffen, die zitternd auf ihrem vermeintlichen »Boden« liegen würden, kämen sie einmal ihren Worten auf die Schliche.

Das Leben bedarf jedoch der Sprache, der Täuschung, um überhaupt irgendeine Regelung – und damit die Erschließung neuer Möglichkeitsräume – zu besitzen. Das Wort macht, ähnlich wie die Zahl (welche eine Subform des Wortes ist) das Leben operierbar. So wie sich ein Psychologe auf seine Skizzchen und Modelle berufen muss, welche nur schwerlich eine tatsächliche Entsprechung in der Psyche haben, aber dennoch taugen, diese behandelbar zu machen.

Setzt man das Leben und seine Steigerung als letzten gültigen Bezugspunkt, so gewinnt die Sprache schlagartig alle Rechtfertigung zurück: Sie ist ein Mittel, aus dem Umstand des Lebens geboren, um ihm dienlich zu sein, um überhaupt irgendeine Realitätsbildung zuzulassen.

Nichts gewonnen
Die absolute Befreiung von althergebrachten Werten wurde lange als Quell von »Glück« angesehen, bis die Menschen erfuhren, wonach sich dieser Zustand anfühlt: Nach *nichts*.
- Das philosophische Quartett

Flüchtigkeit des Glückes

Glück ist ein Zustand der Selbstentrückung, des Einswerdens, dessen Emotionen jedoch schnell wieder abklingen, wenn der Mensch auf sich selbst zurückgeworfen wird. Was bleibt ist der geistige Gehalt, die Erinnerung, die Erfahrung.

Glück als Pflicht

Bisweilen wird das Leiden als die Schuld empfunden, sich »das Glück« nicht ordnungsgemäß beschafft zu haben.

Gefüge

Der Mensch braucht Sinn, Sinn entsteht durch Zusammenhang; Zusammenhang ist Antrieb und Kraft.

Kochendes Östrogen

Die Geburt des eigenen Kindes ist für viele Mütter der höchste Glücksmoment. In diesem können sie ihre Rolle im Gesamtgeschehen spüren – ein Kind ist ein fühlbarer Griff in die Zukunft.

Abgekapselt

Das Fehlen der Verbundenheit mit Vergangenheit und Zukunft ist auch der Quell der Unzufriedenheit, die das Alleinsein mit sich bringt, so weit man dieses nicht mit sinnigem Inhalt füllen kann.

Selbstaufgabe

Jemandem zuzustimmen bedeutet sich selbst zu relativieren.

Wie sich der Staat legitimiert

Unser Gehirn ist nicht in der Moderne angekommen, die wesentlichen Schichten denken immer noch zwischen den echsenhaften Polen der Gefahr und Sicherheit. Doch ist Gefahr heute kalkulierbar, ist ein *Risiko* geworden. Der Staat kann durch das verkaufen eines verschwindend geringen Risikos als eine omnipräsente Gefahr die Bevölkerung dergestalt hysteri-

sieren, dass diese zitternd und bebend auf den Schutz des großen Vaters Staat hofft. Schlagworte seien hier: Krankheiten,
Kriege, Terror.

Linderung

Es ist erstaunlich, wie das richtige Wort zur Rechten Zeit, ein
liebevoller Blick, eine Umarmung den elenden Wurm im Herzen mit einem male ruhig stellen kann, wo alles Kleinreden
und intellektuelle Relativieren der Probleme nicht mehr hilft,
im Anbetracht der eigenen Situation sogar auf sinnlose Art
grausam gegen sich selbst scheint. Als wäre der Körper noch
jemand anderes, der stets besser weiß, was man gerade
braucht, als der eigene Kopf.

Selbst die beste Philosophie taugt nicht, wenn sie dich zu
einem Menschen macht, der zu keiner Liebe mehr fähig ist.

Durchwachsen

Ein hochkomplexes System, wie es unsere Gesellschaft ist, besteht zwangsläufig aus einer Reihe von Teilkomplexen, von denen jeder mit einer gewissen Autonomie ausgestattet ist. Da
jeder Bereich sich nach den ihm selbst am besten bekannten
Regeln entwickelt, mag das Ergebnis mitunter unerwartet,
vielleicht sogar unvereinbar mit dem Ganzen werden. Ich
denke hier vor allem an das Krebsgeschwür einer Bürokratie,
das jede Muskelfaser des Gesellschaftskörpers durchwuchert.
Der Versuch alle Komplexe unter einen gemeinen Hut zu
bringen ist mindestens eine Angelegenheit fauler Kompromisse, schlimmstenfalls jedoch Deutschland.

Notwendige Individuation

Die Entstehung eines neuen Individuums bedeutet einen völlig neuen Bezugspunkt, eine neue Perspektive, für den für alles
Dasein eine neue Relation geschaffen wird. Die Regeln des gesamten Universums werden dem Erleben des Wesens zuge-
schnitten, sein ganzes Erscheinen ist eben eine Erscheinung
für dieses eine Standpünktchen. Ein Dasein ohne Individuum

würde schlagartig seines gesamten Möglichkeitsspektrums beraubt, da niemand nach niemandes Regeln nirgendwas erlebt. Ein Dasein, welches sich in seiner Vollständigkeit ständig gewahr wäre – das wäre kein funktionierendes Sein! Es muss sich stets in einen größeren Kontext einzuordnen wissen, und drum erlebt es sich aus den unzähligen Augen der Vielheit.

Great Man
In dem Moment, in dem sich viele Individuen mit ihren Weltrealitäten auf ein besonders wirkungsmächtiges Individuum fokussieren können, entsteht eine Kollektivität, die in ihrem Bestehen und Wirken wesentlich mächtiger sein kann, da sich hier jedes Ego in einen größeren Sinnzusammenhang eingebettet fühlt. Jesus, Buddha, Mohamed, Lavey, Hitler, Staatsmänner und Sektenführer aller Art sind hier die offensichtlichsten Beispiele. Ein genügend mit Realität genährtes System kann jedoch an die Stelle eines Menschen treten.

Ein Kollektiv kann dem Ungeheuerlichen einen Sinn aufzwängen und die darin wütenden Kräfte in Bahnen lenken.

Die Gesinnung
Als das letztmögliche Maß für das Wesen eines Menschen, nachdem alles weltliche von ihm abgestriffen wurde, wird gerne die Gesinnung herangezogen – sie allein sei die grundlose Grundlage, nach der sich alles Handeln äußert. Tatsächlich ist aber die Gesinnung jene Form, in die eine Tat hineingegossen wird, *nachdem* sie ausgeführt wurde. Sie dient dem Katalogisieren einzelner Verhaltensmuster.

Weilerei
Den Leuten wurde von Kindesbeinen an so viel von der Wichtigkeit der eigenen Meinung erzählt, dass viele schon denken eine Sache verstanden zu haben, wenn sie nur ihr momentanes Befinden ihr gegenüber als Meinung formulieren können. Die kausalen Gründe *im Nachhinein* hinzu zu dichten – dies fällt dem Verstand, dem alten Rechthaber, nur allzu leicht, wo

doch der durch die Meinung bereits im Vorfeld gesetzte Schluss als vermeintlich vernünftig-logisches Ziel feststeht. Man kann eine Meinung so lange mit »Weil« nähren, bis sie den für den Verstand nötigen Anschein von Haltbarkeit hat.

Vielleicht endet jede Begründungskette, an der Mensch sein Leben aufhängt, letztlich in der Grundlosigkeit. Die letzten Axiome der Begründung liegen ausschließlich in einer *gefühlten* Richtigkeit.

Ebenen

Den einzigen Quell aller Autorität sollte die Bewusstheit darstellen, behauptet diese doch von sich, mehr Wissen über dein Wesen zu haben als du selbst. Sie kann nicht durch einen Titel verliehen werden.

Bewusste Äußerung

Am Gebärden eines Menschen erkennt man, sollte er sich nicht verstellen, das Ausmaß seiner Bewusstheit. Besonders der Humor erzählt viel über die Perspektive, aus der heraus erzählt und verstanden wird.

Kristalline Sturheit

So mancher scheint bei dem vermeintlichen Versuch etwas verstehen zu wollen eher sein Gedächtnis zu beanspruchen als seinen tatsächlichen Denkfluss. Es macht einen großen Unterschied, ob man erst den Graben aushebt und diesen dann mit Denken füllt, oder ob man den Strom sich selbst den Weg bahnen lässt. Übernommene, starre Gedankenmuster führen zu einer Unterordnung des Denkens unter den Gedanken, eine »Strategie«, die eine Unflexibilität des Geistes zur Folge hat, wie sie die fensterhockenden Senioren unserer Seitenstraßen auszeichnet.

Absinth und Planescape: Torment

Ein gespaltener Geist zerstört, was einst geordnet war – alles, was seine Hände fassen, verliert seine Form. Doch ist es gerade jenes Wechselspiel aus Abriss und Aufbau, aus Rausch und Stasis, das allen Weltenlauf ermöglicht. Wäre ein ewiges Leben nicht nur eine andere Bezeichnung für den Tod? Bedarf das Leben nicht seines Gegensatzes, der es in seinem Dasein bestätigt?

Ehrlichkeit des Ideals

Das Ideal lügt, wenn es sagt, es stehe mit beiden Füßen auf der Wahrheit. Dergestalt verkennt seine Funktion; seine Notwendigkeit ist bereits die Unterstellung von einem Mangel an Wahrheit.

Sphären

Das (erzwungene) Zusammenleben vieler Menschen führt zu einer Vermischung einzelner Bewusstseinssphären, von denen manche mehr, manche weniger ineinander übergehen oder sich gegenseitig umschließen. Im Berufsleben steht man dann zwangsläufig vor der Entscheidung, ob man sich in die Firmenmentalität, oder auch nur die Mentalität des eigenen Großraumbüros, einzufinden bereit und imstande ist, um seine eigene, kleinere, lautere Sphäre im größeren Wir verschwinden zu lassen, in dem die Stimme des eigenen Ichs nur ein seichtes Flüstern in einem ganzen Meer von Stimmen ist. Die Sphärenbildung beginnt schon beim Erlernen einer bestimmten Sprache (der Hauptsprache, die, in welcher das eigene Denken abgefasst wird) und der damit einhergehenden Art, dem Stil der Informationsverarbeitung.

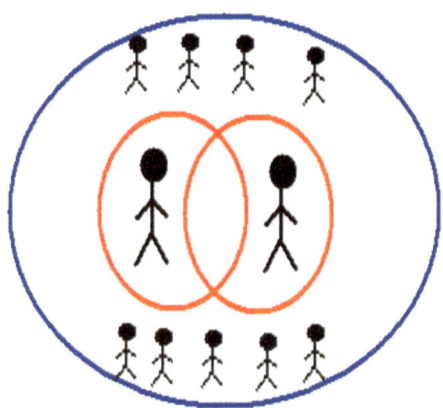

Verdinglichung

Indem man aus etwas ein benanntes Objekt macht, tut man so, als könne man das Benannte aus dem Fluss der Zeit herausreißen, aus einem Prozess ohne jede Einbuße ein statisches Ding machen. Diese Art der Verdinglichung ist eine weitere Verlockung der Sprache, welcher der Mensch schon lange genug hörig ist, um nicht mehr in Betracht ziehen zu müssen, dass dieser winzige Teilaspekt, den ein Jetzt über ein Objekt verrät, niemals taugt das Ganze einer Sache zu erfassen.

Seelenempirie

Sind nicht jene Geister, die über die eigene Funktionsweise zu reflektieren imstande sind, der Beweis, dass der Geist mehr ist als bloß der empirische Vorgang des Gehirns? Dass ein Geist zumindest mehr sein *kann* als das? Würde dem nicht so sein, so stieße man bald auf das Paradoxon des allzuschlauen Wissenschaftlers: Wie kann ein Etwas seine eigene Zukunft berechnen, ohne die Rechnung ad absurdum zu führen?

Erste Schritte mit Heidegger

1. Das Denken ist ein Prozess innerhalb der Zeit, kann überhaupt nur in dieser fluiden Form existieren.
2. Doch sind die gewonnenen Erkenntnisse stets außerzeitlich, sie stehen bereits im Vorfeld als metaphysische Konstanten fest.

Mein Senf: Ist es nicht eher so, dass der gesamte mögliche Gedankengang, inklusiver seiner Variationen, bereits im Potential des Seins kodiert liegen? Dass die Ergebnisse (»Erkenntnisse«) bloß einzelne Spitzen möglicher Eisberge sind, die niemals Anspruch auf Absolutheit haben können? Dennoch merkenswert: Die Differenzierung zwischen dem Inner- und Außerzeitlichen.

Einfall der Ideen

Die schönsten Erkenntnisse erfährt der Geist nicht durch das elende Nacheinander des inneren Monologs – er schaut sie in ihrer Ganzheit in Form einer Idee.

Laster der Philosophie

Die gesamte Philosophie ist eine Ansammlung von Positionen, aus denen heraus der Philosoph das Sein konsequent durchleuchtet. Doch beruht jede dieser Positionen in ihrem Kern auf einer Prämisse, deren Urheber niemand anderes ist, als der allzumenschliche Geschmack des Philosophen. Diese grundlose Überzeugung wird ohne weitere Begründung vorausgesetzt. Und genau dies macht den Wert einer Philosophie aus, nur so bietet sie eine Erweiterung des eigenen Blickwinkels, welcher ebenfalls - bestenfalls!- nur Folge des eigenen Geschmacks ist.

Dahingehend bedarf die Philosophie auch eines Menschen mit einem erlesenen Geschmack - der Denker darf *nicht alles fressen*!

Raucherinsel

Das Rauchen einer Zigarette ist wie das Zurückziehen auf eine einsame, kleine Insel – der Raucher schafft um sich seine eigene Domäne. Schon der Unterschied zwischen dem Man-Raucht und Man-Raucht-Nicht schafft entweder eine gemeinsame Grundlage oder eine Schlucht zwischen den Individuen (»geschlossene Gesellschaft«). Der Raucher hat ein Bedürfnis nach Rückzug, Pause, will Freiheit-von etwas – und sei es durch Inkaufnahme der Unfreiheit durch das Rauchen.

Wesen der Krankheit

Akne ist ein recht sicheres Zeichen eines kränkelnden Selbstbewusstseins unter der fleckigen Haut. Es drängt sich nur die Frage auf, ob die Krankheit Ursache oder Symptom dieses Selbstgefühles ist. Vielleicht darf so manche Krankheit als *der Ausdruck* einer geschwächten Seele betrachtet werden. Dies einmal unterstellt befindet sich die westliche Medizin, die ihr akademisch geschultes Auge stets nur auf die Symptome einer Krankheit richtet, mit ihrer ganzen Methode auf einem Holzweg. Diese Mentalität dient eher den Absatzzahlen der Pharmaindustrie als einem kranken Menschen.

Umschlossen von sich selbst
Hat etwas eine Größe, so ist es nicht unendlich.

Vernunft und Glaube
Westlicher Wissensdurst und östliche Glaubenskraft – diese beiden sich diametral zueinander verhaltenden Urkräfte der Zivilisation sind die Grundpfeiler einer funktionierenden Gesellschaft; dieser für den Fortschritt, der alles auszeichnet, was sich heute an unserer Welt modern und redlich nennen darf, jene für die innere Kraft, Ruhe und Überzeugung.

Kann man diese beiden Kräfte in der gleichen (Volks-)Seele vereinen? Führte dies zu einer Stärkung oder Schwächung des Organismus'? Die Aufgabenverteilung – muss sie nicht ständig gewahrt bleiben? Oder darf das eine das andere ersetzen, ohne schleichende, aber langfristig eben doch desaströse Folgen? Ein Fortschritt auf der Bodenlosigkeit mangelnden Glaubens arbeitet in jedem Fall nur in eine Richtung – in die des Nihilismus'!

Das (ein…) Problem: Nimmt eine der beiden Geisteshaltungen Überhand, so kompensiert sie nach Lust und Laune aus der anderen Ansprüche heraus, die ihr überhaupt nicht zustehen – und stiftet auf diesem Wege allerlei Unfug. Man will gar nicht wissen, wie viel Glaube die moderne Wissenschaft durchzieht, und man sollte nicht ahnen, wie sehr dieser Misstand den menschlichen Geist verdirbt und austrocknet.

Paranoider Fehlschluss
Die paranoide Seele begeht dahingehend eine Dummheit, dass sie den anderen eine viel zu hohe Bedeutsamkeit für die eigene Person beimisst, wo doch das Meiste der Menschheit schon zu-

frieden ist, wenn sich die Gedanken auf nicht viel mehr zu richten brauchen als das allabendliche Fernsehprogramm. Man braucht in einer Welt, deren Betriebsgeheimnis niemand kennt, niemandem einen zu hohen Grad an Autorität zusprechen. Paranoide versuchen, vermutlich in Ermangelung sozialer Bindungen, eine zwanghafte Verbindung zwischen sich und den anderen herzustellen – sie sind gescheiterte Sozialtiere.

Begriffshunger
Vielleicht hat das Wort Intelligenz ein völlig falsches Licht auf die geistigen Fähigkeiten des Menschen geworfen, da sie einerseits häufig mit diesen gleichgesetzt wird, andererseits jedoch nur ein begrenztes Spektrum von ihnen umfasst. So wird jemand, der mit Zahlen zu jonglieren weiß, zutreffend als intelligent bezeichnet, wobei der gemeine Mensch im IQ geradezu den absoluten Maßstab dafür sieht, wie viel nachweisbarer Geist hinter einer Stirnplatte wohnt. Dass eine solche Fähigkeit jedoch für nichts weiter bürgt als einen guten Kopfrechner, der unter Umständen ein ansonsten gänzlich unkreativer Denker ist, ist für die Allgemeinheit nur noch schwer nachvollziehbar.

Begriffe wie die Intelligenz können sich einen ganzen Sachverhalt einverleiben, der ehemals ein viel weiter gefasster Bereich war. Welcher Begriff mit welcher Wertigkeit für welchen Sachverhalt steht wird im wesentlichen von den momentanen Anforderungen einer Gesellschaft definiert.

Rückkopplung
Die Vergangenheit erscheint uns um Vergleich mit der Zukunft deshalb so umwandelbar, weil der Moment, in dem wir in unserer Erinnerung zurückblicken, durch eben jene bedingt wird.

Einsiedlerweisheiten
Ein Mensch, der seine Lebensphilosophie in der stickigen Luft seines stillen Kämmerleins entdeckt (erfindet) – für welches Leben taugt diese eigentlich? Für welches Leben bedeutet sie

eine Erhöhung? Derlei Einsiedlergedanken und Pantoffelweisheiten mögen Wahrheiten sein – jedoch *nur für Einsiedler*!

Fehlübersetzung
Bei dem Versuch sich selbst zu übersetzen muss man zwangsläufig Lügner werden.

Lebensklugheit
Lasse dein Denken vom Kopf ins Herz fließen, um das, was an Wahrheit in ihm ist zu Leben zu machen.

Energieerhaltungssatz
Der Energieerhaltungssatz ist vielleicht ein fundamentalerer Ansatz, als der erste Anschein einem zunächst glauben machen mag. Man kann sich sogar den Verlauf einer Emotion als ein Gummiband vorstellen, bei dem jedes Dehnen in eine Richtung ein Zurückschnellen in die andere zur Folge hat. So bedeutet jedes Hochgefühl eine umso größere Leere, sobald man es verloren hat – jede Emotion lässt den ehemals beanspruchten Raum als Hohlraum zurück. Und so sieht ein Mensch, der den Zustand der Extase verlässt, die Welt plötzlich als einen unerträglichen Ort der Langeweile an.

Erlebensverschnitt
Die von den Wissenschaften geforderte Perspektive der größtmöglichen beschreibenden Objektivität führt, wenn sie als wahrhafteste Perspektive ad absolutum gesetzt wird, zu einer Verzerrung des Erlebnisses. Da wäre zunächst die künstliche Spaltung der Welt in das Geschehen und den anteilnahmslosen Beobachter – als könne ein Beobachter anteilnahmslos sein! – sowie das Ausblenden der das Erlebnis bestimmenden Eindrücke. Das Erleben wird auf das reine zeitliche und räumliche Geschehen reduziert, was auch prinzipiell eine akzeptable Form der Beschreibung darstellt, jedoch nur so lange diese Darstellungsweise nicht für sich in Anspruch nimmt, auf allen Ebenen Gültigkeit, die *einzig wahre* Gültigkeit, zu besitzen.

Es grenzt an Idiotie meinetwegen die Liebe aus Hormon-ausschüttung zu beschreiben, und zu meinen, wer diesen Standpunkt nicht einzunehmen bereit ist, sei ein verblendeter, der Romantik verfallener Schwärmer. Derjenige, der die Liebe lieber als eine großartige, antreibende wie verzehrende Ur-kraft verstanden wissen will, der beschreibt sie aus der inneren Perspektive heraus, er gesteht sich ein, dass das, was er be-schreibt, stets bereits Bestandteil von ihm selbst ist.

Das Gesetz

Sämtliche Reglementierungsversuche der Welt, von den einfa-chen Verkehrsregeln bis hin zu den Gesetzen über den Zah-lungsverkehr, sind außerzeitliche gedankliche.

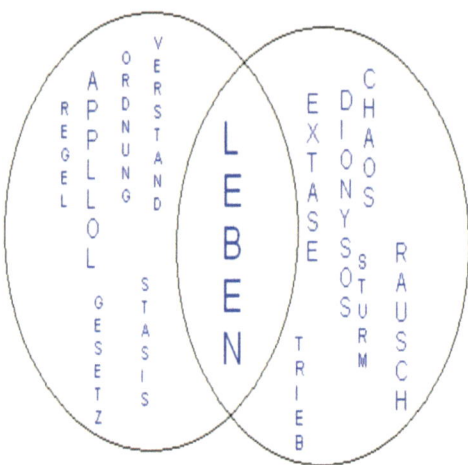

Null und Nichtig

Das Nichts, das absolut nicht-Seiende, ist vermutlich eine wei-tere Verirrung der Sprache, die schon in so mancher Philoso-phie (in der Schopenhauers, namentlich) für jede Menge Un-sinn sorgte. Sämtliches Nichtsein lässt sich nur durch eine Negation von Seinskomponenten und deren unzählige Neu-kombinationen erfassen. Das absolute Nichts wurde in dem

Moment von seinem Platz verdrängt, als das Dasein die Bühne betrat. Das Nichts braucht viel zu viel Platz, als dass das Dasein ihn erübrigen könnte.

Schlecht

Das Böse kam nicht durch den Menschen ins Dasein, aber in ihm findet man es wie sonst nirgendwo verwirklicht. Er ist es, der diesen Begriff missbraucht, das zu brandmarken, was ihm widerstrebt.

Verstanden?

Vermutlich ist unsere ganze Welt nur die Welt des Verstandes, die Welt für den Verstand. Dieser will immer Recht haben, und so zwingt er der Welt das ewige Nacheinander und Genau-So auf.

Eigentlich…

Die Eigentlichkeit des Lebens liegt in der einfachen Erkenntnis, dass in allem Für-Mich der eigenen Erlebniswelt alle Wahrheit*en* des Daseins in ihrer ganzen Wirklichkeit erstrahlen. Hier liegt das Zurückholen aller Gedankengebäude in den Schoß des Seins, das Leben läuft nicht mehr durch die Bahnen des Künstlichen und entfremdet sich, sondern ist bei sich angekommen, findet im Hier-Und-Jetzt die Ewigkeit.

Glaubenskrieg (falsch)

Das Gefühl des Zusammenhaltes im Krieg wie im sportlichen Wettkampf zweier Oppositionen wurzelt in den selben Gefühlen, die zwei Glaubensmänner unterschiedlicher Bekenntnisse füreinander empfinden: Hier heißt es Wahrheit gegen Wahrheit, und bestehe diese nur aus der vermeintlichen Schlechtigkeit des anderen.

Manch einer hat seine Wahrheit seinem eigenen Land und Umfeld gegenüber ein Leben lang zu verteidigen, muss fallen und aufstehen, um wieder zu fallen und zu stehen. Entweder verteilen sich die dabei mit der Zeit entstehenden Narben so, dass aus seinem Gesicht Erfahrenheit und Charisma sprechen, oder so, dass aus seinen Augen die gequälte Seele eines verkrüppelten Abfälligen zu flehen scheint.

Ding unter Dingen
Die Wissenschaft tut so, als könne sie den Menschen, wie jeden anderen x-beliebigen Gegenstand, in den Blick bekommen. Dies wird sich insbesondere als ein Problem der Neurowissenschaften herausstellen: Die vollständige Erfassung der inneren Perspektive – von außen!

Angst
Die Angst ist die ungekrönte, kaltherzige Königin der Empfindungen, die keine Herrscher neben sich duldet. Sie lässt die ganze Welt zur Qual werden, das reine »Dass« der Existenz wird einem unerträglich – und alles was gerade noch lieb und teuer war ist fortan Last und Elend.

Kultur
Kultur ist ein groß angelegtes Gemeinschaftsprojekt zur Bändigung des Chaos'. Sie dient dem gezielten Abschaffen des Spontanen und der Freiheit, um dem Menschen in seinem ohnehin schon ausgelasteten Alltag den Fluss der Dinge zu erleichtern. So können Kräfte reguliert, nutzbar, produktiv gemacht werden. Gelegentlich braucht es jedoch den kurzzeitigen Ausbruch des Chaos', vielleicht sogar eines Krieges, um der Stasis, der Dekadenz entgegenzuwirken.

Missbrauchsanfällig
Die Kultur ist im Gegensatz zur Natur um ein vielfaches form- und manipulierbarer, sie ist eben transzendierte, in abstrakte Formen gegossene Natur. Im gleichen Maße wird der Mensch manipulierbarer, indem es mit entsprechender Macht ausgestatteten Institutionen ermöglicht wird durch Medien und Meinungsmache zu bestimmen, *was* momentan die Extelligenz der Kultur ausmacht.

Launenhaft

Der depressive Verstandesmensch, das gemütserkrankte Kopftier, wähnt sich in der Position des Durchschauenden, der die heile Welt der anderen als Lüge erkannt hat und diese mit nichts als Zynismus und Verachtung versehen kann. Gleiches denkt jedoch in umgekehrter Variante der froh gestimmte Geist, dem aller Schwermut als krankhafte Verstimmung, mindestens als Dummheit erscheint. Meinungen über die Schönheit und Hässlichkeit der Welt sind nichts als Launen der Organe.

Stoffloser Äther

Wenn man sagt, die Materie sei in ihrem Wesen nicht noch mehr Materie, sondern schlicht das Potential Materie zu sein, so darf man nicht mehr fragen, woraus dieses Potential gemacht sei. Erst eine Intelligenz, ein Ordnungssystem, ordnet dieses Potential zu einer Identität, es macht keinen Sinn nach einem Urstoff zu fragen, nachdem wir die Ebene des Stofflichen durch den ersten Gedankenschritt hinter uns gelassen haben. Eine Welt wird in dem Maße Ding, in dem eine Intelligenz versucht sie zu ordnen. Vorher ist dort nichts, keine Gleichung, Zahl, Rechnung – nur potentielles Sein.

Das antreibende Element

Die Intelligenz als das große Urprinzip zu vermuten muss zwangsläufig ein Irrtum sein, kann sie doch nicht nur sich selbst dienen, ist sie doch niemals reiner Selbstzweck.

Was würde eine allein gelassene Intelligenz tun? Sie würde stets den Weg der Effizienz, der Ordnung, der Logik gehen – aber in wessen Sinne? Zweckmäßig – wozu? Es braucht noch ein anderes Element, einen bestimmenden, zielsetzenden, antreibenden Faktor.

Hier wüsste der Mensch mit Sicherheit gerne die unendliche Liebe Gottes, doch ist dieses Weltenbild im Anbetracht der Umstände schnell als anthropisches Wunschdenken erkannt. Der Wille… ja! Der wäre der zumindest qualifiziertere Kandidat, der große Selbstzweck, der grundlose Grund. Er wäre geeignet die Ziele vorzugeben, die es dann mit allerlei Mitteln, bald mit Liebe, bald mit Intelligenz, zu erreichen gilt.

Wohin mit dir?

Langeweile – die Qual des Vergehens der Zeit, das Leid, das das reine Dasein ohne Ablenkung durch die schillernden Objekte unserer Welt verursacht. Die reinste Form der Anwesenheit der Zeit, in welcher sie so präsent ist, dass ihr Verstreichen den ganzen Körper und Geist durchzieht, indem sie eben *einfach nicht verstreichen will*; der Zeitfluss, der wir selbst sind, droht zu stagnieren: man weiß mit sich nichts anzufangen.

Die Langeweile zwingt uns dazu, sich auf etwas zu richten, irgendetwas rasch einen Sinn und Zweck zuzusprechen. Sie ist einer der Antreiber des Seins, der allzu deutlich herausschreit, dass der Wille sich nicht langweilen will.

Vernunftsgemäß vernünftig

Wann immer ich das Wort Vernunft gebrauche will ich dieses nicht mit dem »vernünftigen Handeln« verwechselt wissen. Die Vernunft als Vermögen ist eben die Fähigkeit des Menschen Vernünftigkeiten zu schaffen, gedankliche, abstrakte Gebäude aufzustellen, denen gemäß zu Handeln dann »vernünftig« ist.

So kann ich mittels der Vernunft die Regel »Du sollst nicht stehlen!« aufstellen, und somit eine Bedingung schaffen, unter der der Status des vernünftigen Handelns wie ein Orden verliehen wird.

Not als Befreiung von der Not

Manchmal dienen die Sorgen und Nöte, all die Problemchen und Getriebenheiten dieser Welt, zur Ablenkung von der eigentlichsten aller Sorgen: dem reinen Dasein, dem Nicht-Wissen-Wohin. Nichts ist unerträglicher als die entgegen gegähnte Leere des unerfüllten Seins.

Zitate zur Demokratie

»Die Demokratie als Lebensform relativiert absolute Wahrheitsansprüche.«

»Der Relativismus ist die Weltanschauung, die der Demokratische Gedanke voraussetzt.«

»Man weiß, dass Kompromisse im Geistigen aller Laster und Lüge Anfang sind.«

Durchschnittlich gut

In der Demokratie wählt die Mehrheit – die Masse! – die Dinge in die Existenz hinein. Diese Wahrheiten sind definitionsgemäß durchschnittliche Wahrheiten, Wahrheiten *des Durchschnitts*.

Universalgrammatik

Kinder kommen nicht als Tabula Rasa auf diese Welt, sie haben bereits ein Grundverständnis für Sprache, Zahlen, Räumlichkeit und sogar moralisches Handeln – die Evolution beschenkt den Menschen schon von Kindesbeinen an mit Grundideen (Archetypen, Gedankengräben, wenn man so will), die im Laufe des Lebens mit Denken gefüllt werden können. Sie dienen als die Schablonen, die der Geist auf die Welt legt, um sie sich für seine etwas ungelenkten geistigen Hände begreiflich zu machen. Ich denke, dass diese Vorahnungen deshalb dergestalt angelegt sind, wie es sind, um einerseits, ganz klar, ein Lernen zu ermöglichen, gleichsam die Spielregeln unter denen gelernt wird aufzustellen, andererseits jedoch genug Spielraum zur Variation übrig zu lassen. Der menschliche Geist ist noch viel mehr als der biologische Körper einem ewigen Wandel, dem Zeitgeist (dem Geist *in* der Zeit) unterworfen – und muss dies auch sein.

Der Markt der Weltbilder…

Eine Religion ist eine vordefinierte Perspektive für die Welt.

… und seine Marktschreier

Götter wurden damals durch den Federkiel der Dichter geboren.

Die Hölle

»Weißt du wie die Hölle wirklich ist? Dort gibt es kein Feuer und keine Ketten aus Eisen, doch du entfernst dich von Gottes Angesicht und sein Wort erreicht dich nicht mehr.«

Zunächst ist die totale Gottlosigkeit die Abwesenheit von Sinn und Leben im Dasein; der Mensch verliert die Fähigkeit die Dinge in ihrer Fülle und Lebendigkeit zu sehen. Das Gegenmittel zu diesem Zustand ist die Kunst, sich im Kraftstrom der Welt zu verlieren, sich mitreißen lassen zu können, jede Distanz zu verlieren, so wie man einen lyrischen Text nur im Rausch seiner Sprache begreift. Man muss sich bewusst werden, dass eben auch der vormalige Gottesglaube nur ein solches Verlieren in das Gefühl der Religion war.

Mehr Desselben

Man wollte die Welt verstehen und versteifte sich auf das einzig richtige Mittel: die Wissenschaft. Als die Welt sich immer komplizierter zeigte, jedes gelöste Rätsel sogleich drei neue herbei rief, da war klar: Wir brauchen noch mehr Wissenschaft! Und noch mal mehr davon!

Ein Glaube an den Fortschritt in Richtung Gewissheit durch die Versteifung auf eine Sache – das kann nur im gleichen Maße zu *noch mehr Nichts* führen.

Selbstzweck

Das Leben ist sich selbst ein Zweck. Warum? Weil alles Urteilen vom Leben ausgeht.

Unmöglich

Mein Platz, der wird von mir bedeckt; für dich bin ich unmöglich.

Eigentlich ganz und gar

Zöge man alles Formgebende aus dem Dasein, bis es in seiner ganzen Eigentlichkeit vor einem stünde – tja, was stünde denn da vor einem? Etwas, das alles sein kann, aber nichts davon ist. Ganz und gar eigentlich, unbeeinflusst, an-sich und für-nichts --- das gibt es nicht! Kann es nicht geben!

Eine der großen Gaben der Philosophie ist die Fähigkeit, sich seine Einflüsse aussuchen zu können, aktiv zu entscheiden wer man ist, sein will und sein könnte.

Ursprünge

- Ein Tier erlernt zuerst das Zählen, das Abstrahieren folgt später (=> Verwandtschaft des Zählens mit der kausalen Abfolge und dem Verstand)
- Ein Tier ist in dem Sinne »Weltarm«, dass es weniger als der Mensch dazu in der Lage ist, das eigene Leben in »vernünftige« abstrakte Zusammenhänge einzugliedern. Es ist direkter, triebhafter, dionysischer.
- Aus diesem Grunde unterscheiden sich Tiere im geringeren Maße voneinander, jedes ähnelt der einen Idee (dem einen Möglichkeitskomplex), deren Stellvertreter es ist. Individualität entwickelt sich mit zunehmenden Maße abstrakt entwickelter Weltansichten.
- Der Mensch nach dem Grade seiner Individualität sterblicher als das Tier, da das Spezielle, das ihn auszeichnete, entsprechend schwieriger zu reproduzieren ist.

Abgekoppelt

Pech, Schwefel, Lavaflüsse, Feuer, Asche und Verderben – die Hölle. Nur hat unser jetziges Dasein bereits all dies zu bieten; die Hölle ist nichts weiter als ein stilisierter Teilaspekt des hiesigen Lebens, der von hier losgelöst und ins Jenseits verschoben wurde.

Eigenwert

Das menschliche Treiben ist zum Großteil ein Ringen um Anerkennung. Sollte selbst die Vernunft ihren Ursprung so unvernünftig gewählt haben?

Ideenkino

Je mehr man in den Zustand der, nach Schopenhauer, »interesselosen, reinen Betrachtung« versinkt, desto mehr strahlt einem die Idee einer Sache entgegen. Man verfälscht das Bild nicht weiter durch die eigenen Meinungen und Vorstellungen, *kronkretisiert* die Sache weniger. So sieht man mehr von dem, was etwas sein kann, weniger von dem, was es für mich ist. Man wird weltloser, weniger.

Aber doch nur im begrenzten Maße! Hier gibt es immer noch keine Schauung der platonischen Ideenwelt! So lange du auch nur ein Auge zum Sehen brauchst, ein Gehirn zum Verarbeiten und Vorstellen, so lange siehst du auch nur die menschenmöglichen Erscheinungen. Nicht mehr. Aber auch nicht weniger.

Seltsam!

Andere Leute hassen es, wenn man nur mit sich selbst beschäftigt ist und keinerlei Aufmerksamkeit nach außen zeigt - als würde man eben dadurch Aufmerksamkeit auf sich ziehen wollen! Aber wie kann man anderen mehr Freiraum bieten, als durch ihre Nichtbeachtung? Der Andere spiegelt seinen nach Aufmerksamkeit lüsternen Charakter in die selbstversunkene Person und meint diese würde, wie es seine Art wäre, ignorieren um zu ärgern! Mit sich selbst beschäftigt und zufrieden sein?! Unmöglich!

Schlangenbiss

Heilig ist der Tag, an dem du zu deiner Vergangenheit sagen kannst: »So wollte ich es!«

Nochmal Demokratie

»Demokratie ist das Anti-Erhabene. Sie ist ohne grandiose Zukunftsperspektive, dafür aber ganz Gegenwart, in ihr gibt es keine Gewissheiten über geschichtliche Aufträge, sondern nur ein Leben mit Wahrscheinlichkeiten.«

Sehnsucht, sonst nichts

Wer sich schon eine Anderswelt zurechtträumt, der sollte sie nicht mit irdischen Genüssen füllen! – Niederste Form des Jenseitsglaubens!

All-Tag

Man nährt in sich die Verachtung des Menschen in seiner Alltäglichkeit, je mehr man ihn und seinen Alltag versteht. Im gleichen Maße fängt man an sich selbst zu hassen, wo man doch auch an sich ständig neue Alltäglichkeit entdeckt.

Erkenntnis = Überwindung einer Täuschung = Enttäuschung

Nicht göttliches Wissen war es, was Adam und Eva durch den Biss in den Apfel erhielten, sondern die Einsicht in ihre eigene Erbärmlichkeit, in ihr Nacktsein vor Gott. Ist demnach das Vertriebenwerden aus dem Paradies ein Symbol für die Überwindung einer Illusion durch Erkenntnis? Das Aufwachen aus der Matrix in einer ziellosen, kalten Welt?

Ungeliebte Wahrheiten

Man schimpft einen Philosophen, der das Böse, die Gewalt, den Mord und den Totschlag als feste Bestandteile der Welt erklärt einen Verblendeten, einen Wahnsinnigen, der sich von den menschlichen (göttlichen) Werten losgesagt hat und stattdessen den dunklen und satanischen Gelüsten frönt. Tut man ihm nicht Unrecht, gesetzt, dass er selbst einige Leiden auf sich nehmen, *Erfahrung* sammeln musste, um seine Augen eben nicht vor diesen unliebsamen Wahrheiten zu verschließen? Dies alles zu erklären bedeutet ja eben nicht sich dies alles selbst zu wünschen, es bedeutet sich dem Dasein, so wie es sich bis heute nun mal unleugbar gehalten hat, mit all seinen Aspekten zu öffnen.

Glücksritter

Das moderne Denken setzt das Glück an die Stelle eines Gutes, das man im unterschiedlichem Maße besitzen kann, umgibt man sich mit jenen Objekten, mit denen es vermeintlich untrennbar verknüpft ist. Dadurch zieht man es aus dem Lebensfluss heraus und setzt es als den anzustrebenden Zustand in der Zukunft fest. Doch entzieht sich das Glück immer im letzten Moment dem Suchenden, der bald feststellen muss, dass man doch zu keinem Zeitpunkt in dieser Zukunft lebt.

Wohin soll denn die Reise gehen?

Die Technik ist ein Himmelfahrtskommando – sie kennt kein Ziel.

Ich weiß etwas, was du nicht weißt

Das »Wissen der Menschheit« ist eigentlich das Wissen einiger weniger ausgewählter Köpfe; was hier gewusst wird ist andernorts noch umringt von Mythen und Märchen.

Gemächlichkeit des Fortschritts

Der Weltgeist rollt gemächlicher als der stürmische Geist der denkenden Hitzköpfe, er verliert sich bald in den Schluchten der Unaufgeklärtheit, dreht ein paar Runden mehr als nötig um den Glauben und verweilt gerne eine Weile bei der Sitte und Tradition, bevor er, falls überhaupt, dem Fortschritt zuzuhören bereit ist.

Das hinkende Organ

Der Geist des Menschen und seine Extelligenz, die Kultur, mögen sich noch so schnell entwickeln, die Physis wird sich diesem Spurt nicht anschließen. Bis ein Denken wirklich einverleibt wird braucht es Jahrhunderte der Gewöhnung, weshalb sich auch nur jene Ansichten verdauen lassen, die längeren Bestand haben.

Rostfrei

Bald wird sich der Mensch als ein Tier in einer Welt aus Stahl vorkommen – und sich seiner eigenen Unvollkommenheit im Glanze seiner Maschinen schämen.

Das gute Gut

Das Glück wurde verdinglicht, macht jedoch nur als Prozess Sinn.

Zeitiges Selbstlob

Und der Mensch pries seine Klugheit. Doch was Klugheit ist, das definierte man erst später.

Absolut frei

Freiheit zeichnet sich durch die Negation einer Pflicht, eines Gesetzes, einer Ordnung und Notwendigkeit aus, sie besteht aus einem Frei-von. Strebt man also die absolute Freiheit an, ein Zustand den der Geist nicht einmal im Ansatz fassen könnte, so strebt man die absolute Negation von allem an. Wahre Freiheit wird erst durch die ausgewählte Einschränkung, durch die Schaffung einer Grundlage ermöglicht. Die absolute Freiheit ist ein missbrauchter Begriff, dem ein schwärmerischer Geist in seiner Unbedachtheit gerne anheim fällt.

Die Hölle der anderen

In stillen Momenten dämmert mir manchmal, wie sehr das eigene Handeln durch das fremde Auge bestimmt wird. Der Mensch spricht, bewegt sich, *denkt* nur allzu oft zum Wohlgefallen seiner Mitmenschen. In der Sucht nach den anderen – was spiegelt sich da? Ein Wille-Zum-Selbst, das man in seinem Inneren vergeblich sucht? Woraus resultiert das Ringen um Aufmerksamkeit? Ist es der Verdacht, dass man alleine nichts sein kann? Nicht gut, böse, edel, rechtschaffen – nicht einmal langweilig? Man benötigt zur Bestimmung seiner selbst einen anderen, der dich in dem bestimmt, was du bist.

Die schopenhauersche Interpretation wäre, dass man sich selbst im anderen, als Teil des selben Weltenwillens erahnt und somit die Meinungen des anderen nicht völlig unterdrücken, ohne sich selbst zu leugnen. Nietzsche wiederum würde die Machtübernahme des anderen Willens durch den anderen wittern, wo andere wieder anderer Schlüsse zögen. Ach, die Welt ist wahrlich in dem Maße komplex, wie man selbst in der Lage ist sie als komplex zu bestimmen.

! Taugt doch nichts

Unser Zeitalter, der Zeitgeist, macht es dem Denken schwer, die Würde von etwas in der Sache selbst zu sehen. Nichts hat mehr einen Selbstwert, die Frage nach dem »Warum?« und »Wozu?« ist ein Automatismus geworden, der in so mancher seiner Formen, namentlich in der des »Sinn des Lebens«

Geschäftigkeit

Auf einem Bürgersteig stehen bleiben – das macht man nicht! Das sieht seltsam aus, die sind doch zum Laufen da! Na dann! Es gibt im Öffentlichen kaum noch Orte, an denen man stehen kann. Alles ist auf Bewegung ausgelegt, die wenigen Parks einmal ausgenommen. Selbst in solchen Feinheiten spiegelt sich der Zeitgeist; selbst hier sieht man welcher Weg mit welcher Geschwindigkeit gegangen wird.

Bodenlos

Je tiefer sich der Geist in die Tiefen der Ungewissheit gräbt, desto mehr dämmert ihm, warum sich das Leben an der Oberfläche abspielt. Wer jede Bestimmtheit aus seinem Bewusstsein drängt, findet sich bald im Nichts stehend wieder.

Wissendes Schweigen

Die Wut, die ein Gottesgläubiger seinen Kritikern entgegen bringt, entspringt nur allzu oft seiner eigenen Ungewissheit. Ich lobe mir die Gläubigen, die für den Ketzer nur ein wissendes Lächeln oder höchstens eine freundliche Warnung, ein Segnen des fremden Verderbens übrig haben. Diese Leute sind es, welche einem Unbehagen bereiten, wo der wütende Pöbel sich nur selbst die Blöße gibt. Jesus' Ausspruch »Vergib ihnen, denn sie wissen nicht, was sie tun« zeugt von einer wirklich imposanten Redlichkeit, wie ich sie mir für meine Person wünsche.

Platzhalter
Jemand anderes sein zu wollen ist ein Unterfangen, das einem annähernd gelingen kann. Man selbst zu sein ist bisweilen schwieriger, hat jedoch die Aussicht auf vollständigen Erfolg.

Klassischer Fehler
Das Billardkugeluniversum der klassischen Physik ist ein vom Determinismus bestimmter Ort, so liegt es nahe, dem Geist, als Einwohner dieses Gebildes und - als Hirn - ein Ding unter Dingen, ebenfalls die Bestimmtheit vorzuwerfen – sich selbst also den freien Willen abzusprechen. Wenn jedoch der Geist es selbst ist, der sein kausales Netz über die Welt legt, so ist es ein Unsinn, diesen Schöpfer der Bestimmung selbst seinen eigenen Bedingungen zu unterwerfen. Mal wieder wurde das falsche Denken auf die falsche Sache angewandt.

Wunschdiktat
Wer in die Ferne sieht (wer Fernsehen schaut), der richtet seinen Blick weg von sich selbst, ist empfänglich für allerlei Einflüsse, die dem Wachbewusstsein zu entgehen pflegen. Es ist richtig, dass das momentane Niveau des Fernsehprogramms durch die Zuschauer bestimmt wird – zumindest stimmt dies zur Hälfte. Denn ebenso entscheidet das alltägliche Fernsehbild über den Geschmack des Menschen: »Man zeigt den Leuten so lange Scheiße, bis sie nur noch Scheiße sehen wollen.« – die Gewohnheit, die letztlich zu einem Bedürfnis wird, ist niemals zu überschätzen (nicht *überschätzbar*!). In einer gehörig bunten Verpackung lässt sich auch der letzte Immigrant mit der Zeit als Deutschlands künftiger Superstar diktieren.

Wenn es doch so einfach ist das Gemüt der Masse für etwas

zu erhitzen, warum fällt es so schwer etwas publik zu machen, das auch nur im Ansatz nach wahrem Wissen riecht? Wissen also, das keine getarnte Marketingstrategie und unterschwellige Produktwerbung (»wie werden Kekse gebacken?«) darstellt. Wollte man, so könnte man das Wissensniveau der gesamten Nation innerhalb weniger Jahre um das Zigfache erhöhen, was über kurz oder lang zu einer Erweiterung des gesellschaftlichen Gesamthorizontes führen würde. Sprich: Ein dummes Volk wird dumm gewollt. Der Kapitalismus verlangt vor allem Konsumenten. Kontrolliert man nicht nur die Bedürfnisbefriedigung, sondern gleich auch noch die *Entstehung von Bedürfnissen*, so erfahren einige wenige auf Kosten des Geistes einer Nation einen unerhörten Machtzuwachs.

Ferndiagnose
Wie kann man einen Menschen zum Staatsoberhaupt wählen, den man nur aus dem Fernsehen kennt?

Maschinelle Dummheit
Die Fähigkeit, die dem Menschen nach und nach abhanden kommt, ist die Fähigkeit des abstrakten Denkens – der einzigen Fähigkeit, die uns vor dem vielgeschmähten Affen auszeichnet. Im Anbetracht der uns umgebenden technisierten Welt fällt es einem nur allzu leicht sich seiner Klugheit zu rühmen – was haben wir den Tieren nicht alles voraus! -, doch ist die Benutzung eines Gerätes, und darauf beschränkt sich die Fähigkeit eines Konsumenten, überhaupt kein geistiger Akt, so wie es das Hervorbringen eines solchen noch gewesen wäre. Würde es zur Regel gemacht werden, dass jeder, der eine Waffe benutzen möchte, zunächst ohne jede Hilfe selbst imstande sein muss eine solche zu konstruieren – wie schnell würde alles Gewehrfeuer dieser Welt verstummen!

Selbstlob – in Variation
Und der Mensch rühmte sich seiner Klugheit – die tatsächlich nur seine war, und niemandes sonst.

Menschenkenntnis

Wir werden uns immer voneinander entfernen – nicht für immer, aber immer wieder.

Seelenblick

Aus dem Rausch erwacht den Weg der Vernunft zu beschreiten – ein tollkühner Versuch! Wer verstünde schon das Gewicht der Wörter Rausch und Vernunft – vor allem in ihrer Kombination?

Gefühlswelt

Alles, was das Leben schwer macht: das Gefühl!
Alles, was das Leben leicht macht: das Gefühl!
Selbst der gequälteste Geist weiß im Zustand der Extase das Sein auf die leichte Schulter zu nehmen.

Ernüchterung

Ein aus der Extase erwachter mag vielleicht denken: »Die Welt ist doch nicht so, wie ich gestern noch dachte…«, doch in Wirklichkeit war sie so, nur heute ist sie anders.

Todesangst

Alle Verpflichtung ergibt sich aus der Angst vor dem Tod.

Meinungsmache

Man neigt dazu, das für gut und wahr zu halten, was sich gut und wahr anfühlt. Ein guter Redner richtet sein Reden vor allem an das Gemüt der Zuhörer, um den armen Unmündigen auf seine Seite zu ziehen. Ein in der Rhetorik geschulter Mensch, oder einer, der intuitiv den Überredungsversuch im Gesagten wittert, braucht sich nicht mehr überzeugen zu lassen.

Stimmt es dahingehend nicht bedenklich, wenn sich politische wie religiöse Reden hauptsächlich an das Gemüt der Masse richten?

Zeitlose Indianer

Hopi-Indianer kennen keinen Zeitbegriff, für sie ergeben Vergangenheit und Zukunft keinen Sinn. Sie leben in einer praktisch zeitlosen Welt, in der alles Geschehen an die natürlichen Vorgänge und Perioden ihrer Umwelt gekoppelt ist.

In Momenten, in denen die Zeit stillzustehen scheint, kann man eine Ahnung der Unendlichkeit erfahren. Kurzzeitig lüftet sich der Schleier der Zeit und man erblickt in jedem Jetzt die Ewigkeit.

Ich bins – Nihil

Obgleich der Nihilismus über kurz oder lang eine Schwächung des Lebens bedeutet, ist er dennoch eine der notwendigen großen Enttäuschungen, eine zwangsläufige Episode von Dürre und Fasten, die ein sich entwickelnder Mensch durchlaufen muss. Er ist Reinigung, Entgiftung und Aufatmen; überflüssiger Ballast wird abgeworfen, die Seele löscht all die Ideen und Objekte aus ihrem Inneren, die sie unnötig verorteten und fesselten. Die nunmehr befreite Seele mag ziellos umherwandern und nichts als den zynischen Blick für ihre Umgebung übrig haben, oder sie benutzt den neu gewonnenen Raum zur Erschaffung eigener Ziele, Ideen und Werte.

Wille und Intelligenz

Ein Wille ohne Intelligenz ist ein zielloser, stumpfer Drang – niemals fähig etwas so geordnetes wie unsere Welt zu erschaffen. Eine Intelligenz ohne Willen ist ein ganz und gar statisches Ding, ohne Antrieb, das niemals ein Motiv haben wird. Eine grundlose und somit unlogische Effizienz.

Blickwinkel

Obwohl die den Drogen gerne nachgesagte bewusstseinserweiternde Wirkung zumeist als Ausrede talentloser und unkreativer Freizeitjunkies abgetan werden darf, ist es eine Fehlannahme, dass das Auge für die Realität durch derlei Substanzen vernebelt würde, man also nur noch ein weniger akkurates Bild der Realität zu sehen in der Lage ist. Drogen schärfen den Blick für die Tatsache, dass die Welt auch anders sein *kann*.

Nichts außerdem!

»Plausibel...«, sagte ein kluger Mann. »So muss es sein!«, stimmte ein anderer mit ein, und alle nickten sie wissend in die Runde. Das war sie also: die Wahrheit. Das war also die Welt. Das - und nichts außerdem! Man pries den Kopf, der dies erkannte, man bedauerte, dass man sein Genie erst so spät (zu spät für ihn: der ärmste starb einen einsamen Tod) entdeckte. Doch nun würde ein neues Zeitalter beginnen; all die Jahre des Denkens und des Kopfzermaterns - nun hatten sie ihre Rechtfertigung gefunden!

Doch kein Engel stieg zum Glückwunsch herab, die Welt sang keine Lobeshymne, und niemand wurde so recht reich an dem neuen Wissen. Erst kam der Zweifel, dann das Vergessen, dann bald ein neuer Glaube an neuen Unfug - und weiter rollte das Rad des Seins.

Liebweisen

A: »Ein Glück für dich, dass du dich nicht in jemanden verliebtest und immer noch frei und schuldlos dein Leben leben kannst. Glaube mir, die Liebe bringt nichts als Ärger.«
B: »Mir scheint, du hast die Liebe missverstanden.«

Zwar ist das Gefühl immer die Liebe, doch hat jeder seine ganz eigene Weise, in der sie ihm erscheint. Jeder hat seine eigene Liebe. Jeder seinen eigenen Hass. Mit den Gefühlen bist du ganz allein, die können nicht gut, nicht richtig sein.

Hässliche Wahrheiten

Das Gute (das als gut angesehene) ist immer geschaffen oder in seiner zufälligen Entstehung höchst unwahrscheinlich. Es wird gerne zur Verdeckung des Hässlichen, Chaotischen, Schädlichen herangezogen – und hat genau hierin seinen lebenserhaltenden Sinn gefunden. Und unter diesem Aspekt betrachtet ist das Aufdecken der Falschheit einer Moral, etwas Gutem, immer auch ein freiwilliger Griff in den Morast.

Gift
Eine schädliche Wahrheit kann ihren Konsumenten nach und nach zugrunde richten.

Schlafwandler weckt man nicht
Derjenige, der dem Guten der Leute an die Wurzel geht, um aufzuzeigen, wie sehr dieses ein Gewächs ist, das seine Nährstoffe aus bestenfalls fruchtlosem Boden zieht, ist nicht etwa ein Feind jener Menschen, die sich von diesem Wurzelbrei ernähren, nein, er hat bloß eine zu hohe Meinung von ihnen, denn er unterstellt, sie blieben auch ohne ihre tägliche Portion Illusionen lebensfähig. »Schluss mit dem Geschrei! Siehst du nicht? Hier wird geschlafen!«.

Kühlwasser
Gräbt man seine Gedankengräben zu tief, außerstande sie schließlich mit einem entsprechenden Willen zu füllen, zerfließt bald alle Antriebskraft im Sand. Der Wille hat es gern unmittelbar und stürmisch, und so kann die Vernunft ihre Arbeit als Kühlmittel bisweilen etwas zu gut machen, und nur Asche zurücklassen, wo gerade noch ein Feuersturm tobte.

Zum Irrtum verdammt
Wer verlangt, der Mensch solle nichts als die Wahrheit sprechen, der verdammt ihn gleichsam zum Schweigen.

Wurzeln der Moral
Jede Moral benötigt ein unangetastetes Axiom, von dem sie in aller Ungestörtheit abgeleitet werden kann. Diese unterste Schicht ihrer Rechtfertigung muss entweder in ein tiefes Dunkel gehüllt werden, für das niemand mehr Lust, Geist und Auge genug hat, um hier noch herumzuschnüffeln, oder man

hebt sie gleich in den Himmel des Außerweltlichen, wo keine Seele, die noch um ihr Heil besorgt ist, zu hinterfragen wagt.

Objektiv vernünftig

Die bisherige Entwicklung des Menschen (wie oft rede ich eigentlich »vom Menschen«? Zu oft?) ließe sich deuten – und so wurde sie bisher gedeutet – als eine Entwicklung weg vom Primitiven hin zu einem zivilisierten, vor allem aber *vernünftigen* Wesen; also zu einem Wesen, wie es sich »eigentlich gehört«. Als habe sich hier eine Fähigkeit entwickelt, die den Geist mehr und mehr teilhaben lässt an einem das Dasein durchwaltenden Prinzips der Vernunft. Wahr ist, dass der Mensch mehr als alles andere dazu in der Lage ist die Welt zu abstrahieren und transzendieren. Natürlich: Im gleichen Maße, in dem er seine Welt ent-weltet und objektiviert muss auch seine damit einhergehende Fähigkeit steigen, diese neue Welt der Begriffe zu verwalten und zu organisieren. Doch dies ist nicht das, was unter vernünftig verstanden wird – hinter diesem Begriff verbirgt sich immer auch ein moralisch richtiges Handeln; welche Moral darf schon von sich behaupten unvernünftig zu sein?

Die menschliche Vernunft ist keine Objektive, sie ist bloß *eine andere.* Im Zuge seiner Entwicklung erwarb sich der Mensch nicht die Fähigkeit Vernunftszusammenhänge herauszufinden, sondern diese *aufzustellen.* Ein Trend, der dem Fortbestand der Art bislang durchaus nützlich war, sie jedoch nicht »wahrer« und »echter« machte, eher noch entfremdeter. Ungewiss bleibt auch, ob auf lange Sicht nicht ganz andere Fähigkeiten von der Welt verlangt werden könnten. Letztlich ist, und an dieser Feststellung habe ich am meisten zu kauen, die Nützlichkeit das einzige Maß für die Wahrhaftigkeit einer Eigenschaft.

Jargon und Wirkung

Eine wirkungsmächtige Sprache, die als Jargon den erzielten Effekt vor den Inhalt des Gesagten stellt, diesen also gleichsam bloß heuchelt, kann auch durch eben dieses Mittel den Wahrheitsgehalt einer Schrift erhöhen, indem sie es dem Leser erleichtert in den Fluss des Gesagten abzutauchen. So benutzt richtet sich die Sprache auch an das Gefühl und hilft zu verstehen aus welcher Stimmung heraus das Geschriebene gemeint ist – und erst verstanden werden kann.

All-ein

Das Leben ist überhaupt nicht aus seinem Kontext heraus zu denken – das Herkommen und die Umgebung stecken automatisch den Spielraum ab, der vorgibt was du bist und sein kannst.

Im gleichen Maße, in dem dich dein Herkommen determiniert, ermöglicht es dich.

Wer einmal lügt

Als Lügner Teil einer neuen Wahrheit zu werden, plötzlich mit seinem Wissen allein in der Wüste zu stehen, stehen zu müssen, könnte einer der ersten großen Schritte in Richtung Individuation und Bewusstsein gewesen sein. Ein zur Wahrhaftigkeit bestimmter, der voll und ganz im Einklang mit der Eigentlichkeit seiner Umgebung lebt, ist Teil einer Kollektivwahrheit, einer Wahrheitssphäre, deren Insassen sich durch ein »Wir« verbunden fühlen. Der Abtrünnige, der Lügner, wird, einmal als solcher erkannt, aus dem Kollektiv ausgeschlossen, wird dazu gezwungen sich als separiert zu erleben. Selbst wenn die Lüge noch nicht durchschaut wurde, so wird sich dem Lügner ob seines Wissens stets das Gefühl der Andersartigkeit aufdrängen. Ein Gefühl, welches eine der Grundlagen der Individuation der gesamten Welt der Vorstellung ist.

- Die erste Lüge entstand wahrscheinlich aus der Not heraus lügen zu müssen, um einer Strafe zu entgehen.
- Als Adam von Gott zur Rede gestellt wurde, da er in den verbotenen Apfel biss, log er. Es folgte der Ausschluss aus dem Paradies.

Erkennbar

Es braucht für jede wahre Erkenntnis eine unwandelbare Grundfeste, auf der sie sich stützen kann. Eine Welt des absoluten Werdens erlaubt nur Einsichten, die nicht aus ihrem Entstehungskontext herauszulösen sind.

Definition Unendlichkeit

Was ist unendlich? Alles, was du im Geiste nur noch mit dem Nichts umschließen kannst.

Subsummierung

Das Wort »Kontingenz« bezeichnet ziemlich treffend jenen Handlungsspielraum, den ich dem Subjekt innerhalb seiner Determinationen zuspreche.

Lebenskünstler

Die Seele ist ihm die Leinwand, Denken und Tat die Farben.

Nützliche Umwege

Wer sich, aus einem Irrtum zurückgekehrt, wieder dem Leben zuwendet, der lebt dieses nun weiser, leichter und voller als zuvor.

Ist nicht wahr?

Die Wahrheit ist eine soziale Einigung über den Gebrauch der Sprache.
Hieraus resultiert eine Anfälligkeit für das Vergessen des Ursprungs eines Wortes, nährt es die Wiederholung nur genug mit Realität.

Bewusstseinsblase

Die Wissenschaft – das ist die Wand unseres Verstandes. Dahinter liegt nichts für uns.

Vernünftiger Maskenball

Was ist die Vernunft anderes als eine weitere Maske des Rausches?

Begriffskünstler

Ein geschickter Redner vermag es stets an den Verstand des Zuhörers zu appellieren und ihm gleichsam eine Definition unterzujubeln, was denn diesen Verstand überhaupt ausmacht – nämlich so zu denken, wie es dem Redner am besten behagt. Dieser Kunstgriff, bei dem ein allgemeiner, als prinzipiell positiv angesehener Begriff nach eigenem Gutdenken neu ausgelegt wird, durchzieht die religiöse Schrift wie ein roter Faden.

Verständlich = dem Verstand gemäß

Oftmals gleicht die Welt so sehr dem Wesen unseres Verstandes, dass es keine kleine Verlockung ist zu meinen, in unserem Verstand sei wesentlich zumindest ein Teil der Wahrheit enthalten. Vergessen wird jedoch gern, dass ein Großteil von unserer Menschenwelt erst von eben jenem Verstand in diese getragen wurde. Die Welt selber hat keinen Verstand, nur eben jener Teil, der dem Verstand entsprungen ist.

Benutzerunfreundlich

Ein jedes Gehirn ist, im krassen Gegensatz zu seinem typischen Benutzer, ein geniales Meisterwerk.

Kollektives Rauschen

Egal in welcher Kirche dieser Erde: der Gesang klingt immer gleich.

Ganz und Gar

Körper – das bist du durch und durch, wie du Geist bist und Seele. Hier darf man nicht umgrenzen und zerteilen, bis der Mensch in seine Komponenten zerfallen da liegt – als ob man hier noch einen Menschen fände! Materie oder Geist, Seele oder Wille, alles bloß Interpretationen der gleichen Sache, alles nur Ansicht und Auslegung.

Freiheit – Vermögen

Innerhalb der zwangsläufigen Einschränkung noch das Vermögen zur Entwicklung der eigenen Person zu besitzen – das ist Freiheit! Sie besteht nicht nur aus einem Frei-von, sondern auch in einem Frei-zum.

Lokalsprech

Einen Dialekt zu sprechen bürgt ziemlich sicher für eine ganze Tradition von Meinungen und Ansichten, die zusammen mit der lokalen Sprechweise übernommen werden. Dialekt ist eine sehr unmittelbare Beziehung zum Ausdruck, man kommt nicht um die Mentalität herum, aus der heraus er gesprochen wird. Aus diesem Grunde braucht ein Nachahmer eines Dialektes die Menschenkenntnis noch mehr als die geschickte Zunge.

Trenne nie…

Ich gehe davon aus, dass das Gefühl dem Denken voraus geht, dass sich, wenn wir uns einmal an die absoluten Anfänge der Menschwerdung zurückdenken, etwas Lebendiges zunächst einmal *fühlen* muss, damit es sich überhaupt in Relation zu seiner Umgebung (die es als nicht-Ich empfindet) denken kann.

Auch ein bereits entwickeltes Denken kann auf das Gefühl nicht verzichten. Kann sich etwas, das sich in keinster Weise mehr fühlt, überhaupt noch im Zeit- und Raumgeschehen ausfindig machen? Und selbst wenn dem so wäre, so würde jeder Antrieb überhaupt irgendetwas zu denken hinfällig: Logik um der reinen Logik willen ist unlogisch. Es braucht immer den Impuls, einen Willen, der ein Ziel vorgibt, welches dann zum Beispiel mit den Mitteln der Logik erarbeitet werden kann.

Da eine objektive Welt stets auf die Erscheinung in einem Subjekt angewiesen ist, kann eine objektive Idee, jener so unerfahrbare Zustand, höchstens den Spielraum abdecken, in welcher Art etwas *erscheinen kann*.

Umgang

Der Großteil von dem, was wir Mensch und menschlich nennen, ist eine Folge der Notwendigkeit der Interaktion mit etwas anderem. Verstand, Selbstbewusstsein, Sprache, Hand und Auge – alles war bloß bald Folge, bald Ursache. Vieles von dem, was wir sind, verdanken wir unserem Verhältnis-zu etwas, also der Frage: wie muss, wie darf, wie sollte ich mich hier verhalten?

Jedes Verhältnis ist auch eine moralische Frage.

Erhaben

Das Erhabene ist ein ästhetisches Verhältnis zur Angst.

Bombe

Leben ist der Ausschluss alles anderen.

Beiderseits

Das absolute Nichts bedarf als seinen Gegenpol das absolute Dasein.

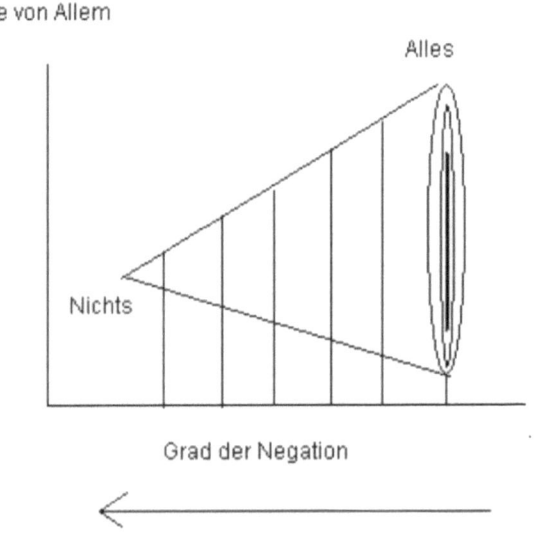

Gottlos

Viel zu schnell behauptet der moderne Mensch von sich, er glaube nicht an Gott - meist aus der tumben Faulheit heraus, den Pflichten eines Gläubigen nachkommen zu müssen. Über die Konsequenzen, die ein Nichtvorhandensein Gottes mit sich bringt, ist sich, vermutlich aufgrund der gleichen Faulheit des Geistes, niemand im Klaren. Die Allermeisten vertreten trotzdem die christlichen Werte, leben also im geräumigen Schatten ihres toten Gottes, oder suchen sich eine Ersatzreligion, eine andere Instanz, deren Wertvorstellungen sie übernehmen können (Wissenschaft, Staat, Gesellschaft, Familie, Clique, Block, Subkultur, Sekte etc.). Es ist die Gewohnheit an alte Werte, die die Menschen nicht verzweifeln lässt, dass sie ein winziges bisschen Nirgendwas in der Unendlichkeit sind.

* Niemand hat dich darum gebeten, sich mit Gott anzulegen – jetzt trage die Konsequenzen! Allein!

Volksmentalität

Man kann den geistigen Zustand einer Gesellschaft, ihre öffentliche Mentalität, an vielen Dingen ablesen: Zeitung, Fernsehen, Ausprägung einzelner Abteilungen der Büchereien, Musik, Gesetzgebung, Verkehrsregeln. Zwischen derlei Dingen und der Entwicklung von Geschmack und Verstand besteht eine ständige Wechselwirkung. Sie sind ein Spiegel, in dem ein entsprechend geschultes Auge den Geist der Masse schauen kann.

Suchtverlagerung

»Warum verbinden sich zwei Atome zu einem Molekül?«

»Weil ein Atom danach strebt, eine möglichst vollständige äußere Elektronenschale zu besitzen.«

»Mir scheint dies mehr eine Verlagerung des Problems, denn eine Antwort.«

(Wie wäre es mit: Weil hierdurch Neues entstehen *kann*?)

Was ist jenseits des Universums?

Außerhalb des Universums, das heißt außerhalb *aller* Universen, außerhalb allen Seins, liegt ein Bereich (nennen wir es temporär einfach mal so) der prinzipiellen Unerfahrbarkeit: Dieser Bereich enthält keinerlei Informationen, keine Angaben über möglichen Raum, über Aussehen, Geschmack und Zeit, halt diesen ganzen Kram, der unser Sein ausmacht. Dieser Bereich ist eben darum auch nicht als Ort zu verstehen: Wir alle sind Teil der uns umgebenden Information, das Sein erfährt sich, ganz klassisch gesprochen, auf diese Weise durch uns selbst. Drum können wir es niemals verlassen, ohne die eigene Existenzgrundlage zu verlieren. *Wir* sind das Sein, ohne Sein kein Man-Selbst-Sein.

Der Witz: Es gibt also, je nach angesetzter Perspektive, diesen Bereich der prinzipiellen Unerfahrbarkeit überhaupt nicht. [Alles + Nichts} macht einfach nur Alles.

Noch ein Witz: Alles *ohne* Nichts ist nicht Alles.

Im Kleinsten

Man darf nicht meinen, die Materie bestehe nur aus noch mehr Materie. Wichtig ist letztlich nur die Information, die uns als Erfahrung erreicht. Vorhanden ist ausschließlich das Potential, das uns als Materie, als Stein, Baum und Kohlrabi erscheint.

Prinzipiell unerfahren

Es gibt in der Natur Kleinstveränderungen, die sich prinzipiell der Beobachtung, also der Erfahrbarkeit, entziehen. Genau hier liegt ein Spielraum, mit dem man viele Geschehnisse der erfahrbaren Welt erklären kann, vom Zufall bis hin zur Entstehung der Realität. Im Kleinsten ist die Welt niemals etwas konkretes, nie ist eine Aussage, ein Festnageln möglich, beobachtbar sind einzig die Auswirkungen dieser dunklen Vorgänge.

Determiniert

Hätte man ein ausreichend genaues Bild von der inneren Konstitution eines Menschen, und wäre sein Bewusstsein so eingeschränkt, dass er ausschließlich reaktionär handeln würde, so könnte man jede einzelne Handlung mit absoluter Sicherheit vorhersagen. Die einzige Möglichkeit zur Variation liegt im Bewusstsein des Individuums. Die Frage ist, inwieweit der Geist in der Lage ist, Autonomie zu entwickeln und jenseits der Bestimmungen der Gesetzmäßigkeiten des Weltwillens zu handeln.

Traum

Leben – das ist zunächst nur Wasser. Jeder Leib mag es, im Takt der Wellen zu schwingen; und schwingt der Leib, so stimmt auch bald der Geist mit ein. Die Frage ist nur: Wer schmeißt die Steine in den verdammten Teich?

Wille und Macht

Der Wille zur Macht ist das, was ich den Willen zur Möglichkeit nenne: Das eigene Potential auszuschöpfen, sein Vermögen auszuweiten, seine Möglichkeiten zu mehren. Der Wille zum Überleben ist eine Zweitrangigkeit: Ihm gilt die Aufmerksamkeit nur dann, wenn, wie billig, der Überlebende gezwungen wird, um sein Leben zu kämpfen. Die Stagnation, also das Ausbleiben des Willens zur Möglichkeit, bewirkt auch eine Abnahme der Lust am Leben: Der Überlebenswille wird geschwächt.

Relativ Absolut

Einen Urgrund, ein Absolut von Gut und Böse, kann es in einem Sein des Werdens überhaupt nicht geben. Alles ergibt sich aus der Bewegung heraus, jeder Moment rechtfertigt den nächsten, das Rad des Werdens rollt aus sich selbst, es erschafft erst den Kontext, in dem ein Ding irgendwas, ob gut oder böse, sein kann. Eine Philosophie, die einen Maßstab kennt, hat ihren Angelpunkt nicht in diesem Sein, sondern irgendwo außerhalb angesetzt: Sie ist Zeichen von Krankheit und Verfall, Pessimismus, Stagnation.

Abschluss, Nietzsche sei Dank

Das Nichts, das heißt wahrhaft Null und Garnichts, hat nicht das Potential, Alles zu werden. Das Sein kann nicht von Außerhalb genährt werden – von wo sollte es die Nahrung nehmen? Der Gesamthaushalt allen Potentials, oder aller Energie, wenn man denn so will, kann nichts anderes als immer der selbe gewesen sein. Das Sein ist eine riesige Maschinerie, voller Werden und Umwandlung, aber eben auch ohne Ein- und Ausgaben.

Spielfeld

Der Weltwille- das sind die Naturgesetze, die uns umgeben. Alles menschliche Potential kann nur dahingehend ermöglicht und ausgebaut werden, wie es die Naturgesetze zulassen. Ja, sie ermöglichen sogar erst das menschliche Potential, da wir auf ihren Grundlagen erst die erkennenden Wesen geworden sind, die wir sind.

A Priori

»Ich weiß, dass ich nichts weiß!« - dieses Paradoxon eines Satzes erweckt in mir ein tief sitzendes Misstrauen. Auch wenn ich ohne weiteres keine Aussage über den tatsächlichen Wahrheitsgehalt meines Erlebens treffen kann, so kann ich mir doch wenigstens des Erlebnisses-an-sich gewiss sein. *Dass* ich die Dinge so erlebe, *wie* ich sie erlebe, das ist eine Wahrheit, die an dieser Stelle mit aller nötigen Sicherheit ausgesprochen werden darf. Selbst wenn ich, um dieses bewährte Bild auch einmal verwendet zu haben, eigentlich ein Gehirn-Im-Tank bin – ich erlebe zweifelsohne die Dinge, wie ich sie eben erlebe.

Auf diesem Wahrheitsfundament kann der Denker, der sich solche an-sich überflüssigen Grundsatzfragen stellt, getrost stehen bleiben: Außer dem Erleben-an-sich muss außerdem eine Möglichkeit gegeben sein, die *Möglichkeit-zum-Er-*

lebnis – sei sie nun physikalischer, geistiger oder sonstiger Natur. Diese Möglichkeiten werden stets und ständig erzeugt. Wenn ich wahrnehme, dass ein Baum umfällt - und dabei ist es egal, wie der Vorgang aus einer höheren Betrachtungsform heraus *eigentlich* aussieht - wird die Möglichkeit geschaffen, ein entsprechendes Geräusch zu hören. Es muss also ein großes Potential geben, aus dem die Möglichkeiten resultieren, die mein Erleben ermöglichen.

Das Element Erde

Zwar ist es richtig, dass der Geist, das kognitive Vermögen, das Selbstbewusstsein, als eine *Folge* des Materiellen erscheint, doch selbst dann hat man man ihn dem Stofflichen nicht unterzuordnen. Sollte diese mächtigste aller irdischen Waffen nicht der Gebieter über die anderen Elemente sein, der das Materielle nach seinem Gutdünken auszunutzen vermag?

Das Selbstbewusstsein ist in der Geschichte des Lebens eine Neuheit – und somit unvollkommen. Es funktioniert gerade gut genug, um nicht schädlich zu sein. Unsere Gesellschaft bietet zudem nur wenig Anreiz, an diesem Missstand etwas zu ändern und das eigene Bewusstsein zu erweitern – das immense Potential, das ihm innewohnt, liegt brach – Unbewusstheit dominiert das Handeln des Umstands-Sklaven.

Selbstbewusstsein befreit von der Programmierung des Unbewussten.

Mutterboden

Man könnte alles »Niedere Leben«, alles was da krabbelt und schleimt, als das Potential betrachten, das zum Zustandekommen der eigenen Existenz benötigt war: Gäbe es dieses ganze Gezücht nicht, so fehlte ein wichtiges Glied in der Kette, an der du dich aus dem Sumpf des Nichtseins ins Dasein gezogen hast. Lustiger Weise darf man seine Mitmenschen ebenfalls diesem Potential zurechnen: Ein Nährboden, ein Humus, auf dem der sich seiner Selbst bewusste Mensch erwachsen konnte.

Ganz einfach:

Was ist die Welt?

Möglich!

Warum ist die Welt?

Eben weil sie möglich ist!

Warum ist die Welt nicht nicht?

Weil es sie gibt!

Inspiration

Was weiß der Mensch schon von den in ihm tobenden Kräften, Tugenden und Trieben? Das Bisschen Bewusstheit, das ihm letztlich in sein Ich sprudelt, ist nur ein Bruchteil dessen, was ursprünglich zu einem Gedanken führte, ist die Spitze des Eisberges, der weit hinunter in Tiefen der Seele reicht, in die sich sonst kein Sonnenstrahl mehr verirrt. Das, was wir bewusst erleben, ergibt sich aus einer Konstellation von Unbewusstem, Umstand und Befinden – im Kampf und Wechselwirkung mit- und gegeneinander. Wenn ein Künstler von Inspiration spricht, so hat er sich nur in einem günstigen Wechselspiel der genannten Faktoren befunden. Einen Gedanken kann man nicht rufen oder erzeugen, er ist eine Konsequenz. Du kannst ihn locken, provozieren, ihm ein schönes Heim bereiten, aber du kannst den Gedanken, den gewollten, tiefen, niemals auf Kommando denken.

Verhütung

Den Vorwurf vermeidend, dass eine Philosophie, die kein Endziel kennt, eine unbefriedigende ist, will ich sagen, dass eine, die *ein Endziel hat*, in diesem Dasein als hoffnungsloses Unterfangen angesehen werden darf. Man sollte seine Heimat nicht in ein jenseitiges Endziel verlegen, man muss in jeder einzelnen Station und Position *dieses* Lebens bereits zuhause sein. Alles andere wäre ein Ja zum Nein. Ein Ende. Ein Sterben.

Ahnung und Schauspiel

Der Wert einer Philosophie ist nicht daran zu messen, wie viel Wahrheit sie enthält – absolute Wahrheit, jenseits der Betrachtung, ist nicht möglich – der Wert entspringt den Gedanken, die sie in dein Bewusstsein locken kann. Kein Philosoph, kein Künstler, kein Wissenschaftler hat je ein Göttlein ihm irgendeine Wahrheit zuflüstern gehört, niemand hat je seinen Kopf in die Welt hinter der Welt gesteckt – sie alle haben Unrecht mit dem, was sie Wahrheit nennen. Der Kunstgriff nun ist, dass sie dem Zuhörer/Leser stets den Eindruck vermitteln, sie hätten ihn nun doch, jenen ganz speziellen Draht zur Wahrheit. Hierdurch wird die Phantasie und Interpretationsfreude auf eine völlig neue Stufe gehoben, die ohne die kleinen Halbwahrheiten niemals hätte erreicht werden können. Die Ahnung des Ungeheuerlichen ist es, die den Schüler einst über den Meister erheben wird – Ansporn und Quelle der Inspiration!

Wahrheitsspeier

Lese ich mir die Satzungen meiner Heimatstadt Gelsenkirchen durch, so wundere ich mich nicht mehr über die Gedankenarmut meiner Mitinsassen: Wie hier durch eine heuchlerisch politisch-korrekte Ausdrucksweise ein Heileweltsszenario in den Köpfen der Bürger erzeugt wird ist fast schon ekelhaft. Dieser allwissende Unterton, stets darum bemüht sich anmerken zu lassen, er wärc »von denen *da oben*« verfasst, ist Wahrheitsspeiertum par excellence.

Das Schenken

Nur der Mensch, der viel *ist*, ist in der Lage, aus diesem Überfluss heraus, den Menschen, die er liebt, etwas zu schenken. Der Mensch des Habens, also jemand, der der seinen Mangel an Selbst durch Besitz zu kompensieren ersucht, hat selbst zu wenig, um noch etwas verschenken zu können: Er muss besitzen. Mehr und mehr.

Götzen

Schaffe dir deinen eigenen Götzen, der all das symbolisiert, was du als verehrenswürdig erachtest. Projektiere in ihn all deine höchsten Tugenden, bis er nach jemandem aussieht, dem es sich zu huldigen lohnt. Und in dem Moment, in dem du niederknien möchtest, wisse: Du betest zu niemandem, als deinem eignen Ideal.

?????

Leben ist ein einziges Wechselwarium an Zuständen, keiner wahrer als der andere, keiner dein wirkliches Selbst. Warum bist du du selbst? Weshalb sollte man wer anders sein? (Betrunken)

-ohne Titel-

Hast du schon von dem Ort gehört, der nicht aussieht? Der nicht klingt und nicht riecht? Ein Ort, an dem nichts schmeckt, an dem selbst die Schwärze noch zuviel des Bildes wäre? An diesem Ort ist niemand allein, denn an diesem Ort ist schlicht – niemand!

Angenommen

Angenommen, wir würden einen Menschen durch die Einkaufsstraße der Stadt schlendern sehen und würden von seinem Äußeren und seinem Verhalten auf seinen Typus zu schließen versuchen: Wenn wir gut schätzten, so können wir eine ungefähre Diagnose über seine zukünftigen Handlungen machen, zum Beispiel vor welchen Schaufenstern und Sehenswürdigkeiten er stehen bleiben wird: Eine zureichende Einschätzung der Gesamtkonstitution lässt diesbezüglich zumindest eine gekonnte Mutmaßung zu. Jetzt stellen wir uns vor, die vermutete Handlung trete auch ein. Was würde passieren, würde ein Göttlein aus einer seiner Launen heraus die Zeit um eine Minute zurück drehen? Würde sechzig Sekunden später das Endergebnis nicht wieder (und wieder und wieder) das selbe sein? Und, gesetzt dem wäre so, kann man jetzt wirklich noch von einem freien Willen des Menschen sprechen? Ein Zurückdrehen der Zeit bedeutet ein Rückgängigmachen aller Abläufe: Die Grundkonstellation aller inneren Vorgänge wird wieder in den Ausgangszustand zurück versetzt. *Warum* sollte die innere Entwicklung bei einem zweiten Durchlauf, bei exakt gleichen Voraussetzungen, anders verlaufen?

Geistiger Wille zur Macht

Die Philosophie darf gerne als der geistige Wille zur Macht angesehen werden, sie erweitert auf der intellektuellen Ebene die Möglichkeiten des Individuums und differiert ihn von der Natur mit ihren starren Gesetzen. Zwar sollte man nicht gegen die Natur leben – das wäre ein Anarbeiten gegen die eigene Existenzgrundlage -, doch wäre ein reines Mit-der-Natur-Sein mit dem Verlust der eigenen Freiheit, dem eigenen

Anders-Sein verbunden. Viel mehr sollte man auf der Bodenständigkeit der Natur an seinen eigenen Möglichkeiten feilen, mit ihr eine Symbiose eingehen, in der beide Seiten ihre Berechtigungen haben.

Werden als Grundlage des Erlebens

Warum das Werden, also der stetige Wandel, der Urgrund unseres Seins ist? Weil wir das Sein auf eben diese Weise erleben! Würden wir stehen bleiben, würde das Werden aufhören, so bliebe alles stehen, einschließlich unserer Gedanken, unseres Erlebens. Das gesamte Sein unseres Erlebens, also alles jemals geltende Sein, würde aufhören zu existieren.

Dies hat nicht zu heißen, dass sich das Sein an sich wandeln muss, jedoch muss es jede Entität, die sich in ihm befindet. Nur das Nacheinander der einzelnen Abschnitte ermöglicht den Erlebensprozess, auf dessen Wichtigkeit gar nicht oft genug hingewiesen werden kann.

Der Komplex

So weit ich es verstanden habe, ist ein »Komplex« (nach C.G. Jung) der menschlichen Psyche ein noch unverarbeitetes Gedankenkonstrukt, das innerhalb des Denkens ein gewisses Maß an Autonomie hat. Es gleicht damit einem Fremdkörper, den es erst in den Gesamthaushalt der Psyche zu integrieren gilt. Mit ein wenig Phantasie darf man den Komplex also als eine Art Quantum des Geistes beschreiben; durch das ständige Einverleiben eines der Verarbeitung harrenden Komplexes findet eine Weiterentwicklung statt.

Gott vs. Philosophie

Gott ist der Tod der Philosophie: Man kann, nach meinem Verständnis, keine wahrhaftige Philosophie betreiben und in seinem Innersten ein gläubiger Mensch sein. Das von einem höheren Wesen geschaffene Sein entzieht sich jeder Erkenntnis, ich kann nur so viel verstehen, wie Gott es mir zugesteht, und selbst dann kann ich mir des Wahrheitsgehaltes meiner Gedanken nicht sicher sein. Zudem wäre der sagenhafte Urgrund zu aller Zeit bereits erschlossen: Gott wollte es so! Warum sollte, wie *könnte* es anders sein? Ein göttlicher Wille entbehrt jeder rationalen Begründung, auf jedes »Warum?« raunt Gott bloß sein »Weil ich es so wollte!«. Tatsächlich erscheint mir ein von Gott geschaffenen Dasein als die reinste Farce. Aller Sinn ist dann dahin, und mit ihm, was viel schlimmer ist, die Selbstbestimmung.

Mentalität

Das, was mir im Umgang mit meinen Mitmenschen am schwersten fällt, ist das Einfinden in eine fremde Mentalität. Dies ist im Besonderen im Berufsleben der Fall. Ich brauche nur in die Etage über meinem Arbeitsplatz zu wechseln, und mir ist, als würde ich in eine fremde Welt hinein gestoßen, in der man anders spricht, sich anders gibt, anders denkt, anders ist.

Verlockung der Wissenschaft

Wissenschaft ist in einem solchen Maße in sich schlüssig - man ist tatsächlich geneigt, ihre Definitionen als die letztgültigen anzunehmen, zu glauben, jede Wahrheit sei nur in dem

Maße wahr, wie sie Wissenschaft enthält. Doch wenn wir, sagen wir mal, ein Geräusch vernehmen, was ist es dann, was wir wahrnehmen? Schwingende Luft? Oder ist nicht viel mehr eben dies schon Interpretation und Zurechtstutzen der Sache, eine Auslegung und Beschreibung, genau wie es das reine Hören des Geräusches ist? Wer nun meint derartiges Denken zerstöre die Grundlage der Erkenntnis, der sollte einfach seine Perspektive zu verlagern erlernen: Nicht indem man die Wunderlichkeit der eigenen Erfahrung durch abstrakte Zahlen und Begriffe ersetzt gelangt man näher an das Verständnis der Beschaffenheit der »externen Realität«, sondern indem man das eigene Empfinden als genau-so-gegeben ansetzt, und von diesem festen Standpunkt aus auf das schließt, was da sein muss, damit genau dieser Standpunkt entstehen und bestehen kann: Die Möglichkeit – nicht mehr und nicht weniger! Jenseits davon über eine mögliche Form der Möglichkeiten zu spekulieren ist Blödsinn: Man erfragt hier, wie ein nicht vorhandener Beobachter beobachtet.

Natürlich funktionieren Gleichungen und Rechnungen! Jedoch davon auszugehen, sie hätten auch nur irgendeine reale Entsprechung, ist ein Schnellschluss!

Nervosität
Mir fällt auf, dass meine mich so auszeichnende Nervosität mich meist dann heimzusuchen beliebt, wenn ich mich in einer Situation befinde, die mit Potential überladen ist. An diesen Orten laufen viele Kausalstränge zusammen, die mein Leben, oder das Leben anderer, nachhaltig beeinflussen könnten.

Des Endes Wesen
Anfang
Ist aller Ewigkeiten
Ende

Das Ich – zu individuell für dich
Der Mensch kam zu Bewusstsein, und fand sich – allein!

Hitlers Rolle

Hitler erfüllte ein Grundbedürfnis eines kranken Volkes – das Bedürfnis nach Weisung, nach, wer hätte es vermutet, Führung. Er war nur der richtige, oder der falsche, oder der *geeignete* Mann zur rechten Zeit, in den das Volk seine auch ohne ihn schon vorhandenen und angestauten Bedürfnisse hinein projizieren konnte. Dass er seine kranken Wertvorstellungen auf so verheerende Weise in die Tat umsetzen konnte ist nicht das Zeugnis seines starken Charakters, sondern das Zeichen eines schwachen Volkes, das jede Moralvorgabe zu akzeptieren bereit ist, so lange es seinen Trieb gehorchen zu können ausleben kann. Eine schlechte Führung ist immer noch leichter zu tragen als gar keine.

Droben

In jeder metaphysischen Welt, in jeder fremden Dimension und in den entlegensten Winkeln der Galaxien wird man nie etwas anderes vorfinden als ein anderes »hier«.

Unbeaufsichtigt

Alle Philosophie sollte eine Antwort auf die Frage sein: Was tun mit einem gottlosen Haufen Potential?

Reihe und Folge

Wie sollten wir die Dinge erleben, wenn nicht in einem steten Nacheinander? Ein Erleben der Gleichzeitigkeit – wäre das überhaupt noch Erleben? Oder vielmehr ein Stillstand?

Müde

Bei den Leuten rührt ein Großteil der Langeweile daher, dass ihre Gefühle durch den Alltag abgestumpft sind: Die Welt *fühlt* sich nicht mehr wie das große Wunder an, als das sie ein Freigeist erlebt. Die Welt verharrt im Zustand der gleichgültigen Müdigkeit.

Äther

Der Stoff, aus dem das gemacht ist, was wir Wirklichkeit nennen, was wir als eben solche zumindest erleben, ist vermutlich von keiner konkreten Natur. Zumindest ist keine Aussage über seine Beschaffenheit möglich. Ohne das Erlebnis, das den Urstoff beschreibt, fassbar macht, kann er nirgendwie sein. Aus diesem Grund benutze ich die allgemeine Umschreibung des »Potentials«, ohne ihm ein So-Und-So zuzuordnen. Alles Mutmaßen über eine tatsächliche Form der Realität fällt in den Bereich des Glaubens. Diese kann mit gar nichts anderem als Glauben »erfasst« werden.

Nichts dazwischen

Raum ist lediglich eine Idee, dazu da, eine Beziehung zwischen den Objekten klar zu machen. Ihm kommt keine eigenständige Entität zu. Man könnte ihn mit der Idee des Alphabets vergleichen: Dank des Alphabets lassen sich die Buchstaben in Beziehung zueinander setzen, doch entfernt man die einzelnen Zeichen, so bleibt nichts mehr übrig, was man noch Alphabet nennen könnte. Es gibt kein Überalphabet, das ohne Buchstaben noch Bestand hätte. Genau so gibt es keinen Überraum, der dann noch vorhanden wäre, würde es keine Materie, keinen *Gehalt* geben.

Urgrund

Klar: Man kann alles erlebte Sein als eine Entfaltung eines inhärenten Potentials betrachten. Dabei baut jeder Teilschritt auf zuvor gelieferten Möglichkeiten auf. Diese Kette der Erfahrungsmöglichkeiten kann man immer weiter zurückverfolgen, die Handlungsstränge laufen immer mehr zusammen und ineinander und werden stets konkreter, bis sie schließlich in einen vermeintlichen Urgrund münden. An dieser Stelle setzt der gemeine Physiker vermutlich den Urknall an, jener Punkt, in dem alles Potential gebündelt war. Aber: Bevor es zur »Explosion« kam, waren da nicht schon mehrere Möglichkeiten vorhanden? Mehrere Arten und Weisen, in denen die

Explosion hätte stattfinden können? Und bedeutet das nicht, dass unser Universum, mit all seinen Gesetzen und Folgen, letzten Endes nur *eine* von unzähligen ungezählten Möglichkeiten ist, die allesamt koexistieren könnten? Natürlich sind alle anderen Welten für uns nicht zu erfahren: Unsere Erlebensstränge reichen an keiner Stelle in eine dieser möglichen Anderswelten.

Einsteins Spuk

Zeugt die Tatsache, dass zwei räumlich getrennte Teilchen mit instant-Geschwindigkeit von einem Ort zum anderen vermeintliche Informationen über ihren eigenen Spin auszutauschen imstande sind von einer möglichen Überlichtgeschwindigkeit? Nicht unbedingt!

In dem Moment, in dem ich eines der Teilchen auf seinen Spin hin bemesse, rutsche ich in einen Erlebensstrang, in dem auch das andere Teilchen einen entsprechend angepassten Spin hat und nachmessbar für immer haben wird. Ich habe die Realität, *egal über welchen Raum hinweg*, von vielen Möglichkeiten auf genau eine reduziert. Die Teilchen bleiben nicht, wie mancherorts vermutet, auf magische Weise verbunden, sie gehören mit ihrem Zustand einer Realität an, die in dem Moment des Messens *absolut* gültig wird.

Bis zum Zeitpunkt des Messens und Beobachtens ist das Ergebnis tatsächlich reiner Zufall, später allerdings wird die Realität in der Art gespalten, dass jeder an meinem Erleben beteiligte mein Messergebnis bestätigen wird.

Quantenmechanik – in aller Kürze

Ein Teilchen, das nicht beobachtet wird, breitet sich als eine Welle von Wahrscheinlichkeiten aus, wobei die Wellenberge und Täler äquivalent zu der Wahrscheinlichkeit sind, mit der ein Teilchen bei der Messung an einem bestimmten Ort anzutreffen ist. Vor der Messung ist keinerlei Aussage über die tatsächliche Position möglich, das Teilchen verharrt in einer Wahrscheinlichkeitswolke, in der es überall und nirgendwo gleichzeitig ist. Erst mit dem Messvorgang kollabiert die Welle zu einem definitiven Punkt. Bei der Überschneidung mehrerer Wellen werden auch die Wahrscheinlichkeiten entsprechend aufaddiert.

Akt des Beobachtens

Merke dir: Schon der reine Akt des Beobachtens beschneidet die Gesamtzahl aller erlebbaren Möglichkeiten. Ohne diese Einschränkung wäre überhaupt kein konsequentes Erleben möglich: Viel zu sprunghaft wäre die Abfolge der einfallenden Bilder, der nichts gewachsen wäre, was sich nach menschlichem Ermessen Verstand nennt. Die Abwesenheit eines Beobachters eröffnet ein völlig neues Möglichkeitspotential, da die sequentielle Beschaffenheit der Erfahrung des Beobachters stets einen ganzen Haufen Unmöglichkeit in die Gesamtrechnung einer Wahrscheinlichkeitsrechnung mit einfließen lässt. Aus eben diesem Grunde liefert ein beobachtetes Doppelspaltexperiment andere Ergebnisse als ein unbeobachtetes, erst nach seinem Ablauf bemessenes.

Fluss der Zeit

Die Zeit fließt in die Richtung anwachsender Entropie, schlicht, weil ein Wechsel in einen Zustand der Unordnung wahrscheinlicher ist, als es sein Gegenteil wäre. Der Zustand der Ordnung ist auf wenige Konfigurationen begrenzt, während die Unordnung beliebig viele zulässt.

Nietzsches Kreis gegen die Kugel

Die Tatsache? Das ist die Kugel, die Welt wird von der Option regiert. Tatsächlich ist der Kreis jedoch ein Idealfall: Wenn du dein Leben *perfekt* gelebt hast, so ist die beste Option, es *noch einmal genau so* zu leben. Man darf die Ewige Wiederkehr weniger als Tatsache, denn als kategorischen Imperativ sehen.

Wert der Quantenmechanik

Wissenschaft, in ihrer klassischen Form, zielt vor allem darauf, praktikable Ergebnisse zu erstellen: Man begnügt sich mit anwendbaren Umschreibungen dessen, was in irgendeinem tieferen Wirklichkeitszusammenhang tatsächlich abläuft. Das Herumstöbern in den Tiefen hinter den Formeln wird als unangemessene, weil unproduktive Träumerei abgetan, in die es sich nicht lohnt, irgendwelche Mittel zu investieren. Die Entstehung der Quantenmechanik ist in dieser Hinsicht ein wahrer Glücks- und Sonderfall. Sie kratzt tiefe Furchen in das bisherige Verständnis der Welt und zwingt die Wissenschaft mit ihrem Horizont über die üblichen Grenzen hinaus. Sie ist ein perfekter Kompromiss aus Anwendbarkeit und Wühlen in Gottes Spielkiste. Für mich ist sie auch der erste Schritt in eine von mir erhoffte Entwicklung: Die Verschmelzung aller Erkenntnis versprechenden Herangehensweisen an das Sein. Der geistige Faktor, die Welt als Erscheinung, sickert durch die Quantenmechanik allmählich in die Welt der Physik. Irgendwann wird sich die Realitäten schaffende Rolle des Beobachters von niemandem mehr leugnen lassen. Wichtig: Der Beobachter ist weiß Gott nicht nur der Mensch, sondern jedes des Erlebens befähigte Dase

Warum?

Der einzige Grund, die große Rechtfertigung allen Handelns, soll immer nur der Wille und nochmals der Wille sein! Er braucht keine »Fürs« und »Weils«, solcher Art Rechtfertigungen sind ihm zuwider. Das ganze Dasein kennt nur eine Rechtfertigung: »Ich will!«.

Kette

Das eine ermöglicht das andere, jedes Glied der Kette greift in das nächste, und ständig zweigt ein neue Strang:

Alles Potential ist bereits entfaltet, doch völlig willkürlich setzt dein Erleben ein.

Rechenschieber

Die Welt muss sich nicht berechnen – sie ist einfach!

Erkenntnis – in kleinen Dosen

Man tut nicht gut daran, sein Leben im Ganzen der Erkenntnis zu verschreiben – zu schnell stirbt es sich in den Bergen einsam. Beladen mit kleinen Schätzen, gestärkt von der klaren Luft und den reinen Sonnenstrahlen, steigt der Philosoph wieder herab, und *gönnt* sich seine Illusionen. Ein solcher Mensch, der sich gelegentlich vom Menschen löst, ist bei seiner Rückkehr zwangsläufig ein besserer seiner Art geworden, da er bei seinen wenigen Gesprächen nicht lügt, wenn er sagt: »Ich verstehe dich.«.

Das Wunder des Ursprungs

Merke: Alles, was es gibt, war dem Menschen in der Art nützlich, oder hat ihm zumindest nicht so sehr geschadet, als dass er nicht hätte entstehen können und heute noch leben kann.

Die Ungewissheit der Zukunft

Merke: Nicht alles, was der Mensch als unangenehm empfindet, darf verschwinden, ohne dass nicht auch der Mensch verschwände.

Kurzlebig

Die relative Kurzlebigkeit des Menschen macht ihn auch relativ blind für Dinge, die sich über lange Zeiträume erstrecken. Viel zu viel falsche Gewissheit entsteht, nur weil das Heute noch gut funktioniert.

Gedankengräben

Der Geist tendiert dazu, alle einströmenden Einflüsse sofort in bereits bekannte Muster einzuordnen. Auf diese Weise lassen sich reproduktive Arbeitsabläufe schnell und mit geringem Aufwand abhandeln. Jedoch wird aus diesem System selten etwas Neues, oder gar Tiefes erwachsen. Es kostet immer ein wenig Überwindung, ein wenig Grausamkeit gegen den eigenen Geist, neue Bereiche des Verstandes zu erschließen, die Bahnen der Gewohnheit zu erweitern, neue »Gedankengräben« zu graben, die tief hinunter in die Wirklichkeit der Seele reichen.

Kernbewusstsein

In der Kindheit entwickelt sich eine Kerngewöhnung, ein Muster von Gedankengräben, das notwendig ist, damit sich der noch junge Geist in der Welt auch nur irgendwie zurecht findet. Auf dieser Grundlage kann man sich in neue Richtungen entwickeln, neue Tunnel und Gänge anlegen, die sich allmählich immer mehr verästeln.

Leben

Warum entsteht Leben? Weil das Sein betrachtet werden muss, um *passieren* zu können.

Mathematik

»2+2=4« – das ist wahr. Warum ist das wahr? Weil 2 und 2 immer wieder 4 ergeben, mit mathematischer Verlässlichkeit. Ist das Wahrheit? Oder nur Reproduzierbarkeit eines zwar logischen, aber dennoch ersonnenen Systems? Habe ich nicht nur jedes mal einen Satz wiederholt, der da aussagt, »dass« »2« und »2« »gleich« »4« ergibt?

Moral im Wandel

Man darf frühere, nach heutigem Ermessen bedenkliche Handlungen nicht mit den heutigen Moralvorstellungen im Hinterkopf beurteilen, als wären diese naturgegebene Wahrheiten. Moral definiert sich erst mit dem Umstand, sie wird in dem Maße, wie der Mensch in der Lage ist, Moral zu definieren. Viele frühere Grausamkeiten sind keine, schlicht, weil sie nach altem Maßstab ausgeführt wurden.

Prinzipiell dürfte man jeden Menschen nur nach seinen eigenen Maßstäben beurteilen.

Moral als Macht

Wahre Macht käme dem zu, der pivilegiert wäre, die Moral des Menschen überhaupt erst zu definieren. Die Gewohnheit sorgte schon dafür, dass sich das innere Maß der Menschen dieser Moral annäherte, und jene fortan alle Handlungen, alles Denken, das Gute und Schlechte ausmachte.

Systemlosigkeit

Mein ganz persönlicher Mangel an System lässt sich darauf zurück führen, dass ich bislang noch keinem *erlegen* bin. Prüft man nur gründlich genug und fühlt bis auf die Wurzel der Ursachen, so erkennt man, dass jeder Vertreter eines Systems aus reiner Willkür des Umstandes schloss, als er sich festlegte.

Pfeil der Bewusstheit

Unser Bewusstsein ist offenbar nach vorn gerichtet; so findet unser Erleben statt. Nun könnten wir ruhig einen Erlebensstrang rückwärts zurücklegen, wir könnten dabei nicht unseren geistigen Kopf nach hinten drehen: Der Winkel der Betrachtung macht einen »Erlebenspunkt« überhaupt erst aus, die Blickrichtung ist in ihm wohl definiert. Stellen wir uns einen Beobachter eines schwarzen Loches vor. Spulten wir diesen Vorgang rückwärts ab, sollte da nicht dieses Loch alles zuvor eingesogene Licht wieder ausspucken? Und doch wäre das Loch in den Augen des Beobachters nicht plötzlich ein weißes: Er liefe einfach jede einzelne Station des Erlebnisses eines schwarzen Loches noch einmal rückwärts ab. Tatsächlich wäre er sich der Rückwärtsbewegung nicht einmal bewusst, da sie jenseits der beobachtbaren Möglichkeiten liegt. Es verhält sich wie bei dem Protagonisten eines Kriminalfilms auf einem Videoband: Auch wenn ich das Band zurückspule, ist zu jedem Zeitpunkt klar, was der Herr Kommissar gerade über den Bösewicht weiß, und was sich im Laufe seiner Ermittlungen noch herausstellen muss.

Kontext

Das Sein ordnet sich bei seinem Erscheinen stets in einen größeren Möglichkeitskomplex ein.

Auf den Punkt gebracht

Das, was wir als den Lauf der Dinge kennen, spielt sich erst durch den Akt des Erlebens ab. Alles vorher war und ist Potential, das zu diesem Erlebnis führte. Dieses Potential spielte sich jenseits von aller Dauer ab, da Dauer als solche empfunden werden muss. Niemand musste lange warten, bis die Dinosaurier endlich ausgestorben sind, damit er geboren werden konnte. Das ging alles recht schnell.

Fortschritt durch Krankheit

Was der Komplex für den Geist ist, ist der Entartete für die Gemeinschaft. Ein Volk, das in seinen Grundeinsichten übereinstimmt, wird auf dieser Grundlage fester, sicherer – und zwar im selben Maße, wie sein Fortschritt stagniert. Erst das vermeintlich kranke Individuum verschafft Neuerung, es fügt der dicken Haut der Gesellschaft Wunden zu, die es, die nötige Stärke vorausgesetzt, einzuverleiben oder auszuheilen gilt. Durch dieses Wechselspiel ist ein Fortschritt im Ganzen möglich.

Indiskutabel

Vieles im Denken und Handeln fußt letzten Endes auf einer Grundüberzeugung, einer unumstößlichen Wahrheit als Fundament, auf dem das gesamte Weltbild erbaut wird. Diese »erste Verlässlichkeit« wird bestenfalls ein von Gott gegebener Einblick in das Wesen der Wirklichkeit sein, mindestens aber von einer übergeordneten Instanz als solcher dargestellt werden, damit ein Hinterfragen nicht mehr möglich ist, nicht mehr möglich sein *darf*. Deshalb reagieren Menschen aufs Äußerste empfindlich, wenn während einer Diskussion Fragen bezüglich der Religion, der politischen Einstellung oder dem angebeteten Fußballverein aufgeworfen werden: Ihr Fundament, und damit alles, was ihr Wesen ausmacht, droht zu bröckeln, vielleicht sogar nachzugeben und - nicht auszumalen! – umzustürzen. Der gebundene Geist will *sich* nicht in Frage gestellt wissen, weil er Angst hat zu verlieren, was sein Ego aufrecht erhält.

Wahrheit-Glaube=X

Man mag sich gar nicht ausmalen, wie viel in der Welt nur deshalb existiert, weil genug Leute daran glauben. Würden die Menschen aus ihrem Dämmerzustand aufwachen, so würde so mancher sich wundern, wie viel und wie wenig Welt es da draußen wirklich gibt.

Verwässerung

Wie kann man eine Gesetzgebung unterstellen, die jede Form der natürlichen Selektion unterdrückt, also zu einer Verwässerung des menschlichen Genpools führt, und trotzdem hoffen, die Gesamtentwicklung würde schon irgendwie eine positive sein? Es scheint schon der größte Verdienst, schlicht auf der Welt zu sein und von alleine atmen zu können, egal in welchem Zustand man dies zu tun pflegt. Indem man das Aussortieren abschafft, schafft man die Evolution über kurz oder lang gleich mit ab.

Realitätsbildung

Während also zunächst jedes Etwas dieser Welt mehrere Zustände zur gleichen Zeit haben kann, alles also eine Frage der Perspektive ist, gibt es etwas, das einmalig, konkret, und stets nur genau-so ist: das eigene Erleben der Sache. Zwar kann ein Gegenstand grün und blau zur gleichen Zeit sein, aber ich kann ihn nur in einem dieser Zustände erleben. Damit kommt diesem Qualia des Erlebnisses-an-sich die einzig wahre realitätsbildende und bestimmende Funktion zu. Realität ist nur in dem Maße vorhanden, in dem sie von einem Bewusstsein als solche erfahren wird. Erst das konsequente Erleben selektiert aus dem potentiell möglichen Erlebnissen das tatsächliche heraus.

Es reicht vermutlich ein Erlebnis in irgendeiner nur möglichen Form – selbst die Ameise selektiert ihre Erlebensstränge. Bakterien sind, so scheinen sie zumindest nach dem ersten müden darüber hinwegdenken, von dieser Funktion ausgeschlossen; sie funktionieren viel mehr als biologische Legosteine, als ein früheres Glied in der Potentialkette, die letztlich zu einem bewussteren Leben führte.

Gelebt werden

Manchmal blickt sich der Mensch gehobenen Alters, einem Aufwachenden gleich, um, und erschrickt angesichts der Situation, in der er sich befindet, wie er überhaupt dies und das werden konnte, als wäre die Vergangenheit nicht seine eigene, sondern eine von einem fremden Irgendwer aufgehalste Bürde, die man jetzt noch bis zu seinem allzu nahen Tode tragen darf. Fragen nach dem großen »Warum?« kommen auf, man fragt sich tatsächlich, ob man es denn selbst war, der dieses ganze das Gedächtnis füllende Leben gelebt hat. Derlei Gedanken lassen schnell auf einen unfreien Charakter schließen, der von seinen Trieben und Tugenden durch sein Leben gejagt wurde, der weniger gelebt hat, als er *gelebt wurde*. Würde ein Teufelchen sich den diabolischen Scherz erlauben, die Sanduhr des Lebens dieses Menschen einfach mal umzudrehen, so könnte mit größter Sicherheit davon ausgegangen werden, dass der Unfreie sein Leben noch einmal auf genau die selbe Art, ohne Abweichung und Eventualität, leben würde, abermals unfähig seiner Triebe Herr zu werden. Er wäre in einer ewigen Schleife des Gleichen und Nochmalgleichen gefangen.

Form und Gehalt

Schon bei deiner Geburt wird all das, was du jemals sein könntest, auf ein mögliches Maß abgesteckt, die leere Grundform deiner Selbst wird gegossen. Diese nun mit Inhalt zu füllen sollte deine größte Aufgabe sein.

- Innerhalb dieser Grundform kannst du durch Vorstellung

so etwas wie Sub-Formen schaffen, und diese dann durch Tat und Umsetzung, schlechterdings auch durch Gewöhnung, allmählich mit Sein füllen.

Selbstverstand

Der, der sich wirklich vollends selbst versteht, der jeden seiner Gedanken logisch herleiten kann, braucht schon ein riesiges ironischen Verständnis und eine noch größere Distanz zu seinem Leben, um trotzdem noch Mensch bleiben zu können. Kann ein System, das sich zu 100% selbst versteht, noch mit allen 100% dieses System sein? Braucht es nicht eine Art von Restunbestimmtheit, um das Beobachtete in einen größeren Kontext einordnen zu können?

Sozialstaat – das Experiment

Der Sozialstaat Deutschland ist in seiner jetzigen Form ein einziges globales Experiment, kein anderes Land funktioniert so heerdenlastig wie unseres. Ganz ungeachtet der Tatsache, dass der Putz dieses versuchsweise errichteten Tempels an allen Stellen zu bröckeln beginnt: Hat diese Staatsform zu einer Erhöhung der menschlichen Rasse geführt? Vielleicht lebe ich in einer nicht repräsentativen Stadt, doch wenn ich den Wahnsinn begehe aus dem Fenster zu sehen, so
finde ich wirklich alles möglich, aber keine Menschen, die diese Bezeichnung auch verdient hätten. Selbst jene, die mit ausreichenden finanziellen Mitteln bestückt sind, verkommen hier in kostspieliger Armut. Von den armen Armen ganz zu schweigen.

Quantenmechanik – Nachtrag

Die Quantenmechanik rüttelt deswegen so sehr am Gefüge unserer Wirklichkeit, weil sie tief in den Bereich der Prinzipiellen Unerfahrbarkeit hineingreift, in jene Welt des Allerkleinsten, aus der die Möglichkeiten resultieren, die alles Konkrete erschaffen. Der Kunstgriff ist, dass hier das nicht-Erfahrbare zwar nicht erlebt, aber in seinen unmittelbarsten

Konsequenzen nachgewiesen werden kann, woraus sich einmalige Rückschlüsse auf die Funktionsweise der Realität ziehen lassen

Freiheit – Determinismus

Es gibt Verlegenheiten, die das Maß an Freiheit, das einer Person zukommt, mindern. Darunter fallen alle Arten von Süchten, Überzeugungen, Triebhaftigkeiten, Bedürfnissen. Alles, was den Lebensweg hin zu einer Geraden drängt erzeugt Unfreiheit, alles was den Raum an Möglichkeiten auffächert erzeugt Freiheit.

Nachtgeflüster

Die Nacht gehört mir, weil der Tag vergeben ist.

Die Grundpfeiler des Geistes

- Verstand: Das reine kognitive Vermögen kausale Zusammenhänge unterschiedlicher Komplexität unter dem Aufwand von Zeit zu begreifen.
- Vernunft: Das Bilden abstrakter Begriffe, die neue Kombinationen und Sinnzusammenhänge innerhalb des Geistes erzeugen.
- Phantasie/Kreativität: Aus sich selbst heraus Erzeugte Neukombinationen der Erfahrungen und Begriffe.

Zustand und Winkel

Das augenblickliche Bild der Welt ist, wie schon herausgestellt, eine Frage des Zustandes. Drängt sich da nicht die Vermutung auf, jedem Zustand sei *genau eine* mögliche Perspektive zugeordnet? Dass jeder Wechsel der Perspektive auch einen zwangsläufigen und genaustens definierten Wechsel innerhalb der Gesamtkonstitution des erlebenden Subjektes zurückzuführen ist? Dies kann sich einmal in furchtbar körperlichen Veränderungen äußern, zum Beispiel in einer plötzlichen Hormonausschüttung (=> Veränderung der Beschaffenheit des erlebenden Körpers), oder auch schon durch eine andere

Positionierung innerhalb von Raum und Zeit Jeder Blickwinkel beruht auf einem eindeutigen Zustand des Körpers, dem das erlebende Subjekt innewohnt. Einen solcherart definierten Zustand nenne ich die »Hirnposition«.

Axiome der Mathematik

Kausalität und Satz vom Grunde sind die alleinigen Quellen der Mathematik.

Schopenhauer – in erster Annäherung

Raum und Zeit sind nichts als Hilfskonstruktionen des Verstandes, um Objekte in eine kausale Beziehung zueinander setzen zu können. Sie gehören einzig und allein in den Bereich der Vorstellung. Oder, in meiner Sprache gesprochen: Sie sind nichts konkretes, sondern gehören dem Potential an, das zum tatsächlichen Erlebnis führte.

Ziel?

Worauf ich abziele? Was letztlich mein fundamentales Grundbedürfnis ist, der Quell meines Antriebes? Einfach: Die Freiheit. Nicht die Freiheit *von* irgendetwas, kein Nirwana, kein Paradies, sondern größtmögliche Freiheit *als das Vermögen*, das auszunutzen, was endlich und unanzweifelbar *vorhanden* ist. Es geht all das gegen meinen Geschmack, was das Spektrum der Möglichkeiten meines Lebens hin zu einer Geraden zwängt. Das Leben ist eine immerwährende Hölle, oder das einzig erreichbare Paradies. Alles andere ist Mittelmaß.

Hartnäckige Täuschungen

Selbst wenn die Vernunft in abstrakter Form das Anderssein einer Gegebenheit durchschaut und jedem Schein auf die Schliche gekommen ist, so wird der Verstand, abhängig vom ihn umgebenden kausalen Gefüge und seiner Suche nach Gründen, trotzdem auf dem alten Bilde verharren: Verstand und Vernunft sind zwei sich ergänzende, doch jedes für sich autonom funktionierende Dinge.

Großhirn

Die verhältnismäßige Größe des menschlichen Gehirns ist vermutlich auf die ausgeprägten Tätigkeiten der Vernunft zurückzuführen. Sie erschuf einen neuen Spielraum, in dem sich ein Großteil der anschließenden Evolution abspielte und bis heute abspielt, da sich der Mensch von der von Kausalität und Bestimmung dominierten Natur immer weiter entfernte.

Freiheit durch Vernunft

Freiheit, das heißt Spielraum, wird durch eine ausgeprägte, Optionen schaffende Vernunft erreicht. Der Verstand basiert auf Kausalität, ist also dem Unbedingten unterworfen.

Glaube und Wesen

Sag mir woran du glaubst, und ich sage dir, wer du bist. Entweder findet dich der Glaube, so richtest du dein Wesen nach ihm aus, oder du findest ihn, und trinkst seine Überzeugungen und Werte in dein Wesen hinein. Frisst du ihn nicht, so frisst er dich. Beides läuft auf das Selbe hinaus.

Bewiesener Maßen unabhängig

»Seht mich an! Ich brauche euch nicht! Warum *seht* ihr das nicht?«

Derjenige, der niemanden braucht, braucht jemanden, dem er zeigen kann, dass er niemanden braucht.

Vor dem Erleben

Der Moment der Geburt des ersten erkennenden Wesens ist auch der Anbeginn der Zeit, als jenes Muster, das der Verstand mit einer ganzen Kette einander bedingender kausaler Zusammenhänge füllt – und das in beide Richtungen, sowohl in die nicht mehr überschaubare Vergangenheit, als auch in die Zukunft. So hat der Verstand, durch die eigene Einordnung, die gesamte Zeitspanne, die zu seiner Geburt führte, aus dem Irgendwie erschaffen.

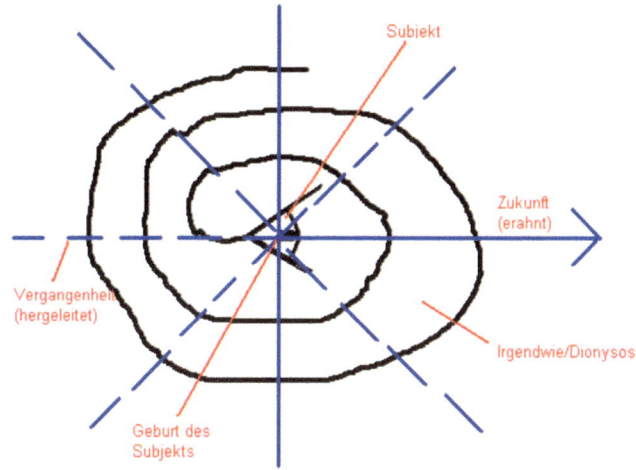

Subjekt

Zukunft
(erahnt)

Vergangenheit
(hergeleitet)

Irgendwie/Dionysos

Geburt des
Subjekts

Für und Wider

In der praktischen Vernunft sehe ich einen der Schlüssel, mit denen der Mensch die Ketten des Unbedingten abwerfen kann. Indem der Beobachter nach sorgfältigem Abwägen der Möglichkeiten, der vielen Fürs und Widers, letztlich zum Akteur wird, und in die Sphäre des Verstandes eingreift, ihn unterdrückt, umlenkt, bestärkt, entstehen plötzlich Alternativen im Lebensweg des Individuums, die der reine, auf Anschauung beruhende Verstand für schlicht unmöglich gehalten hätte.

Viel Mensch um Nichts

Weder sollte es den Menschen in das reich der reinen Vernunft ziehen, in dem er nur noch mit stoischer Gelassenheit, bar jeder Anteilnahme, auf ein Leben blickt, das er längst nicht mehr lebt, noch sollte er sich vollkommen in den Umstand, in das Leben stürzen, und zum Spielball der Kausalitäten werden. Das Leben besteht aus beidem, aus Vernunft und Weltengang, und in beidem ist der Mensch gleichermaßen Bewohner und Fremdling. Ziel sollte es doch sein, zu erkennen was mich bedingt, was ich also bin und sein muss, um das zu erreichen, was ich sein will und kann.

Sand im Getriebe

Ein Leben, eine Welt, eine Gesellschaft, jedes System, das läuft »wie geschnitten Brot« ist auf dem besten Wege zu seinem Niedergang. Dadurch, dass es gezwungen ist sich selbst zu wiederholen, bis es stirbt. Fortschritt entsteht durch das Einverleiben eines Missstandes. Evolution ist immer das Überwinden eines Mangels, mindestens eines Rückstandes.

Freitod

Wer sich vor dem Schmerz, vor dem Leben fürchtet, der sollte doch bitte den einen sicheren und vernünftigsten Weg nehmen, welcher zur völligen Schmerzabstinenz führt: den Freitod. Wer nicht sterben will, der braucht bloß nicht zu leben.

Inkaufnahme

Leben ist die einzige Möglichkeit mehr zu sein als Nichts.

Idealer weise einsam

Wer mit Idealen lebt, der kann nichts anderes als enttäuscht werden – ein viel zu unvollkommenes Fleckchen Weltall ist diese Welt.

Grundlegende Aussagen über die Funktionalität des Seins

1. Die erlebte Welt der Vorstellung bedarf des Subjekts und des Objekts.
2. Raum/Zeit sind vom Subjekt in das Objekt projizierte Qualia, sie dienen der kausalen Einordnung der konkretisierten Welt.
3. Folglich dauert das Objekt ohne Beobachter nicht, noch hat es eine Ausdehnung.
4. Ein Objekt, das durch kein Subjekt konkretisiert wird, hat keine definitiven Attribute, lediglich potentielle Beschaffenheit.
5. Folglich besteht das gesamte Objekt nur als »Potential-Zum«, bzw. tritt nur in einem »Erscheinen-als« im Subjekt auf (»Objektivation«).

6. Hinter dem letzten Axiom einer mathematischen Beschreibung findet man nur Grundlosigkeit, das Leben/Dasein beruht auf einem irrationalen Prinzip (»Weltwille«).

7. Möglichkeiten werden erst durch den Akt des Beobachtens *ausgeschlossen*, bestehen bis zu diesem Zeitpunkt gleichzeitig.

8. Daraus folgt die Abgeschlossenheit des Potentials, seine relative Endlichkeit , (»Dionysos«).

9. Die Welt des Erlebnisses *fließt*, die Welt des Potentials ist *statisch*.

Glaub dir nicht alles

Eine Überzeugung zu ändern ist ein schwieriges Unterfangen, selbst wenn es diesen Teil an uns geben sollte, der ahnt, dass wir auch etwas ganz anderes, durchaus besseres meinen könnten. Denn das bedeutet ja eben »überzeugt« sein: In Anwesenheit von vielen – sich gerne mal widersprechenden – Möglichkeiten eine Partei zu ergreifen – und eine Wahl zu treffen. Unsere Überzeugung ist hier *das einzige*, das uns von jemanden unterscheidet, der die ganz gegensätzliche Wahl getroffen hat, darum muss sie für uns gewichtig, ent-scheident sein. Unsere Überzeugung sagt, was wir für richtig halten – völlig unabhängig davon, *ob es richtig ist*. Wir wählen das, was uns gemäß ist, oder, etwas missgünstiger geredet: Das, was wir *nötig haben*.

Darum prüfe deine Überzeugung, besonders die tiefsten, *gerade* deine liebsten – je älter sie sind, desto verdächtiger machen sie sich! Die wahren unter ihnen werden das schon aushalten, solange es denn Wahrheit ist, was du von ihnen verlangst. Dann ist deine Überzeugung wahr, nicht etwa du bloß stehengeblieben.

Denn es ist Entbehrung, ist Mangel, das uns entscheiden lässt, was wir als *not*wendig empfinden. Als ein Versprechen von Glück, als ein Ersatz von Glück – aber eben nicht als der Zustand des Glücks selbst. Hat sich nichts geändert? Wird alles schlimmer? Dann ändere du dich!

Ein Gedanke, dem du bedingungslos glaubst, wird irgendwann Herr über dich. Du entscheidest. Immer. Du entscheidest selbst dann noch, wenn du entscheidest, alles sei bereits entschieden.

Sorgenpflege

Du bist unsicher, wie das Morgen aussehen wird, da Du nicht weißt, welche zweier Alternativen es sein wird, die Dir geschieht – und nun marterst Du Geist und Nerven mit dem Wälzen des Entweders – und – nicht auszumalen! – seinem Gegenteil? Weißt du denn abzuschätzen, welches das wahrscheinlichere Geschehen ist? Anscheinend nicht, denn Du willst ja nicht aufhören das Gleiche nochmals umzudrehen, um zu sehen: Ja, es ist *noch immer das Gleiche.* Sodann nehmen wir doch einfach an, es sei beides gleich wahrscheinlich – denn besser wissen wir es nicht. Lass uns wetten. Ich sage, Dir wird ein Unglück passieren. Das mag dir nicht gefallen, doch das muss es auch nicht; gehe von deinem Glück aus, warum nicht, es gibt für Dich keinen Grund, das Unglück vorzuziehen und – mag es kommen, wie es will – du vergällst dir nicht mehr die Zeit mit dem *Nichtwissen von Ungewissheiten,* die bis zu ihrem Eintreten zu *eben diesem Grade ungewiss* bleiben. Es mag Dir billig erscheinen: Wie soll man aufhören, über seine Sorgen nachzudenken? Aber keine Sorge, das hast Du ohnehin schon lange getan, da du nur wiederholst, was du schon weißt – das ist kein Denken, sondern Grübeln, ein Quälen deiner Selbst mit dem Gleichen und Immergleichen. Du änderst nichts, außer dein Wohlbefinden – schlechterdings zum Schlechten, verbrauchst die Energie, die es bräuchte, um nicht bloß *unglücklich über Unglück* zu sein, *sondern es zu überwinden.*

Doch nun meinst Du ohnehin, es würde gut gehen, außer Du denkst, das wird es nicht, nicht?

Euphemismen und ihr Gegenteil

Charakterschwäche? Damit beschreiben sie charakterliche Ausprägungen, die ihnen nicht zusagen, ungeachtet ihres tatsächlichen Schadens und – wer weiß? – mittelbaren Nutzens. Eine neutralere Beschreibung deines persönlichen Profils, deinem Charakter, wäre schlicht: dein Charakter. Individuen kann man nicht vergleichen, nicht untereinander und noch weniger mit einem Ideal, welche ungleich perfekter sind – auf Kosten ihrer Existenz.

Wir Philosophen haben es schon gut: Stets können wir gelassen bleiben. Selbst wenn ein findiger Forscher morgen herausfände, den Sokrates hätte es nie gegeben – was juckt es uns? Alles, was wir mit ihm assoziieren, die Gedanken, Thesen und Geschichten bleiben ja erhalten und taugen ohne jede Einbuße nach wie vor zur Diskussion und zum Studium. Ein Moslem muss hier schon viel nervöser sein. Denn sollte der Koran plötzlich hinfällig werden, bloß weil er seinen Wahrheitsanspruch nicht erfüllt, so käme zudem heraus: Der Koran hatte außer einem frech und laut vorgetragenen Wahrheitsanspruch nichts zur Welt beizutragen.

Mal zum vergleich

Supernovae, schwarze Löcher – derlei Phänomene mögen faszinieren, bleiben jedoch ganz natürliche physikalische Vorgänge. Wunder sind da anderen Kalibers. Wasser, das zu Wein wird: Das ist der Stoff, aus dem göttliche Wunder sind. Oder die Sache mit dem Busch. Der brannte ja nicht bloß, sondern brannte auf komische Weise, sagt die Bibel. Außerdem lief Jesus kurz über das Wasser, bevor er sich wie die anderen ins Boot setzte. Weniger Spektakulär als explodierende Sterne, doch sicherlich wundersamer. Warum sollte man auch an etwas glauben, das physikalisch möglich ist?

Ein Glaube mehr

Wunder sind langfristig eine schlechte Strategie, deine Wahrhaftigkeit zu beweisen. Kommt man zur Darbietung auch nur eine Minute zu spät, kann man mir nicht erzählen es wäre der Glaubwürdigkeit der Geschichte zuträglich, dass einer der beteiligten durch die Lüfte geflogen ist.

Welche ist die einzig wahre Religion?

Das ist beispielsweise eine Antwort auf gleich einen ganzen Fragekatalog – und dabei vielleicht eine schlechte Antwort. In jedem Fall aber ist es eine ganz fürchterliche Frage:

Kann eine Religion wahr sein? Muss sie wahr sein? Wie viele Religionen können wahr sein? Gibt es die einzig mögliche wahre Religion bereits? Kann man wahre von falschen Religionen unterscheiden? Kannst du das besser als ich? Und falls nicht, wie weißt du dann, dass du recht hast? Und solltest du das alles wissen – warum zum Teufel fragst du mich dann?

Was ist der Sinn des Lebens? Noch so eine Antwort von einer Frage. Gut zu wissen, dass es einen Sinn des Lebens geben kann, es ihn darüber hinaus auch gibt, und er erkannt werden *kann und sollte*.

Was dann?

Was passiert mit mir nach meinem Tod? Das könnte nicht nur eine der häufiger auftauchenden Fragen sein, sondern auch eine der schlechtesten – fragt man ja im wesentlichen danach, was *nach mir mit mir* geschieht.

Um überhaupt ein Problem darin zu erkennen, nicht zu wissen, was genau nach mir mit mir passiert, muss ich bereits eine recht gute Vorstellung davon haben, was dieses »mir«, mit dem noch etwas geschehen soll, überhaupt ist, denn wäre es mit dem toten mir, so wie es – leblos und mit der Zeit zusehens unansehnlich – unter der Erde liegt, wüssten wir die Antwort ja eigentlich bereits mit einiger Gewissheit: Es vergammelt, wenn man es nicht verbrennt. Doch wäre das die Antwort, könnten wir uns die Frage auch sparen – was wir leider nicht tun.

Denn was wir ja eigentlich meinen ist ja, wie es für mich, den Toten, wohl ist, wenn ich nicht mehr bin. Was ja zunächst einmal unterstellt, dass ich durchaus noch Ich sein muss, nur eben irgendwie anders, nämlich tot, als eine Art Seelenkörper, der ich jetzt bin und der ja auch irgendwo hin muss, oder zumindest kann, damit mit ihm auch etwas passiert. Wie sich *das* wohl anfühlen mag?

Zunächst müssen wir also annehmen, der Tod funktioniert im wesentlichen wie das Leben. Man braucht weder Bewusstsein noch seinen irdischen Körper, um irgendwie im wesentlichen noch man selbst zu sein. Vielleicht ist man ja sogar noch mehr man selbst als zuvor! Wer weiß? Wir sind im Leben getrennt von allem anderen, sind ein Objekt unter Objekten – und demzufolge im Tode ebenso, nur anders, sonst könnte ich ja keine Identität haben, kein Ich, dem dann auch schlecht was passieren kann. Weiß man am Ende nicht einmal, dass man nicht mehr lebt? Wer oder was soll nicht wissen, dass es nicht mehr lebt? *Wer oder was ist gerade tot?*

Knifflig, das ganze. Und kein bisschen unsinnig. Denn wenn jemand tot ist, muss er ja *als er selbst* tot sein. Als wer sonst! Wäre man nach seinem Tod etwas anderes als man selbst, eine Mücke oder ein Fisch oder ein Baum oder mein Nachbar oder ein anderes Ich, weil man ja nicht mehr all diese Dinge nicht-ist, wie vorher, als man noch eindeutig man selbst war – das wäre doch allzu seltsam – und gar nicht meine ursprüngliche Frage. Wäre man nach dem Tod nicht mehr man selbst, könnte man sich die Fragerei ja irgendwie gleich sparen. Denn damit man *wissen kann* was mit einem nach dem Tod passiert, *muss* man ja noch derjenige sein, der nun nicht mehr ist.

Was passiert mit mir, wie genau geht es weiter – das interessiert uns, das wollen wir wissen. Und wir wollen es wissen, weil das unsere Frage, unsere vermutlich *reichlich blöde* Frage ist.

Nur Ich, Du nicht

Wenn ich sage, es gibt Subjekt und Objekt, dann sage ich damit vielleicht etwas nicht sofort verständliches, denn ich sage *nicht*, es gebe viele Subjekte, die sich alle einen subjektiven Reim auf ein gemeinsames Objekt machen. Ich sage: Es gibt Subjekt und Objekt. Punkt. Zu jeder Zeit ein Subjekt, dem *genau ein* – nämlich: sein – Objekt entgegensteht. Nehmen wir mal ein mir sehr nahestehendes Beispiel und nehmen an, ich sei das Subjekt, man sei ausgerechnet ich, der Autor dieser

Zeilen. Ohne jemanden kränken zu wollen, wird damit aller Rest der Welt, auch – und damit will ich tatsächlich niemanden erhöhen oder erniedrigen – alle anderen Menschen, selbst DU, bloßes Objekt. Es gibt dich nicht, wenn man ich ist.

Lohnt der Versuch
Ich sollte wirklich mal versuchen zu zaubern und es damit auch so ernst wie möglich meinen. Ich wäre zwar überrascht, sollte es klappen – aber unglaublich positiv überrascht.

Bruchrechnen
Das Leben ist nicht Bruchrechnen, darum käme man nämlich in Zweifelsfall noch herum. Aber leben muss man auch, wenn man es nicht versteht.

Ich als er
Könnte ich mit jemandem das Leben tauschen – woher wüsste ich, dass ich es getan habe?

Übersinnliche Spielregeln
Warum darf man seine Seele eigentlich nur in einem Menschen ausmachen, der bereits gestorben ist?

Wenn wir mit dem Wort »Seele« unser höheres Selbst zu beschreiben versuchen, dann meinen wir damit ja gerade nicht den Menschen, so wie er gerade da-ist und spricht und sich zu beschreiben versucht.

Man muss sich schon für unglaublich wichtig halten, wenn man denkt, es gebe nur noch das Paradies oder überhaupt nichts mehr, bloß weil man gestorben ist.

Nicht nicht da
»Wenn ich tot bin, dann bekomme ich ja von allem nichts mehr mit.« – eine Annahme, die zeigt, wie wenig wir über unseren Kopf hinaus denken können. Zwar mögen wir nach unserem Tod nicht mehr existieren, aber davon bekomme ich ja zum Glück nichts mit. Damit lässt sich leben.

Einmal Dieter, immer Dieter

Dieter ist sich sicher: Er wird wiedergeboren werden. Dann ist er zwar jemand anders, aber immer noch der Dieter.

Nach deinem Maße

Sei nicht stolz auf Talent, sondern auf das, was du daraus machst. Du hast nichts dafür getan, talentiert zu sein.

Foren

Lasse dich von Worten erhöhen oder niederdrücken, es liegt immer an dir, doch ist bloß in einem Fall dein Gewinn.

Zu wertvoll

Träume können Flucht und Ziel sein. Deine Träume sind wertvoll, lass sie nicht zum Falschen verkommen.

Das Licht, das die Welt ist

»Die Natur« ist vor allem *unsere* Natur, wir können uns nur selbst erkennen, bloß das, was uns gemäß ist. Wir sind mal mehr, oft minder rationale Wesen – und meinen also, die Welt hätte einen rationalen Hintergrund. Doch vielleicht – ich meine: zwingend... – ist es bloß so, dass die Ratio jenen Teil des Seins erfasst, *erfassen kann*, aus dem sie entstanden ist, eben dem rationalen. Rationalität führt zu rationaler Erkenntnis, doch damit eben nicht zwingend zur einzig möglichen Beschaffenheit der »wahren Welt«. Und falls es einen anderen, verschwommenen, freilich merkwürdigeren Teil des Seins gibt, der sich der rationalen Betrachtung entzieht, dann bedeutet Irrationalität einen Zugriff auf einen vielleicht nicht »tieferen«, »höheren« oder wesentlicheren Teil des Seins, aber eben auf einen anderen, dunkleren, eben dem nicht-rationaten. Auf das, was nicht berechnet, geordnet, ausgedacht ist. Das, was einfach ist und wirkt und wütet – oder eben nicht –, auf Willkür, Wille, Drang. Vielleicht auf das Erste. Vielleicht auf Gott. Vielleicht auch nichts dergleichen oder – schlicht Nichts überhaupt. Die Grenze der Rationalität ist die Grenze

unseres Verständnisses, damit *unsere Grenze*, nicht zwangsläufig die letzte Grenze überhaupt.

Wir denken uns das Rationale gern, im Bilde gesprochen,
als eine Art Licht, das einen dunklen Raum des Unwissens erhellt, bis es, im Idealfall, alle Dunkelheit verdrängt – und wir
die Welt so erkennen, wie sie ist. Ich überlege nun, ob es sich
nicht auch so verhalten könne, dass das Licht eben Licht ist –
und nichts außerdem, dass der Lichtkegel, den wir sehen,
nicht die Wahrheit ist, sondern die Welt betrachtet mit – und
als – Licht.

Was das soll? Nun, es erklärt die ärgerlichen, da unver-
ständlichen Widersprüche unserer rationalen Überlegungen.
Zeit vor der Zeit, Raum außerhalb des Raumes. Unser Licht ist
bloß Licht, mit seinen Möglichkeiten und Grenzen. Das Ende
des physischen Universums ist sozusagen das Ende der Rationalität – nichts mehr. Und immerhin nicht weniger.

Gefühlsmathematik

Wenn Liebe dein bestes Gefühl ist, fühlst du es nur nicht, weil
du es nicht kannst. Also liebe, oder tu alles, um es zu tun. Liebe – etwas und am besten jemanden, denn Liebe wird, seltsamer Weise, nicht weniger, wenn man sie teilt. Sag nicht, dass
du dein zweitbestes Gefühl bevorzugst, denn das ist Unsinn.
Diese Formel gilt für jedes Gefühl. Manche halten etwas anderes als Liebe für wichtiger. Nun... das sieht man.

Das Danach

Das Leben nach dem Tod lässt sich vielleicht am ehesten so erfassen: Als das Fort-Erleben von etwas, das nicht mehr existiert, da es ja tot ist. Doch nicht nur Tote sind nicht-existent.
Mein 6-jähriges Ich existiert ebenfalls nicht mehr. Ich kann
überhaupt nur erleben, was ich gerade erlebe; alles andere ist
fort oder noch nicht da. Die Person mag vergehen, was bleibt,
ist das – oder der? –, was da schaut. Du und deine Welt sind
das, was gesehen wird. DU musst fortgehen, damit die Zukunft
gesehen wird, dein jetziges Ich muss aufhören zu existieren,

damit etwas in – meinetwegen...– 20 Jahren erlebt wird. Doch egal wer oder was wir sind, was bleibt ist dasjenige, das durch andere, neuere Augen schaut. Das bist Du. Das bist auch dann noch Du, wenn »Es« auf Dich, als deine Vergangenheit, schaut.

- Was Du bist, entscheidet, was Du siehst. Ein neuer oder schlicht anderer Mensch ist einfach eine größere Veränderung, als es ein jüngerer/älterer Mensch ist.

once again

Wenn Du fragst, was mit Dir nach Deinem Tod passiert, dann fragst Du im Wesentlichen, wer Du bist. Denn Du kannst ja nicht Der sein, der da im Grabe liegt. Du bist nicht dieser Mensch, dieses Namens, sondern etwas, das fort-existiert. Was bist Du also? Deine Seele? Dann bist Du es auch jetzt schon. Du wirst es auch noch nach deinem Tod sein. Egal ob als Mensch oder in welcher Form auch immer: Du wirst immer Du selbst sein. Das, was sich erfährt. Als das, als was es sich selbst erfährt.

Es gibt deine Form, die entscheidet, wie Du Dich erfährst. Der unterschied der Form *ist der einzige Unterschied,* zwischen Deinem jetzigen Erleben und einem anderen. Hättest Du meine Form, dann wärest Du Ich. Hättest Du meine Form, dann würdest Du Ich sein – als das, was Du immer bist.

Zum Beispiel Ich. Oder jemand anderes. Sterben ist ein Wechsel der Form. Es ist wie jemand anderes zu sein. Was bedeuten »Du und Ich« dann noch? Könnten wir dann nicht gleich das Selbe sein? Was könnte wohl der Name dieses Dinges sein, das Du immer sein wirst?

- Der Tod macht die Begriffe Ich und Du hinfällig, was wohl der Grund sein mag, der ihn so schwer zu fassen macht. Du bist nicht dieser Mensch? Aber da ist kein Du mehr, *das nicht* dieser Mensch ist. »Du« bist einfach das, was da ist.

In eine neue Form überzugehen, ist das selbe, wie jemand anderes zu sein. Das einzige, was dein Ich ausmacht ist, dass es sich Ich nennt. So wie es jeder von uns tut. Es macht keinen Unterschied, wer es sagt. Es könnte immer der oder das gleiche sein. Wir werden wohl auf ewig wir selbst sein. Ich bin Du. Also gibt es kein Du. Also bin Ich.

Elaboration

Falls wir nach dem Tod weiter leben, dann in einer anderen Form. Weißt Du, was zum Beispiel eine neue Form wäre? Ein anderer Mensch. Welchen Sinn macht es noch vom »Ich« zu sprechen, wenn man es als jemand anderes zu sich sagen kann? Was meinen wir? Die Seele des anderen Menschen? Als anderer Mensch? Willst »Du« weiter existieren, muss dieses »Ich« etwas völlig anderes sein, als das, was man so nennt.

Weißt Du, was passieren würde, wenn wir unsere »Seelen« tauschten?

Nichts. Dein Blick würde nicht plötzlich in meinen Körper springen. Ich zu sein bedeutet die Welt als ich, René, zu sehen. Wie und als er zu denken. Dein jetziger Geist in meinem Körper bedeutete ja nicht-Ich zu sein. Wenn unsere Seelen zwischen uns keinen Unterschied machen, was bedeutet es da, dass eine Seele die eigene sei?

Alles zu seiner Zeit

Man muss nicht zu jeder Gelegenheit die Goldwaage heraus holen, denn was die Leute reden, ist meist – kein Gold.

Wie jetzt?

Ich stelle euch eine Frage. Etwas ungewöhnlicher: Ich gebe euch auch noch die Antwort. Jetzt stellt euch bitte selbst die Frage, wie ich zu dieser Antwort kam. Versteht!

Zu mild

Ich habe 2 Probleme:
Ich weiß, du handelst aus Schwäche.
Ich kann Schwäche vergeben.

Who?
Kinda tend to skip the subject in my sentences. Why? Don't know.

Durchschaut
Vortäuschen ist nicht Wissen, wenn man weiß, dass man täuscht.

Weiß man schon
Manchmal weiß man bereits, was jemand einem sagen will, bevor man überhaupt zugehört hat.

All die Unveränderbaren
Es gilt für Religionen, Staatsformen und Lebenswege: Ein bewährtes, aber überholtes System kann nicht einfach abdanken: Es muss kollabieren.

Gefährliches Nichts
Mache dein Wohlergehen niemals von der guten Meinung anderer abhängig: Selbst wenn man sie hat, so hat man wenig daran – und doch bereitet der Verlust ganz unverhältnismäßige Schmerzen.

Einer von uns
Ein Fehlgriff macht jede Reihe von guten Taten obsolet, als ob du dich mit eben diesem verraten hättest, als seien die guten Taten nur der Versuch gewesen, dein eigentlich schäbiges Wesen zu verbergen.

Erblasten
Manchmal überkommen mich derart alte, lang-ungedachte Erinnerungen, dass sich die Frage aufdrängt, ob man überhaupt und im vollen Sinne des Wortes »vergessen« kann: Viel mehr scheinen Bewusstseinsinhalte eingekapselt ihr äußerst aktives Eigenleben zu führen – und in den unerwartetsten Momenten hervorzubrechen.

Potentielle Paradiese

Sicherlich: Es gibt in der Welt Tatsachen; doch rechnete man einmal versuchsweise all die gemachten – also: *veränderbaren* – heraus, bliebe nur noch erstaunlich wenig übrig, womit sich der Mensch abfinden müsste.

Große und kleine Lügner

Groß ist ihr Entsetzen, wenn sich mal wieder so ein Fantast die Welt auf allzu unverschämte Weise zurecht lügt – und drum lügen sie sich die Welt auf *bescheidene Weise zurecht.*

Unerhörte Auslegungen

Ach, dürfte man die Aussagen Jesu einmal so verwegen-metaphorisch interpretieren, dass man hinter Begriffen wie »Reich Gottes«, »Himmelreich« und »Vater und Sohn« keine jenseitigen Versprechungen und behauptete Tatsachen mehr erblickt, sondern symbolische Formeln für *äußerst irdischer Zustände des Herzens* – wie schön, wie tauglich dürfte man seine frohe Botschaft wieder finden!

Wovon man redet

Woran soll man sich noch halten, in einer Welt, in der auch »die Realität« ein Gleichnis ist?

Zuständlich

Es gibt doch überhaupt nur eines zu erreichen oder zu verlieren: Und das ist ein Zustand. Selbst alles Äußere ist uns zuletzt nur *Anlass*, einen Zustand zu erreichen.

Temperamente

Was jede Philosophie bislang, wenn auch unausgesprochen, insgeheim oder unbewusst, neben der Einsicht forderte, ist ein Lebensgefühl, eine Art der Empfindung des Daseins. Mal soll man sich ausgeliefert fühlen, mal als die Freiheit selbst, demütig, schöpferisch, als Gott oder Staubkorn. Ein Philosoph fordert zu seinem Verständnis einen Zustand – und dieser dürfte in den meisten Fällen *der seine sein*.

Verpflichtend

Ist es nicht bedenklich, wenn Kant den Menschen als frei denkt – ihn als frei *denken muss* –, um ihn für seine unterstellte Pflichtethik tauglich zu machen?

Die Form

Nach wie vor sehe ich die Beschaffenheit des Seins – wohlgemerkt: nicht des Universums! – am besten durch den Kreis symbolisiert. Ohne Anfang, ohne Ende, nie in ein Außerhalb übergehend, es sogar tunlichst ausschließend, ewig nur zu sich selbst zurückkehrend. Zeit, Raum, Abfolge – das ganze Hier und Dort relativiert sich in ihm zur einzigen Ewigkeit.

Undistanziert

Die leider allzu-frömmelnde Schwärmerei über die Verbundenheit aller Dinge erhält eine neue, durchaus angebrachte Brisanz, fängt man nur einmal an, an den logischen Grundlagen jeder Trennung zu zweifeln.

Beschnittenes Urteil

Jede Argumentation aus einer Tradition heraus ist eine hinfällige, da sie im Kern auf einer Willkür beruht: Nämlich der rein zufälligen Angehörigkeit dieser und eben nicht jener Tradition. In viel zu vielen Diskussionen will sich bloß ein Zufall vor dem anderen rechtfertigen, zu oft scheint es, als sei das Argument ein ausgesprochener Zufall.

So herum!

In bestimmten 80% aller Fälle folgt das Argument der Intention.

Er-Kant

Der alte Kant tat wirklich meisterlich gut daran, die Zeitlichkeit als unserer Erkenntnismöglichkeit fundamental zugehörig zu bestimmen. Es könnte nämlich genau diese Nähe zur Zeit sein, welche uns zu irrtümlichen, naiven und schlichtweg falschen Unterstellungen dem Dasein gegenüber geführt hat. Die Zeit neu zu verstehen hieße all die alten Fragen, welche mit »Woher?« und »Wohin?« beginnen, mit einem Schlag zu beantworten.

Auszeiten

Glück – das ist doch auch immer eine Verengung des Blicks, ein Verklären der Welt, eine Abkehr von all dem dennoch vorhandenen Stöhnen, Jammern, *Leiden* der Welt.

Identifikation

Freilich, man kann sich vor die Welt stellen und sie den eigenen Vorlieben gemäß in einen guten und einen schlechten Teil zerreißen. Nun zeigt man auf den schlechten und sagt: »Warum ist das so?« – verurteilt die Welt also gemäß einer Idealvorstellung in seinem Kopf. Doch konnten wir die Welt nicht erst zerteilen, nachdem sie aus dem Wechselspiel aus dem Guten und Schlechten entstanden ist? Wünschen wir uns nicht mit dem schlechten Teil gerade die Entstehungsgrundlage unserer so schön ausgedachten Idealwelt weg?

Gibt man seine enge Perspektive, das Streben nach dem – für uns – Guten, einmal versuchsweise auf und versucht sich die Welt als Ganzes zu denken – so wird man sehen, dass an ihr nichts Überflüssiges ist; es gibt nur die notwendigen Bestandteile ihrer selbst. In diesem Sinne ist alles durchaus »richtig« und an seinem Platz – was nun noch an uns liegt, ist »das Gute« daran zu erkennen.

Gute Feinde

Einander nicht mögen: Das ist doch nicht schlimm – und noch weniger eine Schuld. Was sich hier nicht vertrug, ist zufällig, blind: Was nutzt alles Fluchen auf die Chemie.

Befürchtungen

Wer jemanden verurteilt, ohne ihn zu kennen, sagt mit jedem Wort mehr über sich als über die verurteilte Person. Und wann darf man schon behaupten, jemanden in seiner ganzen Person zu kennen?

Alter Streit

Ob man den Menschen nun in seinem Wollen und Entscheiden für frei oder unfrei hält, lässt sich grob durch die eigene Positionierung auf der Achse zwischen Idealismus und Naturalismus erklären.

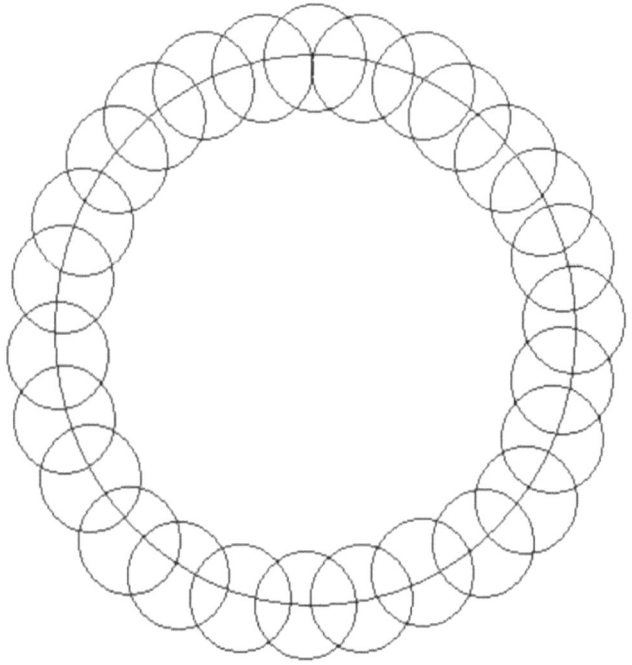

Nichts außerdem!

»Plausibel...«, sagte ein kluger Mann. »So muss es sein!«, stimmte ein anderer mit ein, und alle nickten sie wissend in die Runde. Das war sie also: die Wahrheit. Das war also die Welt. Das - und nichts außerdem! Man pries den Kopf, der dies erkannte, man bedauerte, dass man sein Genie erst so spät (zu spät für ihn: der ärmste starb einen einsamen Tod) entdeckte. Doch nun würde ein neues Zeitalter beginnen; all die Jahre des Denkens und des Kopfzermaterns - nun hatten sie ihre Rechtfertigung gefunden!

Doch kein Engel stieg zum Glückwunsch herab, die Welt sang keine Lobeshymne, und niemand wurde so recht reich an dem neuen Wissen. Erst kam der Zweifel, dann das Vergessen, dann bald ein neuer Glaube an neuen Unfug - und weiter rollte das Rad des Seins.

Echtes Leiden

Ich hatte schon immer einen Faible für unsichere, leidende, entbehrende – man könnte sagen: kaputte – Menschen. Sie scheinen mir einfach ehrlicher, authentischer, an ihnen zeigt sich, befreit von allem Lügen, das grundsätzliche Problem unserer Existenz.

Nachtrag

Mein Sohn René Kornas wurde am 20.10.1985 in Gelsenkirchen geboren und am 7.11.2022 tot in seiner Wohnung gefunden. Er liebte die Philosophie. Das Buch *Grundlos frei* ist eine Sammlung von philosophischen Gedanken und Aphorismen über Jahre. Zum Andenken an meinen Sohn René habe ich seine Gedanken veröffentlicht.

Anette Kornas
Dezember 2024